Um apartamento em Urano

Paul B. Preciado

Um apartamento em Urano

Crônicas da travessia

Tradução:
Eliana Aguiar

Prefácio:
Virginie Despentes

5ª reimpressão

Copyright © 2019 by Paul B. Preciado
Publicado mediante acordo com Casanovas & Lynch Literary Agency S.L.

Grafia atualizada segundo o Acordo Ortográfico da Língua Portuguesa de 1990, que entrou em vigor no Brasil em 2009.

Título original
Un apartamento en Urano: Crónicas del Cruce

Capa
Celso Longo e Daniel Trench

Imagem de capa
Inspirada em foto de NASA/JPL-Caltech

Preparação
Diogo Henriques

Revisão
Adriana Bairrada e Clara Diament

Dados Internacionais de Catalogação na Publicação (CIP)
(Câmara Brasileira do Livro, SP, Brasil)

Preciado, Paul B.
   Um apartamento em Urano : crônicas da travessia / Paul B. Preciado ; tradução Eliana Aguiar ; prefácio Virginie Despentes. — 1ª ed. — Rio de Janeiro : Zahar, 2020.

   Título original: Un apartamento en Urano : crónicas del cruce.
   ISBN 978-85-378-1883-1

   1. Mudança de sexo 2. Pessoas transgênero – Espanha – Biografia 3. Preciado, Paul B. – Diários 4. Preciado, Paul B. – Visões políticas e sociais I. Despentes, Virginie. II. Título

20-34981   CDD: 306.768

Índice para catálogo sistemático:
1. Pessoas transgênero : Diários 306.768

Cibele Maria Dias – Bibliotecária – CRB-8/9427

Todos os direitos desta edição reservados à
EDITORA SCHWARCZ S.A.
Praça Floriano, 19, sala 3001 — Cinelândia
20031-050 — Rio de Janeiro — RJ
Telefone: (21) 3993-7510
www.companhiadasletras.com.br
www.blogdacompanhia.com.br
facebook.com/editorazahar
instagram.com/editorazahar
twitter.com/editorazahar

A Itziar,
the broad sun
the loved shore

A edição final deste livro foi possível graças a uma bolsa de escrita da Fundação Luma Arles.

Sumário

Prefácio 11

Introdução: Um apartamento em Urano 19

Dizemos revolução 43

O último cercamento: aprendendo sobre a dívida com Silvia Federici 49

Goteiras diplomáticas: Julian Assange e os limites sexuais do Estado-nação 53

Derrida, Foucault e as biografias impossíveis 57

Filiação e amor bicha segundo Jean Genet 61

Revoluções veladas: o turbante de Simone de Beauvoir e o feminismo árabe 65

Quem defende a criança queer? 69

Reprodução politicamente assistida e heterossexualismo de Estado 74

Candy Crush Saga, ou a dependência na era da telecomunicação 83

As gorilas da República 87

Necropolítica à francesa 91

Direito ao trabalho... sexual 95

Greve de úteros   98

Cinema e sexualidade: *Azul é a cor mais quente* e *Ninfomaníaca*   102

A bala   106

Michel Onfray em plena confusão de gênero   109

Amor no Antropoceno   115

A amnésia do feminismo   118

Marcos *forever*   122

A estatística é mais forte que o amor   125

Os 12%   129

O feminismo não é um humanismo   132

Soberania *snuff*   135

A coragem de ser você mesmo   139

Catalunha trans   143

Necrológio aos berros para Pedro Lemebel   146

Happy Valentine's   148

O museu apagado   152

Ne(©r)oliberalismo   155

Chamando os *ajayus*   158

Preservativos químicos   161

Orlando *on the road*   165

Europa ou Sivriada   168

Nos braços da Rodina-Mat   172

Mudar de voz   176

Sua cadeira é um tesão   180

Beirute, *mon amour*   184

Agorafilia   188

A quem a dívida grega aquece?   192

Uma escola para Alan   195

Teatro do mundo   200

Etimologias   204

Homenagem à babá desconhecida   207

Uma cama na outra Babilônia   210

Ocupar as noites   213

A nova catástrofe da Ásia Menor   216

Cidadania em transição   220

Meu corpo não existe   223

Viagem a Lesbos   226

Requerimento nº 34/2016   229

Casa vazia   232

O método Marx   236

O lugar que o acolhe   240

A destruição foi minha Beatriz   243

Atenas, *teen spirit*   246

A revolução dos bichos 249

Tecnoconsciências 252

Imprimir a carne 255

O traseiro da história 258

Notícias do clitóris da América 262

A exposição apátrida 266

Eu gostaria de viver 271

Nossos bisontes 274

O preço da sua normalidade é a nossa morte 278

O Sul não existe 282

Piu-Piu tem um encontro marcado com a História 285

Malnascidos 289

Democratas contra a democracia 293

Alguns corpos 297

Comemorações 301

Não quero um presidente 305

Melhor que filho 309

Carta de um homem trans ao antigo regime sexual 312

Prefácio

VIRGINIE DESPENTES

PAUL,
Quando você me perguntou se eu queria escrever este prefácio, estávamos no seu apartamento no centro de Paris. Os lugares onde você mora lembram sempre celas monásticas. Uma escrivaninha, um computador, alguns cadernos, uma cama com uma pilha de livros ao lado. É estranho estar na sua casa sem estar na minha casa — você é a pessoa com quem mais convivi, e esse afeto, estranho e familiar ao mesmo tempo, ainda é um enigma para mim, como um sentimento a meio caminho entre prazer e dor, ou, melhor dizendo, as duas coisas juntas. Deve ser isso a nostalgia.

Você me perguntou se eu queria escrever este prefácio e eu respondi que sim sem hesitar. Vivíamos juntos quando você começou a escrever estas crônicas, e depois da separação você continuou a me enviar os textos para eu revisar o francês — nós dois sabemos que o *Libération* podia muito bem fazer isso, mas era uma forma de preservar um vínculo. Para mim, uma maneira de continuar a viver nas suas palavras — de não perder o fio do seu pensamento.

Sei como você escreve. Você não tem bloqueio de escritor. Eu não seria capaz de fazer esse tipo de crônica, pois a cada vez mergulharia numa semana de pura angústia — uma semana igual à que passei para começar este prefácio. Estabeleci desde o começo que ele deveria ter 5 mil caracteres, o tamanho dos seus artigos. Bolei rapidamente um projeto, mas a característica do bloqueio é que, mesmo sabendo o que você quer dizer, e mesmo que você não se levante da cadeira, nada acontece. O projeto que eu tinha em mente começava assim: "No momento em que escrevo este prefácio, você está saindo da delegacia onde foi prestar queixa contra as ameaças de morte pichadas hoje à noite na sua porta". Os mesmos insultos e ameaças apareceram pichados na porta do Centro LGBT de Barcelona. Você me manda um WhatsApp: "Estou saindo da delegacia com frio nos ossos e o maxilar travado. Não gosto de ir à polícia". Mas, desde que nos conhecemos, não é a primeira vez que você tem de ir à polícia por causa de ameaças de morte. Na primeira vez, eu pedi que não desse importância a isso, que não respondesse nada. "Se eles escrevem contando como vão matá-lo é porque não têm a intenção de fazê-lo." Até o dia em que um ativista gay de Madri ameaçado de morte foi espancado na frente de casa — e, embora tenha sido considerado morto, conseguiu sobreviver. Depois disso, quando voltou a receber ameaças de morte, você resolveu prestar queixa. E explicou aos policiais tudo que eles precisavam saber sobre as micropolíticas queer. Esta é a sua especialidade: contar às pessoas histórias que elas são incapazes de imaginar — e convencê-las de que é razoável desejar que o inimaginável aconteça.

No dia em que escrevo este prefácio, o deputado brasileiro Jean Wyllys anuncia a decisão de deixar seu país por temer pela própria vida. E o jovem Bilal Hassani é escolhido para representar a França no festival de música Eurovision e recebe uma torrente de insultos homofóbicos.

Quando você começou a escrever estas crônicas para o jornal *Libération*, os principais meios de comunicação franceses apoiavam com entusiasmo as manifestações contra o casamento gay, como se fosse preciso promovê-las dia após dia. Era indispensável dar voz à intolerância, defender o direito dos fundamentalistas da heterossexualidade de expressar seu ódio. Era o sinal, todos o ouvimos, era o fim de uma década de tolerância. Quando começou a escrever estas crônicas, você ainda se chamava Beto e não tomava testosterona regularmente, mas já falávamos de você no masculino, como era o seu desejo. Você costumava chamar os bio-homens de peludos, o que me fazia rir. Hoje ninguém mais pensaria em corrigir, "desculpe, senhora", depois de tê-lo chamado de senhor. Hoje você é trans, e, quando estamos juntos na rua, o que me perturba não é que os homens demonstrem mais consideração, mas o fato de que as mulheres não se comportam mais da mesma maneira. Elas o adoram. Antes, as heterossexuais não sabiam o que pensar da sua feminilidade masculina — e não ficavam à vontade na sua frente. Hoje, simplesmente o adoram — quer estejam passeando na calçada com o cachorrinho, vendendo queijo, trabalhando de garçonete, elas gostam de você e transmitem isso como só as mulheres sabem fazer, com uma chuva de pequenas atenções gratuitas. Você diz que é estranho tornar-se homem conservando intacta a memória da opressão. E sempre diz também que exagero, que elas não lhe dão nenhuma atenção especial. O que me faz rir.

Uma vez reunidos, seus artigos desenham um *skyline* coerente. Lembro de cada um deles, do momento em que foram publicados, mas é uma surpresa vê-los todos juntos, do começo ao fim. Uma excelente surpresa. Várias histórias se desenrolam ao mesmo tempo, em grupos, entrecruzadas, alternadas. Em espiral, como diria Barthes, sempre em torno dos mesmos pontos, mas não na mesma altura. Este é um livro diferente dos seus outros livros, mais autobiográfico, mais acessível, e ao mesmo tempo lembra *Testo Junkie*, no qual você entrelaçava vários fios; "a trança", como você a chamava. Esta coletânea também é uma trança. Há um fio dessa história que diz respeito a nós: nossa separação e os anos seguintes. E há outros fios que se entrelaçam para formar outros motivos. Ela é também a história do fim das democracias no Ocidente. De como os mercados financeiros descobriram que funcionavam muito bem em regimes autoritários, até melhor do que nas democracias, pois consumimos melhor de pés e mãos atados. E é também a história dos refugiados detidos nos campos de assentamento, mortos no mar ou abandonados à miséria em cidades opulentas que se dizem herdeiras do cristianismo — e sei que você não estabelece um paralelo entre a situação deles e a sua pelo gosto estético ou pela pose de esquerda, mas porque você sabe, menina masculina que cresceu no final da ditadura franquista e que agora é trans, que é e sempre será um deles, porque a miséria, como diz Calaferte, "nunca é uma questão de força" moral ou mental, ou de mérito. A miséria é como um caminhão passando por cima de você, esmagando tudo. E você nunca mais esquece.

E esta coletânea é também, claro, a história da sua transição — das suas transições. A sua história não é a da passagem de um ponto a outro, mas a da errância e do interlúdio como lugar de vida. Uma transformação constante, sem identidade fixa, sem atividade fixa, sem endereço fixo, sem país. Você chamou este livro de *Um apartamento em Urano* porque não tem nenhum apartamento na Terra, apenas as chaves de um lugar em Paris, como teve, durante dois anos, as chaves de um apartamento em Atenas. Você não se muda. Você se move, mas não se muda. Estabelecer-se não lhe interessa. Você deseja o estatuto de clandestino permanente. Você mudou seu nome nos papéis de identidade e, assim que passou a se chamar Paul para poder cruzar as fronteiras, tratou de escrever no *Libération* que não tinha nenhuma intenção de adotar a masculinidade dominante como novo gênero: você deseja um gênero utópico.

É como se o possível tivesse se transformado numa prisão e você num fugitivo. Você escreve entre os possíveis — e, ao fazê-lo, implementa um outro possível. E você me ensinou uma coisa essencial: não se faz política sem entusiasmo. Quem faz política sem entusiasmo é de direita. E você faz política com um entusiasmo contagioso — sem nenhuma hostilidade contra os que exigem a sua morte, apenas com a consciência da ameaça que eles representam para todos nós. Mas você não tem tempo para a hostilidade nem o temperamento para a cólera — revela mundos a partir das margens, e o que tem de mais surpreendente é essa capacidade de continuar a imaginar outra coisa. Como se as propagandas deslizassem sobre você e seu olhar fosse sistematicamente capaz de desestabilizar as evidências. A sua arrogância é sexy — a arrogância alegre que permite que pense em outros lugares, nos interstícios, que queira morar em Urano e escrever numa língua que não é a sua, antes de dar conferências numa outra língua que tampouco é a sua... Passar de uma língua a outra, de um tema a outro, de uma cidade a outra, de um gênero a outro — as transições são a sua casa. Não quero abandonar jamais essa casa por completo, não quero esquecer jamais a sua língua intermediária, a sua língua encruzilhada, a sua língua em transição.

Esta foi a ideia de projeto que tive, e eu gostaria de concluir falando dessa obsessão dos regimes autocráticos — de extrema direita, religiosos ou comunistas — de investir contra os corpos queer, os corpos das putas, os corpos trans, os corpos fora da lei. É como se tivéssemos petróleo e todos os regimes poderosos quisessem esse petróleo, e para isso precisassem nos expulsar da gestão de nossas terras. É como se fôssemos muito ricos de uma matéria-prima indefinível. E, se interessamos tanta gente, é porque devemos possuir algo cuja essência é rara e preciosa — do contrário, como explicar que todos os movimentos liberticidas demonstrem tamanho interesse por nossas identidades, nossas vidas, nossos corpos e pelo que fazemos em nossas camas?

Pela primeira vez desde que nos conhecemos, estou mais otimista que você. Imagino que as crianças nascidas depois do ano 2000 não vão se deixar enrolar por essa estupidez — e não sei se o meu otimismo vem de um terror tão grande que me nego a enfrentá-lo, se ele vem de uma intuição correta ou se é apenas aburguesamento e a vontade de dizer a mim mesma que tudo vai ficar como está porque tenho muito a ganhar com isso. Não sei. Mas pela primeira vez na vida sinto que toda essa violência ressurgente não é mais que o último cartucho da masculinidade tradicional assassina, violadora e abusiva. É a última vez que vamos ouvi-los berrar e que eles vão nos matar nas ruas para conjurar a miséria que baliza seu pensamento. Creio que as crianças nascidas depois do ano 2000 vão perceber que manter essa ordem masculinista — ou "tecnopatriarcal", para usar palavras suas — significa morrer e perder tudo.

Acho que essas crianças lerão seus textos e entenderão suas propostas, acho que essas crianças vão amá-lo. Seu pensamento, seu horizonte, seus espaços. Você escreve para um tempo que ainda não chegou. Você escreve para crianças que ainda não nasceram e que viverão, elas também, nessa transição constante que é própria da vida.

E desejo todo o prazer do mundo ao leitor que entra em seu livro. Seja bem-vindo ao apartamento de Paul B. Preciado. Você está embarcando numa nave espacial da qual não sairá ileso — mas fique tranquilo, não haverá violência. Simplesmente, passando as páginas, pouco a pouco e sem se dar conta, você perceberá que o mundo está de cabeça para baixo e que a gravidade não passa de uma vaga lembrança. Você estará em outro lugar. E, ao sair desta leitura, saberá que o espaço existe e está aberto — que existe um lugar onde é possível ser completamente diferente de tudo que lhe permitiram imaginar até hoje.

Introdução
Um apartamento em Urano

Com o passar dos anos, não sei se por consolo ou sabedoria, aprendi a considerar os sonhos como parte integrante da vida. Há sonhos que, por sua intensidade sensorial, às vezes pelo realismo, às vezes justamente pela falta dele, merecem entrar numa biografia em pé de igualdade com o mais notório dos fatos acontecidos durante aquilo a que normalmente se reduzem as ditas experiências realmente vividas, ou seja, as que ocorrem durante a vigília. Ao fim e ao cabo, a vida começa e termina na inconsciência, e as ações plenamente conscientes não passam de ilhotas num arquipélago de sonhos. Seria tão absurdo reduzir a vida à vigília quanto considerar que a realidade é feita de blocos lisos e perceptíveis em vez de ser um enxame mutante de partículas de energia e matéria vibrátil apenas porque não somos capazes de percebê-las a olho nu. Por isso, nenhuma vida pode ser plenamente narrada ou avaliada em sua felicidade ou em sua loucura sem levar em conta as experiências oníricas. É a máxima de Calderón de la Barca, mas invertida: não se trata aqui de ver que a vida é um sonho, mas de ver que os sonhos também são vida. É tão estranho pensar, como os egípcios, que os sonhos seriam canais cósmicos através dos quais a alma dos antepassados se comunica conosco quanto pensar, como quer a neurociência, que seriam um "copiar e colar" de elementos vividos pelo cérebro na vigília que retornariam na fase REM do sono, quando nossos olhos se deslocam rapidamente sob as pálpebras, como se estivessem vendo. Fechados e adormecidos, os olhos continuam a ver. Logo, seria mais apropriado dizer que o psiquismo humano não para de criar e processar a realidade, às vezes em sonhos, às vezes acordado.

Nos últimos meses, minha vida diurna e desperta tem andado, para usar o eufemismo catalão, "bem, se não entrarmos em detalhes". Já minha vida onírica desenvolveu a potência de um romance de Ursula K. Le Guin. Num de meus últimos sonhos, eu estava conversando com a artista Dominique Gonzalez-Foerster sobre minhas dificuldades, depois de anos de vida nômade, para resolver em que lugar do mundo viver. Observávamos os planetas girando suavemente em suas órbitas como se fôssemos duas crianças gigantes e o sistema solar fosse um móbile de Calder. Expliquei que, para evitar o conflito da decisão, tinha alugado, por ora, um apartamento em cada planeta, e não passava mais de um mês em cada um, situação que já se mostrava emocional e economicamente insustentável. Sem dúvida por ser a autora do projeto Exotourisme, Dominique aparecia no sonho como especialista em questões imobiliárias no universo extraterreste. "Eu teria um apartamento em Marte, mas manteria um *pied-à-terre* em Saturno", dizia ela, demonstrando grande pragmatismo. "E abandonaria o apartamento em Urano. É longe demais."

Acordado, não tenho grandes conhecimentos de astronomia e não conheço a posição e distância dos diversos planetas do sistema solar. Consulto o verbete dedicado a Urano na Wikipédia: é efetivamente um dos planetas mais distantes da Terra. Somente Netuno, Plutão e os planetas-anões Haumea, Makemake e Éris são mais distantes. Leio também que Urano foi o primeiro planeta descoberto com a ajuda de um telescópio, apenas oito anos antes da Revolução Francesa. Utilizando uma lente construída por ele mesmo, o astrônomo e músico William Herschel pôde observá-lo no jardim de sua casa no número 19 da rua New-King, na cidade de Bath, num 13 de março de céu claro, brilhando com luz amarela e deslocando-se lentamente. Sem saber ainda se se tratava de uma enorme estrela ou de um cometa sem cauda, Herschel deu-lhe o nome de *Georgium Sidus*, planeta de George, para consolar o rei, segundo dizem, pela perda das colônias britânicas nas Américas: a Inglaterra havia perdido um continente, mas o rei ganhava um planeta. Graças a Urano, Herschel pôde viver com uma generosa pensão real de duzentas libras anuais. Por culpa de Urano, teve de abandonar a música e a cidade de Bath, onde era diretor de orquestra, para instalar-se em Windsor, para que o rei se certificasse da existência de sua nova e distante conquista por meio do telescópio. Por culpa de Urano, dizem que Herschel enlouqueceu e dedicou o resto de sua vida à construção do maior telescópio do século XVIII, que os ingleses chamavam de o Monstro. Por culpa de Urano, dizem que Herschel nunca mais tocou oboé. Ele morreu aos 84 anos: exatamente o tempo necessário para Urano completar uma volta em torno do Sol. Dizem que o diâmetro do tubo de seu telescópio era tão grande que a família o utilizou como refeitório para celebrar seu funeral.

Com lentes mais potentes que as do Monstro, os físicos contemporâneos definem Urano como um "gigante gelado" e gasoso, composto de gelo, metano e amônia. É o planeta mais frio do sistema solar, com ventos que podem ultrapassar os novecentos quilômetros por hora. Em suma, não se pode dizer que as condições de habitabilidade sejam convenientes. Dominique tinha razão: preciso deixar o apartamento em Urano.

Mas o sonho de Urano funcionou como um vírus em meu cérebro. Desde aquela noite, quando estou acordado, cresce em mim a sensação não só de ter um apartamento em Urano, mas também de que é em Urano que desejo viver.

Para os gregos, e para mim em meu sonho, Urano era o teto sólido do mundo, o limite da abóbada celeste. Em inúmeras invocações rituais gregas, Urano é visto como a casa dos deuses ou, para seguir a semântica do sonho, o lugar distante e etéreo onde os deuses tinham seus apartamentos. Na mitologia, Urano é o filho que Gaia, a Terra, concebeu sozinha, sem inseminação ou acasalamento. A mitologia grega é ao mesmo tempo uma espécie de conto de ficção científica retrô, que antecipa no modo *do it yourself* as tecnologias de reprodução e transformação do corpo que surgirão ao longo dos séculos xx e xxi, e uma telenovela kitsch, na qual os personagens entregam-se a uma quantidade inimaginável de relações fora da lei. Assim, Gaia acabou se casando com seu filho Urano, um titã representado muitas vezes em meio a uma nuvem de estrelas, como uma espécie de Tom of Finland dançando com outros tipos musculosos num clube techno do monte Olimpo. Das núpcias incestuosas e pouco heterossexuais entre o céu e a terra nasceu a primeira geração de titãs, entre os quais Oceano (a Água), Cronos (o Tempo) e Mnemosine (a Memória). Urano é ao mesmo tempo o filho da Terra e o pai de todo o resto. Não se sabe ao certo qual era o seu problema, mas a verdade é que não era um bom pai: ou retinha os filhos no útero de Gaia ou tratava de jogá-los no Tártaro assim que nasciam. Assim, Gaia convenceu um dos filhos a submeter o pai a uma última e definitiva operação contraceptiva. Está no Palazzo Vecchio de Florença a representação que Giorgio Vasari fez, no século XVI, de Cronos castrando o pai, Urano, com uma foice. Dos genitais amputados de Urano nasceu Afrodite, a deusa do amor... o que poderia sugerir que o amor vem da desconexão entre os órgãos genitais e o corpo, do deslocamento e da exteriorização da força genital.

Essa forma de concepção não heterossexual, citada em *O banquete* de Platão, inspirou o jurista alemão Karl Heinrich Ulrichs, que em 1864 criou o termo "uranista" para designar o que ele chamou de "terceiro sexo". Para explicar a existência de homens que sentem atração por outros homens, Ulrichs segue Platão e divide a subjetividade em dois, separando a alma do corpo e inventando uma combinação de almas e corpos que lhe permite reivindicar a dignidade daqueles que amam de outra maneira. A segmentação de alma e corpo reproduz, na ordem da experiência, a epistemologia binária da diferença sexual. Só existem duas opções, masculino e feminino. Os uranistas não são, segundo Ulrichs, doentes ou criminosos, mas almas femininas encerradas em corpos masculinos que se sentem atraídas por almas masculinas. Não era uma solução nada ruim para legitimar uma forma de amor que podia, na Inglaterra e na Prússia daquela época, levar à forca, e que hoje continua ilegal em 74 países e pode ser punida com a pena de morte em treze deles, entre os quais Nigéria, Iêmen, Sudão, Irã e Arábia Saudita, além de ser motivo habitual de violência familiar, social e policial na maioria das democracias ocidentais.

Ulrichs não faz essa afirmação como cientista: ele fala na primeira pessoa. Não diz "existem uranistas", mas "sou uranista". Afirma isso em latim, em 28 de agosto de 1867, depois de ter sido condenado à prisão e de ter seus livros proibidos, diante de um congresso de quinhentos juristas, dos membros do Parlamento alemão e de um príncipe bávaro: público ideal para tais confissões. Até então, Ulrichs se escondera sob o pseudônimo de Numa Numantius. Mas nesse dia ele fala em seu próprio nome, ousa sujar definitivamente o nome do pai. Em seu diário íntimo, Ulrichs confessa que estava aterrorizado e que, alguns minutos antes de subir ao palco do Teatro Odéon de Munique, pensou em fugir e nunca mais voltar. Mas então lembrou-se de repente das palavras com que o escritor suíço Heinrich Hössli havia defendido, alguns anos antes, os sodomitas (mas sem falar na primeira pessoa):

> Tenho dois caminhos diante de mim: escrever este livro e expor-me à perseguição ou não o escrever e viver cheio de culpa até o dia do meu enterro. Enfrentei, com certeza, a tentação de parar de escrever... Mas surgiram diante dos meus olhos as imagens dos perseguidos, dos que sequer nasceram e já são miseráveis, e das mães infelizes que, ao lado dos berços, embalam seus filhos malditos e inocentes! Vi depois os nossos juízes de olhos vendados. Por fim, imaginei o coveiro fechando a tampa do ataúde sobre meu rosto frio. Então, antes que me submetesse, o desejo imperioso de levantar e defender a verdade oprimida tomou conta de mim... E continuei a escrever, afastando decididamente os olhos daqueles que trabalharam para a minha destruição. Não devo escolher entre calar ou falar. Digo a mim mesmo: "Fale ou seja julgado!".

Ulrichs conta em seu diário que, ao ouvir seu discurso, juízes e parlamentares que estavam na plateia do Odéon de Munique começaram a gritar como uma multidão furiosa: "Suspendam a sessão! Suspendam a sessão!". Mas anota também que uma ou duas vozes se ergueram para dizer: "Deixem-no falar!". Em meio a um tumulto caótico, o presidente deixa o teatro, mas alguns parlamentares ficam. A voz de Ulrichs treme. Eles ouvem.

Mas o que significa falar para aqueles a quem foi negado o acesso à razão e ao conhecimento, o que significa para nós, que fomos considerados doentes mentais? Com que voz podemos falar? O jaguar ou o ciborgue podem nos emprestar suas vozes? Falar é inventar a língua da travessia, projetar a voz numa viagem interestelar: traduzir nossa diferença para a linguagem da norma, enquanto continuamos a praticar em segredo um blá-blá-blá insólito que a lei não entende.

Ulrichs foi, portanto, um dos primeiros cidadãos europeus a declarar publicamente que queria um apartamento em Urano. Foi o primeiro doente sexual e criminoso que tomou a palavra para denunciar as categorias que o construíram como doente sexual e como criminoso. Ele não disse: "Não sou um sodomita". Ao contrário, defendeu o direito da prática da sodomia entre homens, reivindicando uma reorganização dos sistemas de signos, uma modificação dos rituais políticos que definem o reconhecimento social de um corpo como são ou doente, legal ou ilegal. Inventou uma nova linguagem e uma nova cena da enunciação. Em cada palavra de Ulrichs falando de Urano para os juristas de Munique, ecoa a violência produzida pela epistemologia binária do Ocidente. O universo inteiro cortado em dois e somente em dois. Tudo tem um direito e um avesso nesse sistema de conhecimento. Somos o humano ou o animal. O homem ou a mulher. O vivo ou o morto. Somos o colonizador ou o colonizado. O organismo ou a máquina. Fomos divididos pela norma. Cortados em dois e forçados em seguida a escolher uma de nossas partes. O que chamamos de subjetividade não é mais que a cicatriz deixada pelo corte na multiplicidade do que poderíamos ter sido. Sobre essa cicatriz assenta-se a propriedade, funda-se a família e lega-se a herança. Sobre essa cicatriz, escreve-se o nome e afirma-se a identidade sexual.

Em 6 de maio de 1868, Karl Maria Kertbeny, militante e defensor dos direitos das minorias sexuais, envia uma carta manuscrita a Ulrichs na qual inventa a palavra "homossexual" para referir-se ao que o amigo chamava de "uranista". Ele defende, contra a lei antissodomia promulgada na Prússia, a ideia de que as práticas sexuais entre pessoas do mesmo sexo são tão "naturais" quanto aquelas que ele chama, também pela primeira vez, de "heterossexuais". Se para Kertbeny homossexualidade e heterossexualidade eram simplesmente duas formas naturais de amar, para os representantes da lei e da medicina do final do século XIX, a homossexualidade será recodificada como doença, desvio e crime.

Não estou falando de história. Estou falando da sua vida, da minha, de agora. Enquanto a noção de "uranismo" se perdia nos arquivos da literatura, as noções criadas por Kertbeny transformaram-se em autênticas técnicas biopolíticas de gestão da sexualidade e da reprodução no século XX, a tal ponto que a maioria de vocês continua a utilizá-las com referência à própria identidade, como se fossem categorias descritivas. A homossexualidade estará presente nos manuais psiquiátricos do Ocidente como doença sexual até 1975 e ainda é uma noção central não somente nos discursos da psicologia clínica, mas também nas linguagens políticas das democracias ocidentais.

Quando a noção de "homossexualidade" desaparece dos manuais psiquiátricos, as noções de "intersexualidade" e "transexualidade" aparecem como novas patologias para as quais a medicina, a farmacologia e a lei propõem remédios. Cada corpo nascido num hospital do Ocidente é examinado e submetido aos protocolos da avaliação da normalidade de gênero inventados nos anos 1950, nos Estados Unidos, pelos doutores John Money, John e Joan Hampson: se o corpo do bebê não se adapta ao critérios visuais da diferença sexual, ele será submetido a uma bateria de cirurgias de "redesignação sexual". Da mesma forma, com algumas exceções, nem o discurso científico nem a lei reconhecem a possibilidade de que um corpo possa ser inscrito na sociedade dos humanos sem aceitar a diferença sexual. A transexualidade e a intersexualidade são descritas como patologias marginais e não como sintomas da inadequação do regime político-visual da diferença sexual à complexidade da vida.

Como vocês podem, como nós podemos organizar todo um sistema de visibilidade, de representação, de concessão de soberania e de reconhecimento político segundo tais noções? Vocês realmente acreditam que são homossexuais ou heterossexuais, intersexuais ou transexuais? Essas distinções são preocupantes? Confiam nelas? Baseia-se nelas o sentido mesmo de sua identidade humana? Se vocês sentem um tremor na garganta ao ouvir alguma dessas palavras, não tentem disfarçar. É a multiplicidade do cosmos que tenta entrar em seu peito, como se fosse o tubo telescópico de Herschel. Permitam-me dizer que a homossexualidade e a heterossexualidade não existem fora de uma taxonomia binária e hierárquica que busca preservar a dominação do páter-famílias sobre a reprodução da vida. A homossexualidade e a heterossexualidade, a intersexualidade e a transexualidade não existem fora de uma epistemologia colonial e capitalista, que privilegia as práticas sexuais reprodutivas como uma estratégia de gestão da população, da reprodução da força de trabalho, mas também da reprodução da população consumidora. É o capital e não a vida que se reproduz. Estas categorias são o mapa imposto pelo poder, não o território da vida. Mas se homossexualidade e heterossexualidade, intersexualidade e transexualidade não existem, então quem somos nós? Como amamos? Vamos imaginá-lo.

O sonho retorna e vejo que minha condição de trans é uma nova forma de uranismo. Não sou um homem. Não sou uma mulher. Não sou heterossexual. Não sou homossexual. Tampouco sou bissexual. Sou um dissidente do sistema sexo-gênero. Sou a multiplicidade do cosmos encerrada num regime político e epistemológico binário gritando diante de vocês. Sou um uranista confinado nos limites do capitalismo tecnocientífico.

Como Ulrichs, não trago nenhuma notícia das margens, mas um pedaço do horizonte. Trago notícias de Urano, que não é nem o reino de deus nem a cloaca, muito pelo contrário. Designaram-me do sexo feminino quando nasci. Diziam de mim que era lésbica. Resolvi tomar por conta própria doses regulares de testosterona. Nunca pensei que fosse um homem. Nunca pensei que fosse uma mulher. Era vários. Não me considerava transexual. Quis experimentar com a testosterona. Adoro sua viscosidade, a imprevisibilidade das mudanças que provoca 48 horas depois da aplicação. E sua capacidade, se as aplicações são regulares, de desfazer a identidade, de fazer emergir estratos orgânicos do corpo que de outro modo permaneceriam invisíveis. Aqui, como em outros casos, o essencial são as unidades de medida: a dose, o ritmo das aplicações, a série, a cadência. Eu queria tornar-me desconhecido. Não pedi testosterona às instituições médicas como terapia hormonal para tratar uma "disforia de gênero". Eu quis funcionar com a testosterona, produzir a intensidade do meu desejo em conexão com ela, multiplicar meus rostos metamorfoseando minha subjetividade, fabricar um corpo como se fabrica uma máquina revolucionária. Desfiz a máscara de feminilidade que a sociedade havia colado em meu rosto até que meus documentos de identidade se tornassem ridículos, obsoletos. Depois, sem escapatória, aceitei identificar-me como transexual e "doente mental" para que o sistema médico-legal pudesse me reconhecer como corpo humano vivo. Paguei com o corpo o nome que carrego.

Ao tomar a decisão de construir minha subjetividade com testosterona, como o xamã constrói a sua com a planta sagrada, assumo a negatividade do meu tempo, negatividade que sou obrigado a representar e contra a qual só posso lutar nessa encarnação paradoxal que é ser um homem trans no século XXI, uma feminista portando o nome de homem no movimento #NiUnaMenos, um ateu do sistema sexo-gênero transformado em consumidor da indústria farmacopornográfica. Minha in-existente existência como homem trans é ao mesmo tempo o clímax do antigo regime sexual e o princípio do seu colapso, o fim de uma progressão normativa e o começo de uma proliferação futura.

Vim aqui falar a vocês e aos mortos, ou melhor, àqueles que vivem como se já estivessem mortos, mas vim falar sobretudo às crianças malditas e inocentes que vão nascer. Nós, os uranistas, somos os sobreviventes de uma tentativa sistemática e política de infanticídio: sobrevivemos à tentativa de matar em nós, quando ainda não éramos adultos e não podíamos nos defender, a multiplicidade radical da vida e o desejo de mudar os nomes de todas as coisas. Vocês estão mortos? Vão nascer amanhã? Quero felicitá-los atrasada ou antecipadamente.

Não trago nenhuma notícia das margens. Trago notícias da travessia que não é nem o reino de deus nem a cloaca, muito pelo contrário. Não tenham medo, não se excitem, não vim aqui explicar nada de mórbido. Não vim dizer o que é um transexual, nem como mudar de sexo, nem o que há de bom ou ruim numa transição. Porque nada disso seria verdadeiro, não mais verdadeiro do que a luz da tarde quando o sol bate em algum ponto do planeta Terra, e que depende do lugar de onde se olha; não mais verdadeiro do que a lenta órbita amarela descrita por Urano em torno da Terra. Não direi o que acontece com as pessoas que usam testosterona, nem o que ela faz ao corpo. Façam o esforço de tomar as doses de conhecimento necessárias e que seu gosto pelo risco lhes permita.

Não vim para nada disso. Como dizia a minha mãe indígena, o escritor Pedro Lemebel, não sei para que vim, mas estou aqui. Nesse apartamento de Urano que dá para os jardins de Roma. E vou ficar um pouco. Na encruzilhada. Porque ela é o único lugar que existe. Não existem margens opostas. Estamos todos na encruzilhada. E é dessa encruzilhada que lhes falo, como o monstro que aprendeu a linguagem dos homens.

Não preciso mais afirmar, como Ulrichs, que sou uma alma de homem presa num corpo de mulher. Não tenho alma e não tenho corpo. Sou o cosmos. Tenho um apartamento em Urano, o que certamente me coloca longe da maioria dos terráqueos, mas não tão longe que eles não possam viajar para cá. Nem que seja em sonho.

Introdução

Crônicas da travessia

Se este livro foi escrito sob o signo de Urano, é porque reúne algumas das "crônicas da travessia". São as crônicas que escrevi, sobretudo em aeroportos e quartos de hotel, para o jornal francês *Libération* e outras mídias europeias entre 2010 e os primeiros meses de 2018. Quando comecei a escrevê-las, meu nome ainda era Beatriz, e, embora dissidente como lésbica queer, eu ocupava uma posição social e jurídica feminina. Termino este livro, sempre no meio da encruzilhada, assinando com meu novo nome e com um documento de identidade que indica que meu sexo legal é masculino. A partir do texto "Quem defende a criança queer", de 2013, mantive a ordem cronológica na qual as crônicas foram escritas, pois trata-se também da sequência dessa transição sexual e do gênero, o relato da travessia. Nesse sentido, tais crônicas têm dois (ou mais) autores, ou, em outras palavras, nelas se manifesta de forma hiperbólica (fenômeno que existe em todo processo de escrita, mas que se esconde sob a unicidade do nome) a distribuição da autoria numa multiplicidade de vozes que operam a travessia.

Eu ousaria dizer inclusive que os processos de transição são os que permitem compreender melhor a transformação política mundial que estamos enfrentando. A mudança de sexo e a migração são duas práticas de transição que, questionando a arquitetura política e jurídica do colonialismo patriarcal, da diferença sexual e do Estado-nação, situam um corpo humano vivo nos limites da cidadania, talvez até daquilo que entendemos por humanidade. Além dos deslocamentos geográficos, linguísticos ou corporais, o que caracteriza as duas viagens é a transformação radical não somente do viajante, mas também da comunidade humana que o acolhe ou rejeita. O antigo regime (político, sexual, ecológico) criminaliza todas as práticas da travessia. Mas a cada vez que a travessia é possível, o mapa de uma nova sociedade começa a ser desenhado, com novas formas de produção e de reprodução da vida.

No meu caso, a travessia teve início em 2004, quando comecei a tomar pequenas doses de testosterona. Durante alguns anos, transitando num espaço de reconhecimento de gênero situado entre o feminino e o masculino, entre a masculinidade lésbica e a feminilidade king, vivi a experiência da posição que hoje denominamos gênero fluido. A fluidez das encarnações sucessivas chocava-se com a resistência social a aceitar a existência de um corpo fora do binário sexual. Essa "fluidez" só foi possível durante os anos em que a quantidade de testosterona que eu tomava era aquela que chamamos de "dose umbral", que não dispara no corpo a proliferação dos chamados "caracteres secundários" do sexo masculino. Estas crônicas começam em algum ponto desse umbral.

Paradoxalmente, renunciei à fluidez porque desejava a mudança. A decisão de "mudar de sexo" é acompanhada necessariamente por aquilo que Édouard Glissant chama de "tremor". A travessia é o lugar da incerteza, da não evidência, do estranho. E isso não é uma fraqueza, é uma potência. "O pensamento do tremor", diz Glissant, "não é o pensamento do medo. É o pensamento que se opõe ao sistema." Em setembro de 2014, dei entrada num protocolo médico-psiquiátrico de redesignação de gênero na clínica Audre Lorde, em Nova York. "Mudar de sexo" não é, como querem os guardiões do antigo regime sexual, dar um salto na psicose. Mas também não é, como pretende a nova gestão neoliberal da diferença sexual, um simples trâmite médico-legal que pode ser realizado durante a puberdade para dar passagem a uma normalidade absoluta. Um processo de redesignação de gênero numa sociedade dominada pelo axioma científico-mercantil do binarismo sexual, onde os espaços sociais, trabalhistas, afetivos, econômicos, gestacionais são segmentados em termos de masculinidade ou feminilidade, de heterossexualidade ou homossexualidade, significa cruzar aquela que talvez seja, junto com a da raça, a mais violenta das fronteiras políticas inventadas pela humanidade. Atravessar é ao mesmo tempo saltar um muro vertical infinito e caminhar sobre uma linha traçada no ar. Se o regime hétero-patriarcal da diferença sexual é a religião científica do Ocidente, então mudar de sexo só pode ser um ato herético. À medida que as doses de testosterona aumentavam, as mudanças ficavam mais intensas: os pelos do rosto não passam de um detalhe em comparação com a contundência da mudança que a voz provoca no reconhecimento social. A testosterona produz uma variação da espessura das cordas vocais, músculos que, ao modificarem a sua forma, mudam o tom e o registro da voz. O viajante do gênero sente a mudança na voz como uma possessão, um ato de ventriloquismo que o obriga a identificar-se com o desconhecido. Essa mutação é certamente uma das coisas mais belas que já vivi. Ser trans é desejar um processo de "crioulização" interior: aceitar que só nos tornamos nós mesmos através da mudança, da mestiçagem, da mescla. A voz que a testosterona propulsiona em minha garganta não é a de um homem, é a voz da travessia. A voz que treme em mim é a voz da fronteira. "Compreendemos melhor o mundo", diz Glissant, "quando trememos com ele, pois o mundo treme em todas as direções."

Junto com a mudança de voz, veio a mudança de nome. Durante um tempo, desejei que meu nome feminino fosse flexionado no masculino. Queria me chamar Beatriz e ser tratado, segundo as gramáticas, com pronomes e adjetivos masculinos. Mas essa torção gramatical era ainda mais difícil que a fluidez de gênero. Resolvi, portanto, procurar um prenome masculino. Em maio de 2014, o subcomandante Marcos anunciou, numa carta aberta remetida de La Realidad zapatista, a morte do personagem Marcos, inventado como um nome sem rosto para dar voz ao processo revolucionário de Chiapas. Nesse mesmo comunicado, o subcomandante dizia que deixava de chamar-se Marcos para assumir o nome de Galeano, em homenagem a José Luis Solís López, vulgo Galeano, assassinado em 2014. Pensei então em chamar-me Marcos. Queria assumir esse nome como uma máscara zapatista cobrindo meu rosto e meu patronímico. Marcos seria uma forma de desprivatizar meu antigo nome, de coletivizar meu rosto. Minha decisão foi imediatamente denunciada por ativistas latino-americanos nas redes sociais como um gesto colonial. Eles argumentaram que, sendo branco e espanhol, eu não podia usar o nome de Marcos. A ficção política durou apenas alguns dias. Esse nome, enxerto político fracassado, só existe como rastro efêmero inserido na assinatura da crônica de 7 de maio de 2014 no *Libération*. Eles tinham razão, sem dúvida. Havia nesse gesto arrogância colonial e vaidade pessoal, mas também uma busca desesperada de proteção. Quem se atreve a deixar seu nome para assumir um nome sem história, sem memória, sem vida? Aprendi duas coisas aparentemente contraditórias com o fracasso do enxerto do nome Marcos: teria de lutar pelo meu nome, e, ao mesmo tempo, ele teria de ser uma oferenda, presenteado como um talismã.

Introdução

Pedi aos amigos que escolhessem um nome para mim: queria que o novo nome fosse escolhido de forma cooperativa. Mas nenhum dos nomes propostos (Orlando, Max, Pascal...) se impôs como meu. Foi então que iniciei uma série de rituais xamânicos para encontrar um nome e comecei a fazer o que era necessário para mudar. Entreguei-me à travessia. Foi assim que, finalmente, sonhei com meu novo nome numa noite de dezembro de 2015, numa cama do Bairro Gótico de Barcelona: aceitei o nome estranho e absurdamente banal de Paul. Pedi a todos que me chamassem de Paul, nome que acolhi como meu. Paralelamente, iniciei, com a advogada Carme Herranz, um processo judicial de mudança de sexo legal, no qual solicitava também que o nome Paul Beatriz fosse reconhecido como masculino. Depois de meses de silêncio e incertezas, a decisão chegou em 16 de novembro de 2016. Meu novo nome foi publicado, como exige a legislação espanhola em vigor, em meio ao nome das crianças nascidas naquele dia na cidade em que eu tinha nascido havia mais de quarenta anos. Essas crônicas registram a mudança de voz e de nome. Até dezembro de 2015, elas são assinadas por Beatriz, à exceção daquela que assinei, provisória e brevemente, como Beatriz Marcos. A partir de janeiro de 2016, é Paul B. quem assina. Em todos os casos, a assinatura, desfeita e reconstruída por uma plenitude de atos políticos, não aparece aqui como um lugar de autoridade, mas como testemunha da travessia.

Uma transição de gênero é uma viagem marcada por múltiplas fronteiras. Talvez para intensificar a experiência da travessia, nunca viajei tanto quanto nos meses da parte mais abrupta da transição e do processo de busca por um nome. Como na experiência do exílio, o trajeto começou com a perda do paraíso: a morte de Pepa, a ruptura amorosa, a expulsão do museu, a derrocada do Programa de Estudos Independentes, a perda da casa, o afastamento de Paris... A essas perdas involuntárias somaram-se perdas estratégicas: eu tinha decidido me desidentificar. O aumento da dose de testosterona provocava não só a perda da feminilidade como código de identificação social, do rosto e do nome, mas também e sobretudo, durante meses, a perda do meu estatuto de cidadania legal. Com uma aparência cada vez mais masculina e um documento de identidade feminino, perdi o privilégio da invisibilidade social e da impunidade de gênero. Tornei-me um migrante de gênero. Nessa situação, com um passaporte questionado em todas as fronteiras, aceitei o posto de comissário de programas públicos da documenta 14, exposição internacional de arte. Fui morar em Atenas e saí viajando: Palermo, Buenos Aires, Istambul, Lyon, Kiev, Zurique, Barcelona, Turim, Madri, Frankfurt, Nova York, Bergen, Chicago, Roma, Iowa, Berlim, Kassel, Londres, Cartagena das Índias, Viena, Hong Kong, Los Angeles, Trondheim, Cidade do México, Dublin, Helsinque, Amsterdam, Bogotá, San Francisco, Genebra, Roterdã, Munique, as ilhas gregas Lesbos, Hidra, Alónissos... Cruzei inúmeras fronteiras com esse passaporte constantemente questionado, adaptando-me a contextos políticos que exigiam uma feminilização *express*: fazer a barba, echarpe no pescoço, uma bolsa, uma entonação mais aguda da voz... e meu corpo, na intenção de atravessar a fronteira, reencarnava a feminilidade que eu tinha desaprendido para transformar-me em Paul. A travessia exigia ao mesmo tempo flexibilidade e determinação. A travessia exigia perdas, mas as perdas me forçavam a inventar a liberdade.

Sem rosto masculino ou feminino, sem nome fixo e com um passaporte duvidoso, instalei-me em Atenas: charneira entre o oeste e o leste, uma cidade no cruzamento dos caminhos. Cheguei a uma Grécia açoitada pela economia da dívida e pelas políticas de austeridade, enfrentando a gestão do afluxo de milhares de migrantes e de refugiados que atravessavam as costas do Mediterrâneo escapando das guerras pós-coloniais do Oriente Médio. Atenas era um observatório único para entender os processos de destruição neoliberal da Europa, de controle social por meio da economia da dívida e da reconstrução dos Estados-nações como enclaves fantasmáticos de recuperação da soberania racial e patriarcal num contexto de guerra global e de globalização financeira. Senti que Atenas tremia como a minha voz e amei-a. Apaixonei-me por suas ruas, sua gente, sua língua. No verão de 2015, a cidade atravessava um duplo colapso político. O governo de Tsípras recusava-se a aceitar o voto democrático contra as políticas de austeridade. Ao mesmo tempo, o porto do Pireu e a praça Victoria transformaram-se em acampamentos improvisados de refugiados sem água, comida ou quaisquer das infraestruturas necessárias à vida. Como já tinha acontecido no final dos anos 1980 durante a crise da aids em Nova York, e durante o movimento dos indignados (ou 15-M) na Espanha, em 2011, uma nova figura do político ganhou forma diante de mim em 5 de julho de 2015, quando centenas de milhares de atenienses, cidadãos e migrantes, encontraram-se na praça Sintagma gritando "Eles não nos representam". A utopia das social-democracias representativas estava desmoronando; o Parlamento grego, instalado na praça Sintagma, era uma arquitetura oca de poder. O verdadeiro Parlamento estava nas ruas de Atenas.

Contra a hipótese do "fim da história", segundo a qual as forças neoliberais da globalização agiriam como um vetor de democratização e homogeneização que desgastaria os Estados-nações, construindo um mundo único sem fronteiras, erguia-se uma nova ordem mundial definida pela reconstrução das fronteiras de raça, classe, gênero e sexualidade. As reestruturações econômicas e políticas que se seguiram à crise financeira de 2008, assim como a reação dos governos europeus diante do êxodo das populações que fugiam da fome e da guerra no Iraque ou na Síria, condenaram uma grande parte da população mundial ao estatuto de párias apátridas do neoliberalismo. Estava acontecendo o que jamais teríamos imaginado: o neoliberalismo não somente não questionou os Estados-nações, como na verdade estabeleceu uma aliança com seus segmentos políticos mais conservadores para limitar o acesso dos subalternos às tecnologias de produção de poder e de conhecimento. Um novo ciclo político começou, caracterizado pelo processo que Deleuze e Guattari chamaram de "ressurgências edipianas e concreções fascistas".[1]

Não é, portanto, um acaso que a primeira crônica assinada com meu novo nome seja a de 16 de janeiro de 2015. É uma crônica que fala de outra travessia, do "processo" que poderia levar a uma Catalunha independente. Um processo que, assim como a mudança de sexo, corre sempre o risco de cristalizar-se na construção de uma identidade normativa e excludente. Sujeito e nação não passam de ficções normativas que visam

---

1. Gilles Deleuze e Félix Guattari, *Mil mesetas*. Valencia: Pre-Textos, 1988, p. 15. [Ed. bras.: *Mil platôs: capitalismo e esquizofrenia*, v. 1. Trad. de Ana Lúcia de Oliveira, Aurélio Guerra Neto e Célia Pinto Costa. São Paulo: Editora 34, 1995.]

engessar os processos de subjetivação e de criação social em constante transformação. A subjetividade e a sociedade são constituídas de uma multiplicidade de forças heterogêneas, irredutíveis a uma única identidade, a uma única língua, a uma única cultura, a um único nome. Ridículo quando se expressa como uma luta pela independência de um Estado em relação a outro, o processo em curso na Catalunha só é significativo — como, mais ainda, no caso de Rojava ou de Chiapas — quando se abre à possibilidade de imaginar um agenciamento coletivo anarcoqueer, antiestatal e transfeminista.

A viagem e a vida em Atenas fizeram-me compreender que não sou eu que estou em mutação, mas que todos estamos mergulhados numa transição planetária. A ciência, a tecnologia e o mercado estão redesenhando os limites daquilo que é e será um corpo humano vivo. Hoje, esses limites não se definem apenas em relação à animalidade e àquelas que têm sido até agora consideradas como formas infra-humanas da vida (os corpos não brancos, proletários, não masculinos, trans, deficientes, doentes, migrantes...), mas também em relação à máquina, à inteligência artificial, à automatização dos processos de produção e reprodução. Se a primeira Revolução Industrial caracterizou-se, com a invenção da máquina a vapor, por uma aceleração das formas de produção, a atual Revolução Industrial, marcada por engenharia genética, nanotecnologia, tecnologias da comunicação, farmacologia e inteligência artificial, afeta em cheio os processos de reprodução da vida. O corpo e a sexualidade ocupam, na atual mutação industrial, o lugar que a fábrica ocupou no século XIX. Existe uma revolução dos subalternos e dos apátridas em marcha e, ao mesmo tempo, uma frente contrarrevolucionária lutando pelo controle dos processos de reprodução da vida. Nos quatro cantos do mundo, de Atenas a Kassel, de Rojava a Chiapas, de São Paulo a Joanesburgo, é possível sentir não apenas o esgotamento das formas tradicionais de fazer política, mas também a emergência de centenas de milhares de práticas de experimentação social, sexual, de gênero, política, artística... Diante do aumento dos poderes edipianos e fascistas, surgem as micropolíticas da travessia.

Embora o contexto político seja de guerra global, os leitores não encontrarão nestas crônicas nem pedagogia nem moral. Na travessia não há dogma. Mesmo quando respondo, enfurecido, aos militantes da Manif Pour Tous ou aos representantes do regime da diferença sexual, mesmo quando intervenho nas diatribes do movimento #MeToo nas quais os patrões do sexo se debatem para preservar seus privilégios tecnopatriarcais. Estas crônicas falam de putas e de bichas, e não de "sociologia do desvio"; falam de dissidentes sexuais e de gênero, e não de "disfóricos de gênero e transexuais"; falam de estratégias de cooperação entre desempoderados e migrantes, e não de "crise grega" ou de "crise de refugiados"; falam da dificuldade de morar na cidade, e não de "cidades verdes", "tribos urbanas" ou "bairros periféricos". Deixo essas palavras e sua expectativa de classificação e de controle para os especialistas das diferentes disciplinas: como dizia Thomas Bernhard, "quando o conhecimento está morto, eles o chamam de academia". Nestes textos, proponho pensar em termos de relação e de potencial de transformação, e não em termos de identidade.

Vocês verão, no entanto, que às vezes uso, nos textos que se seguem, um bom número de rudimentos críticos inventados nos últimos anos pelas linguagens feministas, queer, trans, anticoloniais e da dissidência corporal. Imaginem que visto um manto terminológico quando escrevo, assim como um migrante precisa de um abrigo pesado para passar o inverno daquilo que alguns chamam de "hospitalidade", mas que é apenas a negociação (mais ou menos violenta) da fronteira. Essa proliferação de novos termos críticos é imprescindível: funciona como um solvente das linguagens normativas, como um antídoto para as categorias dominantes. Por um lado, é imperativo desmarcar-se das linguagens científicas, técnicas, comerciais e legais dominantes, que formam o esqueleto cognitivo da epistemologia da diferença sexual e do capitalismo tecnopatriarcal. Por outro lado, é urgente inventar uma nova gramática que permita imaginar uma outra organização social das formas de vida. Na primeira tarefa, a filosofia opera, segundo Nietzsche, como um martelo crítico. Na segunda, mais próxima de Monique Wittig, Ursula K. Le Guin, Donna Haraway, Kathy Acker ou Virginie Despentes, a filosofia transforma-se numa linguagem de ficção política, que procura imaginar um mundo. Em todo caso, as duas línguas são estratégias para atravessar fronteiras: as que diferenciam os gêneros filosóficos, as fronteiras epistemológicas entre as linguagens documentais, científicas e de ficção, as fronteiras de gênero, as do idioma e da nacionalidade, as que separam a humanidade e a animalidade, o vivo e o morto, as fronteiras entre o agora e a história.

Urano aproximou-se da Terra em 2013, quando comecei estas crônicas e aventurei-me pelos caminhos da travessia. Gosto de pensar que o gigante gelado retornará em 2096, 84 anos depois de ter completado uma volta ao redor do Sol. Então, com toda certeza, meu corpo (intersexual, transexual, masculino, feminino, monstruoso, glorioso) não existirá mais enquanto carne consciente sobre o planeta. Pergunto-me se, até lá, teremos conseguido superar a epistemologia racial e da diferença sexual e inventar um novo marco cognitivo que permita a existência da diversidade da vida ou se, ao contrário, o tecnopatriarcado colonial terá destruído os últimos vestígios da vida sobre o planeta. Nunca saberei. Mas desejo que as crianças malditas e inocentes ainda estejam aqui para receber Urano de novo.

Atenas, 5 de outubro de 2018

Dizemos revolução

Os analistas políticos apontam o início de um novo ciclo de rebeliões sociais que teria começado em 2009 como reação ao colapso dos mercados financeiros, ao aumento da dívida pública e às políticas de austeridade. A direita, composta de um nem sempre conciliável enxame de empresários, tecnocratas e capitalistas financeiros opulentos, mas também de pobres frustrados e monoteístas mais ou menos despossuídos, oscila entre uma lógica futurista que empurra a máquina bursátil para a mais-valia e a recessão repressora para o corpo social que reafirma a fronteira e a filiação familiar como enclaves de soberania. A esquerda neocomunista (Slavoj Žižek, Alain Badiou e companhia) fala do ressurgimento da política emancipatória em escala global, de Wall Street ao Cairo, passando por Atenas e Madri. Os mesmos que agitam o espectro do Outubro Vermelho anunciam com pessimismo a incapacidade dos movimentos atuais de traduzir uma pluralidade de demandas numa luta antagonista organizada. Žižek retoma a frase de William Butler Yeats para resumir seu arrogante diagnóstico da situação: "Os melhores carecem de convicção, enquanto os piores estão cheios de apaixonada intensidade".[1] Somos, acaso, os piores? Se é assim, a revolução terá de ser feita, mais uma vez, pelos piores.

---

1. Slavoj Žižek, *El año que soñamos peligrosamente*. Madri: Akal, 2013, p. 66. [Ed. bras.: *O ano em que sonhamos perigosamente*. Trad. de Rogério Bettoni. São Paulo: Boitempo Editorial, 2012.]

Os gurus de esquerda da velha Europa colonial insistem em querer explicar aos ativistas do movimento Occupy, aos indignados do 15-M, às transfeministas do movimento deficiente-trans-puto-bicha-fancha-intersexo e pós-pornô que não podemos fazer a revolução porque não temos uma ideologia. Eles dizem "uma ideologia" como meu pai dizia "um marido". Não precisamos de ideologia nem de marido. Transfeministas não precisamos de marido porque não somos mulheres. Tampouco precisamos de ideologia porque não somos um povo. Nem de comunismo, liberalismo, nem da ladainha católico-muçulmano-judaica. Nós falamos outras línguas.

Eles dizem representação. Nós dizemos experimentação. Eles dizem identidade. Nós dizemos multidão. Eles dizem língua nacional. Nós dizemos tradução multicódigo. Eles dizem dominar a periferia. Nós dizemos *mestiçar* o centro. Eles dizem dívida. Nós dizemos cooperação sexual e interdependência somática. Eles dizem despejo. Nós dizemos habitemos em comum. Eles dizem capital humano. Nós dizemos aliança multiespécies. Eles dizem diagnóstico clínico. Nós dizemos capacitação coletiva. Eles dizem disforia, transtorno, síndrome, incongruência, deficiência, menos-valia. Nós dizemos dissidência corporal. Um tecnoxamã da Pocha Nostra vale mais que um psiconegociante neolacaniano, e um *fisting* contrassexual do Post-Op é melhor que uma vaginoplastia protocolar. Eles dizem autonomia ou tutela. Nós dizemos agência relacional e distribuída. Eles dizem engenharia social. Nós dizemos pedagogia radical. Eles dizem detecção precoce, terapia genética, melhoramento da espécie. Nós dizemos mutação molecular anarcolibertária. Eles dizem direitos humanos. Nós dizemos a Terra e todas as espécies que nela habitam também têm direitos. A matéria tem direitos. Eles dizem carne de cavalo no cardápio. Nós dizemos montemos nos cavalos para fugir do matadouro global. Eles dizem que o Facebook é a nova arquitetura do social. Convocamos, com o Quimera Rosa e o Pechblenda, um cibersabá de putos *geeks*. Eles dizem que a Monsanto nos dará de comer e que a energia nuclear é a mais barata. Nós dizemos tirem as suas patas radioativas de minhas sementes. Eles dizem que o FMI e o Banco Mundial sabem mais e tomam melhores decisões. Mas quantos transfeministas soropositivos há na direção do FMI? Quantas trabalhadoras sexuais migrantes pertencem ao conselho de administração do Banco Mundial?

Eles dizem pílula para prevenir a gravidez, clínica reprodutiva para ser mamãe e papai. Nós dizemos coletivização de fluidos reprodutivos e de úteros reprodutores. Eles dizem poder. Nós dizemos potência. Eles dizem integração. Nós dizemos proliferação de uma multiplicidade de técnicas de produção de subjetividade. Eles dizem copyright. Nós dizemos código aberto e programação em estado beta: incompleta, processual, coletivamente construída, relacional. Eles dizem homem/mulher, branco/negro, humano/animal, homossexual/heterossexual, válido/inválido, são/doente, louco/sensato, judeu/muçulmano, Israel/Palestina. Nós dizemos você está vendo que o seu aparelho de produção de verdade não funciona... Quantas Galileias serão necessárias dessa vez para aprendermos a dar um nome novo às coisas?

Eles fazem guerra econômica contra nós a golpes de machete digital neoliberal. Mas nós não vamos chorar o fim do Estado de bem-estar social, porque o Estado de bem-estar social também tinha o monopólio do poder e da violência e vinha acompanhado do hospital psiquiátrico, do centro de in-

serção para deficientes, da prisão, da escola patriarcal-colonial-
-heterocentrada. Chegou a hora de submeter Foucault a uma
dieta deficiente-queer e começar a escrever *A morte da clínica*.
Chegou a hora de convidar Marx para um ateliê ecossexual.
Não queremos véu nem a proibição de usá-lo: se o problema é
o cabelo, vamos raspá-lo. Não vamos entrar no jogo do Estado
disciplinar contra o mercado neoliberal. Os dois já chegaram a
um acordo: na nova Europa, o mercado é a única razão governamental, o Estado converte-se num braço punitivo cuja única
função será recriar a ficção da identidade nacional agitando a
ameaça da insegurança.

Precisamos inventar novas metodologias de produção do conhecimento e uma nova imaginação política capaz de confron-
tar a lógica da guerra, a razão heterocolonial e a hegemonia do
mercado como lugar de produção do valor e da verdade. Não
estamos falando simplesmente de uma mudança de regime
institucional, de um deslocamento das elites políticas. Falamos
da transformação micropolítica dos "domínios moleculares da
sensibilidade, da inteligência, do desejo".[2] Trata-se de modificar a produção de signos, a sintaxe, a subjetividade, os modos
de produzir e reproduzir a vida. Não estamos falando apenas
de uma reforma dos Estados-nações europeus. Não estamos
falando de mover a fronteira de lá para cá. De tirar um Estado
para instalar outro. Estamos falando de descolonizar o mundo,
de interromper o Capitalismo Mundial Integrado. Estamos
falando de modificar a "Terrapolítica".[3]

---

2. Félix Guattari, *Les trois écologies*. Paris: Galilée, 1989, p. 14. [Ed. bras.: *As três ecologias*. São Paulo: Papirus, 1990.]
3. Ver Donna Haraway, *SF: Speculative Fabulation and String Figures*. documenta 13. Kassel: Hatje Cantz, 2011.

Somos os jacobinos negros e bichas, as fanchas vermelhas, os desenganados verdes, somos os trans sem papéis, os animais de laboratório e dos matadouros, os trabalhadores e trabalhadoras informático-sexuais, putos funcionais diversos, somos os sem-terra, os migrantes, os autistas, os que sofremos de déficit de atenção, excesso de tirosina, falta de serotonina, somos os que temos gordura demais, os inválidos, os velhos em situação precária. Somos a diáspora raivosa. Somos os reprodutores fracassados da Terra, os corpos impossíveis de rentabilizar para a economia do conhecimento.

Não queremos nos definir nem como trabalhadores cognitivos nem como consumidores farmacopornográficos. Não somos Facebook, nem Shell, nem Google, nem Nestlé, nem Pfizer-Wyeth. Tampouco somos Renault ou Peugeot. Não queremos produzir francês, nem espanhol, nem catalão, nem tampouco produzir europeu. Não queremos produzir. Somos a rede viva descentralizada. Recusamos uma cidadania definida a partir de nossa força de produção ou de nossa força de reprodução. Não somos bio-operários produtores de óvulos, nem cavidades gestantes, nem inseminadores espermáticos. Queremos uma cidadania total definida pela possibilidade de partilhar técnicas, códigos, fluidos, sementes, água, saberes... Eles dizem que a nova guerra limpa será feita com drones de combate. Nós queremos fazer amor com esses drones. Nossa insurreição é a paz, o afeto total. Já sabemos que a paz é menos sexy que a guerra, que um poema vende menos que uma rajada de balas e que uma cabeça cortada excita mais que uma cabeça falante. Mas nossa revolução é a de Sojourner Truth, Harriet Tubman, Jeanne Deroin, Rosa Parks, Harvey Milk, Virginia Prince, Jack Smith, Ocaña, Sylvia Rae Rivera, Coletivo Combahee River,

Lorenza Böttner, Pedro Lemebel, Giuseppe Campuzano e Miguel Benlloch. Abandonamos a política da morte: somos um batalhão sexo-semiótico, uma guerrilha cognitiva, uma armada de amantes. Terror anal. Somos o futuro parlamento pós-pornô, uma nova internacional somatopolítica feita de alianças sintéticas e não de vínculos identitários. Eles dizem crise. Nós dizemos revolução.

Paris, 20 de março de 2013

O último cercamento: aprendendo sobre a dívida com Silvia Federici

Eu deveria me dobrar às convenções e recomendar a vocês um livro de praia para estes dias de verão, mas, diante do espetáculo do naufrágio do Estado de bem-estar social, prefiro convidá-los a ler *Calibã e a bruxa*, de Silvia Federici, publicado na Espanha há um par de anos e cujas análises permitem um diagnóstico inquietante, mas revelador, da atual gestão da crise da zona do euro.

Federici nos conta que foi em sua estadia na Nigéria, nos anos 1980, que compreendeu que o processo de *cercamento* das formas de vida e de relação coletivas que levou ao capitalismo no século xv não havia terminado, mas continuava ocorrendo através de novas estratégias. No século xv, as técnicas de cercamento dos espaços comunitários incluíram a guerra, a perseguição de bruxas e hereges, o massacre e o saque colonial, a expropriação das terras comuns, a desvalorização do trabalho das mulheres e a invenção da ideologia da raça.

Os anos 1980 constituíram um ponto de inflexão não somente para a Nigéria, mas também para a maioria dos países africanos e latino-americanos. Durante o período conhecido como "crise da dívida", pressionados pelo fmi e pelo Banco Mundial, os governos africanos adotaram programas de ajuste estrutural como garantia de sua incorporação à economia global. Embora aparentemente destinados a tornar a economia africana competitiva no mercado internacional, os programas de ajuste estrutural tinham por objetivo aplainar definitivamente o terreno social e político (já debilitado por anos de espoliação colonial) e permitir a entrada de novas formas de capitalismo multinacional e neoliberal, sob a liderança das indústrias petroquímicas e agroalimentares de alto impacto social e ecológico, que permitiriam custear os excessos energéticos e de consumo do Ocidente durante aqueles que foram, para nós europeus, os opulentos anos 1980/1990. O terapêutico "ajuste estrutural", adverte Federici, pressupunha a destruição dos últimos vestígios de propriedade comunal na África e na América do Sul, mas também de formas culturais e de gestão coletiva da vida, impondo formas novas e mais intensas de exploração política e ecológica. O resultado do ajuste foi a transformação de boa parte do território africano num salão de jogos para empresas como Total, Shell ou Monsanto, num poço de especulação e num depósito de lixo planetário.

O plano de austeridade que o metafísico FMI e as espectrais agências de classificação de risco estão colocando em marcha na Europa nada mais é que o último dos cercamentos: a extensão das técnicas neoliberais de confisco aperfeiçoadas durante séculos nos territórios coloniais agora desdobradas contra a antiga colônia. Se não resistirmos coletivamente, as receitas do FMI para o novo ajuste estrutural exigirão o desmantelamento dos espaços comuns de gestão da vida, do corpo e do tempo que estavam conseguindo sobreviver à expansão neoliberal na Europa: o fechamento definitivo dos espaços comuns da educação, da cultura, da assistência sanitária e social...

Não estamos assistindo à crise do capitalismo, mas à sua expansão exponencial, à sua mutação de um modelo industrial para um modelo informático-financeiro: uma forma mais abstrata e arbitrária. O novo liberalismo nunca se sentiu tão livre. As multinacionais nadam em imundície e lucro, não nos enganemos: o mercado está exultante. A que dívida se refere o FMI? À dívida que a Europa tem com a África e a América Latina por tê-las espoliado durante séculos? À dívida que os homens têm com as mulheres por anos de trabalhos sexuais e domésticos não pagos? À dívida que os ricos têm com os pobres por ter-lhes roubado tempo e beleza? A dívida "soberana" (visto que a única coisa soberana que resta aos países europeus é a dívida), produto da especulação com o coletivo, é apenas uma desculpa para legitimar o último cercamento. O neoliberalismo dá mais uma volta ao parafuso: uma vez que nada permitiu provar que a democracia beneficia o livre mercado, transformemos a própria democracia em mercado. Em sua ascensão selvagem, o mercado neoliberal sonha com a extensão global do modelo chinês ou saudita, enclave de inovação governamental: totalitarismo político mais capitalismo econômico mais devastação ecológica mais morte social. Os novos magnatas do capitalismo financeiro não suportam que nos últimos quarenta anos boa parte da população europeia tenha ampliado consideravelmente a esfera de seus direitos jurídicos e econômicos. Um último cercamento é necessário: flexibilizar ainda mais o mercado de trabalho, baixar salários, privatizar a educação, a saúde, a cultura, as instituições penitenciárias, o exército... acabar com o subsídio para o desemprego, com as pensões, e cercar a Puerta del Sol para que o papa Bento XVI possa celebrar a sua Jornada Mundial da Juventude em Madri. Diante dos novos mercados do Brasil, da África do Sul ou da Ásia, nós já somos história. O que nos sobra agora é renunciar a tudo para permitir a marcha sempre alegre do neoliberalismo rumo a outras praias mais florescentes. O capitalismo neoliberal está declarando guerra à população europeia.

É significativo que, diante dessa maré alta de cercamentos neoliberais, os movimentos dos indignados tenham escolhido como gesto político definitivo a ocupação do espaço público, mais concretamente das praças, fóruns por excelência da gestão do coletivo. Os indignados são os novos hereges e as novas bruxas do capitalismo neoliberal. Os ecologistas dizem que um solo está morto quando os agentes tóxicos acabam com todos os microrganismos que oxigenam e regeneram a terra. Do mesmo modo, se o cercamento vencer, o capital acabará com todo e qualquer coletivo: no dia em que morrer o solo da Puerta del Sol, da praça da Catalunha ou da praça Sintagma, teremos de falar em necrocracia, uma democracia morta e para a morte.

Nova York, 27 de agosto de 2011

Goteiras diplomáticas: Julian Assange e os limites sexuais do Estado-nação

É POSSÍVEL QUE algum historiador futuro recorde a data de 7 de dezembro de 2010, dia em que Julian Assange, criador do WikiLeaks, foi preso em Londres, como o início de uma batalha sangrenta (tão definidora de nossa época como foram, no século XVI, a colonização do continente americano ou as guerras de religiões na Europa central) entre a antiga compreensão democrática liberal do poder e uma nova teoria da democracia como acesso público e não restrito à informação e às tecnologias de produção de verdade. Deixando de lado por um momento a gravidade de sua prisão, é interessante deter-se nas insólitas acusações que lhe são imputadas e que poderiam dar lugar a uma eventual extradição para a Suécia ou para os Estados Unidos. Julian Assange não foi preso por suas atividades à frente do WikiLeaks, como havia sido anunciado pelo Congresso estadunidense desde que documentos sobre a Guerra do Afeganistão tornaram-se públicos no mês de julho passado, mas por "ofensa sexual": as autoridades suecas pediram sua prisão por duas acusações de "coerção ilegal" e de "assédio sexual e violação". Segundo a Scotland Yard: "As acusações referem-se a dois encontros sexuais que, segundo as duas denunciantes, começaram de forma consensual, mas deixaram de ser consensuais a partir do momento em que Julian Assange não usou um preservativo".

Não sei se a Scotland Yard fez algum acordo com Bento XVI, mas nunca antes um preservativo tinha adquirido tamanho valor nas relações geopolíticas. Embora Kafka já tenha nos ensinado que o importante não são as acusações, mas o próprio processo de acusação, talvez valha a pena perguntar-se por que o governo sueco e a Scotland Yard escolheram, entre todas as possíveis acusações para prender Assange (permitam-me apoiar esta hipótese na presunção de inocência), a figura da violação e o corolário do preservativo.

A acusação contra Assange é a materialização jurídica de uma metáfora sexo-política. Os governos nacionais expressaram como "violação" contra a soberania sexual do corpo individual a ameaça representada, para os limites dos corpos políticos dos Estados-nações, pela possível difusão pública de mais de 250 mil telegramas diplomáticos através do WikiLeaks.

Esse deslocamento deve-se à impossibilidade de traçar os limites orgânicos dos atuais Estados-nações, de modo que é mais operacional reclamar a violação do corpo individual; e, quando se trata de corpo, não pode ser outro senão o feminino, pois somatopoliticamente os homens não são corpo, mas razão. Os atuais Estados-nações são ficções caducas, cujos limites são comprometidos pelo próprio processo da globalização. No capitalismo neoliberal dominado por relações financeiras de caráter global e enormes intercâmbios de signos imateriais, dígitos e informação, os limites do corpo do Estado-nação não podem ser traçados de maneira efetiva, nem as suas fronteiras territoriais são suficientes para contê-los. Em outras palavras, os Estados-nações funcionam hoje como as linhas aéreas: cultivam, enquanto voam, a ilusão nacional. A Aeroméxico continua a servir *enchiladas* com carne, enquanto a Air France nos brinda com queijo camembert e vinhos de Bordeaux, para que continuemos a acreditar que estamos pisando em solo nacional, embora estejamos nas nuvens. A exposição pública na internet dos detalhes dos intercâmbios diplomáticos mostra não somente o estado lamentável das cozinhas políticas, mas revela que as *enchiladas* são *made in USA* e o vinho de Bordeaux provém de cepas sintéticas de Dubai. Desfaz-se assim a ilusão da soberania nacional e revelam-se os cardápios globais das diplomacias nacionais.

Como os Estados-nações não encontram sequer os poros de sua própria pele para indicar o lugar da penetração ilegal e da fuga, buscam um corpo substituto que sirva para denunciar o agravo à soberania nacional. O corpo das duas mulheres suecas opera como substituto do corpo nacional — puro, casto e inviolável — que Julian Assange (leia-se WikiLeaks) teria ultrajado. Donde a importância simbólica do preservativo. Trepar com preservativo equivaleria, nesse jogo de substituição de corpos políticos, a ter obtido os telegramas diplomáticos (algo como o fluido seminal dos governos) e tê-los mantido em segredo, impedindo a fuga (literalmente as goteiras, *leaks*) da informação para o espaço público. Isso teria sido "sexo consensual", enquanto colocar em circulação a informação de maneira pública é ameaçar a imunidade e a honra do Estado-nação e, de passagem, a do corpo feminino.

Eis o delito: o WikiLeaks transou com o Estado-nação sem consentimento nem preservativo. Eis a violação: o WikiLeaks está reconfigurando as relações entre os espaços privados e os públicos, entre a propriedade e o comum, entre a verdade e o segredo, entre a política e a pornografia. A passagem de Julian Assange/violador para WikiLeaks/terrorista será simplesmente uma questão de extensão do domínio da metáfora.

Paris, 16 de dezembro de 2010

Derrida, Foucault e as biografias impossíveis

ACABARAM DE SER PUBLICADOS na França, com poucos meses de intervalo, dois livros que poderiam ser considerados exemplos paradigmáticos de dois modos não apenas diversos, mas antes irreconciliáveis, de entender a biografia e, por extensão, de pensar o conteúdo das duas raízes que compõem esta prática narrativa: *bios*, "vida", e *graphein*, "escrita". A divergência dessas duas escolas biográficas não seria dramática se esses dois livros não afetassem a reconstrução das vidas daqueles que foram, sem dúvida, não só os protagonistas mais emblemáticos da filosofia pós-estrutural francesa, mas também aqueles que redefiniriam de forma mais radical o que hoje entendemos respectivamente por escrita e *bios*: Jacques Derrida e Michel Foucault, objetos, respectivamente, dos livros *Derrida*, de Benoît Peeters, e *O que amar quer dizer*, de Mathieu Lindon.

De forma esquemática, poderíamos dizer que na primeira dessas escolas o biógrafo, exterior à vida, pretende utilizar a escrita como instrumento de representação para produzir um esquema detalhado do tempo e da ação, enquanto a segunda, partindo da impossibilidade da biografia, entende a escrita como uma tecnologia da subjetividade, como uma prática performativa de produção de vida. Se tivéssemos de resumir suas diferenças em linguagem médica, poderíamos dizer que a primeira escola entende a biografia como anatomia patológica que enfrenta seu objeto de estudo quando está morto ou como se morto estivesse, enquanto a segunda pensa a si mesma como uma fisiologia total na qual o texto e o corpo funcionam sempre como órgãos vitais.

E, como não existe justiça biográfica, coube a Derrida ser objeto da anatomopatologia nas mãos de Benoît Peeters, que já havia realizado um exercício semelhante com Hergé, criador de Tintim, e que, em busca, segundo suas próprias palavras, de "outra personalidade" sobre a qual desdobrar suas virtudes, e enfrentando dificuldades para escrever sobre Magrite, o pintor surrealista, ou sobre Jérôme Lindon, o mítico editor da Minuit (e pai de Mathieu, o autor de *O que amar quer dizer*), aceitou a proposta da Flammarion para escrever uma biografia de Derrida.

Através daquilo que Peeters chama de uma leitura "flutuante" e "pudica", sua biografia constrói Derrida como um tipo perdido e confuso, um aproveitador oportunista com muitos inimigos, um imigrante argelino que deseja uma vida de francês médio-burguês, ganhar algum dinheiro, adquirir certa fama e quem sabe escapar de vez em quando da pressão monótona do casamento e da vida familiar enchendo-se de trabalho e de viagens, correndo o risco de ver-se sepultado por um turbilhão de conferências, seminários e entrevistas em intermináveis giros ao redor do mundo, cercado de *groupies*; um Derrida atormentado pela mentira, pelo ciúme e pela vida dupla. Para aqueles que conhecemos Derrida, nada disso parece ter a ver com a sua vida, nem com aquilo que a sua escrita fez dela. Mas, como se fosse pouco, Peeters acrescenta à biografia um outro livro, *Trois ans avec Derrida: les carnets d'un biografe* [Três anos com Derrida: anotações de um biógrafo], um diário de trabalho no qual Peeters confessa, por exemplo, que não suporta o que chama de "grafomania" de Derrida — sua tendência a "escrever demais, um defeito que se agrava com a idade", e que o biógrafo não sabe se deve atribuir "à gloria, à oralidade, ao tratamento do texto" ou mesmo "aos estimulantes". "Bashibazouk dos Cárpatos, ectoplasmas e anacolutos!", diria o capitão Haddock se tivesse lido isso tudo. Se as quase setecentas páginas desse livro demonstram alguma coisa, é o "mal de arquivo" de Peeters (chamam atenção, sobretudo, as ausências de Sylviane Agacinski, amante de Derrida durante anos e mãe de um de seus filhos, e de Hélène Cixous, sem dúvida uma de suas interlocutoras fundamentais) e a impossibilidade da biografia como escrita (transitiva) *da* vida. Não vale a pena ir mais longe nesta crítica, mas sim convidar seus possíveis leitores a submeterem a biografia e o diário que a acompanha a um exercício desconstrutivo, entendendo-os antes como autorretratos do próprio Peeters.

No extremo oposto desse exercício de contabilidade vital encontra-se o livro *O que amar quer dizer*, de Mathieu Lindon, que, tendo como objetivo um relato autobiográfico, acaba produzindo um diagrama da vida de Foucault que supera em intensidade e precisão as tentativas, a bem dizer muito detalhadas, de James Miller, David Macey e Didier Eribon. Mathieu Lindon conta no livro os seus anos de juventude em Paris, sobretudo os dias em que viveu no apartamento de Michel Foucault, cuidando (com pouco êxito) de suas plantas enquanto ele viajava ao exterior para conferências ou saía de férias com seu companheiro Daniel Defert. Lindon não nos fala de Foucault, mas de seu apartamento. A biografia dissolve-se aqui numa geografia de afetos. Moramos junto com Lindon por um tempo, no número 295 da rue de Vaugirard, entre os parques André-Citroën e Georges Brassens. Podemos ver em ação a ética da arte de viver segundo Foucault. É impressionante descobrir como Foucault transforma um apartamento tipicamente familiar de um bairro bastante enfadonho e burguês do 15º Arrondissement de Paris, no qual abundam hospitais e colégios, no centro de uma complexa ecologia gay, num lugar de encontro para muitos dos militantes e ativistas do final dos anos 1970, sede do Grupo de Investigação de Prisões, mas também de um salão alucinógeno: Lindon conta sobre as tardes intermináveis passadas no "cantinho Mahler", um espaço no grande salão onde Foucault ouvia música enquanto tomava LSD acompanhado dos amigos. Descobrimos pouco a pouco a dupla estrutura desse espaço: um apartamento ligado a um estúdio, que Foucault às vezes utilizava como um escritório no qual trabalhava, segundo sua própria expressão, "como uma costureira", mas que às vezes emprestava a amigos ou amantes, um armário-apartamento dentro de outro apartamento, que reflete de forma singular a segmentação do visível e do invisível que caracterizou a vida do filósofo que quis não ter rosto.

Paris, 17 de janeiro de 2011

Filiação e amor bicha segundo Jean Genet

A POETA LYDIE DATTAS CONTA que um dos jovens que viveu com Jean Genet durante anos lhe confessou, quase com medo de destruir a imagem do escritor lascivo e sátiro, que Genet e ele fizeram amor numa cama, na cama da casa em que moravam juntos, apenas uma noite. Tão somente uma noite em anos. Uma noite que o amante, ao contar essa história a Lydie Dattas, sequer recordava com nitidez. Contudo, aquele jovem qualificava sua relação com Genet como a mais intensa, passional e inesquecível de todas as que teve em sua vida.

Genet, que como todos sabem foi abandonado pela mãe ao nascer e educado pela assistência social francesa, estabelecia com seus amantes uma relação filial, mas radicalmente oposta à estrutura tradicional da família. Tratava seus amantes como se fossem seus filhos, mas filhos-sem-pai. As estruturas mitológicas da paternidade não foram as que Genet escolheu como forma da relação paterno-filial; nem a que nos ensinam Laio e Jocasta, os fracassados pais de Édipo (vá entender por que Freud haveria de colocá-la depois como modelo fundacional da estrutura desejante do inconsciente, e como seus discípulos puderam levar a sério uma hipótese tão descabelada como base da prática clínica: fazer de Édipo o centro de um processo terapêutico seria tão errático quanto pretender curar alguém estabelecendo laços narrativos entre sua história e a relação de Isabel Pantoja com Francisco Rivera "Paquirri" ou da celebridade Belén Esteban com sua filha), nem a de Cronos, que, depois de castrar seu pai Urano, talvez alertado sobre a possibilidade de que seus instintos parricidas fossem hereditários, optou pela ingestão preventiva (e não muito dietética) de seus cinco rebentos.

Genet é, nas palavras de Deleuze e Guattari, um anti-Édipo moderno ou um Cronos inconstante e funâmbulo que sofre de anorexia filial. Não havia entre Genet e seus amantes nem sexo ao estilo Jocasta nem intenção de assassinato como no caso de Laio: não esqueçamos que Laio mandou matar o filho Édipo, mas o assassino contratado, mais sensato que o pai da criança, apiedou-se da criatura, tornando possível o final tarantinesco que o oráculo de Delfos tinha reservado a Laio. Também não se manifesta em Genet o canibalismo filial que ocorreu no caso de Cronos.

Genet inventou uma forma de filiação-sem-filhos que escapa dos laços de sangue e de leite, das relações de identidade e exterminação que regem as normas da transmissão paterno-filial narradas mitologicamente, formuladas pelo direito romano, assentadas depois, durante a Idade Média, pelos códigos eclesiásticos e hoje estendidas em sua variação heterossexual como ideais de relação familiar e social. As relações paterno-filiais de sangue e de leite, herdeiras de um modelo de poder soberano, deveriam causar medo. Nas sociedades soberanas, o poder do pai não é o poder de dar a vida, como deixaria claro um estudo criminológico detalhado dos casos de Édipo e de Cronos, mas o poder de dar a morte. Se a mãe era entendida como seio nutrício que deve dar o leite, o pai era pensado segundo a possibilidade de estabelecer com o filho, e por extensão com a mãe (pois a mãe também é construída em dependência filial com o pai), relações de morte, de sangue. Foi isso que o feminismo dos anos 1970 denunciou com o nome de patriarcado: o direito do pai — do marido, do noivo, do amante — de utilizar a violência de forma legítima como modo de relação política e econômica com o outro. Ainda arrastamos essa herança mítico-teológica sob o nome de violência de gênero, encarnada agora alternativamente por pais e mães ("por minha filha, sou capaz de matar", diria Belén Esteban), por héteros e homos, por nossos próprios políticos e inclusive pelos filhos, todos afogados em relações soberanas de sangue e de leite.

Genet desfaz esses vínculos naturais e violentos, inventa outra filiação e, de passagem, outro amor bicha. Ao sangue, opõe o roubo. Ao leite, a literatura. Seus amantes não recordam noites de sexo, mas conversas intermináveis, dias ao longo dos quais Genet lia *Uma temporada no inferno*, de Rimbaud, ou inventava solilóquios. Recordam Genet contando como Giacometti tinha criado as famosas miniaturas ao reduzir suas esculturas de modo a poder escondê-las numa caixa de fósforos e conseguir cruzar a fronteira sem que fossem requisitadas. Recordam também que Genet, que nunca exercera muito bem a arte da subtração de bens alheios, forçava seus amantes a roubar malas, livros ou jaquetões em lojas, estações de trem, bibliotecas públicas onde os leitores descuidavam de suas carteiras, ensimesmados numa tradução francesa de Cervantes: então, quando os olhos do sujeito se enchiam d'água ao ler a passagem da morte de Quixote, eles aproveitavam para fugir com uma carteira, que Genet recebia não pelo seu valor econômico, mas como signo de uma aliança ardente. Aqui caberia, portanto, deduzir, contra qualquer prognóstico, que os filhos não se fazem nem com sangue nem com leite, mas com teatro, ou, como Genet gostava de dizer, no circo, e que não é no sexo, mas na poesia e no roubo, que reside a dimensão passional do amor bicha.

Nova York, 20 de fevereiro de 2011

Revoluções veladas: o turbante de
Simone de Beauvoir e o feminismo árabe

FICA DIFÍCIL DORMIR nas velhas metrópoles da Europa sabendo que do outro lado do Mediterrâneo a revolução está despertando. Para os que nascemos depois de 1968 e que, exceto durante a queda do Muro de Berlim, só ouvimos falar de guerras, os levantes dos países árabes permitem vislumbrar o gozo das revoluções pacíficas que não visam o poder, mas a transformação social. Num encontro recente em Paris com meus amigos tunisinos trans e lésbicas para celebrar a queda de Ben Ali, perguntávamos impacientes como e quando ocorreria a revolta transfeminista do Oriente. Como será a sua próxima revolução sexual?

A biógrafa Deirdre Bair desespera-se tentando explicar a obstinação (quando não o mau gosto) de Beauvoir em cobrir uma parte de seu corpo. Ela acaba por desculpar o turbante beauvoiriano, explicando que ele esteve na moda entre as mulheres europeias do Segundo Império e que Beauvoir o adotou em 1939, como muitas outras francesas, como maneira de esconder o cabelo, difícil de manter limpo e arrumado em tempos de guerra.

Contudo, o que chama atenção em Beauvoir não é o fato de ter usado turbante entre 1939 e 1945, mas de ter feito dele o seu signo distintivo depois da guerra, quando o resto das mulheres europeias parou de usá-lo. Poderíamos dizer que, depois da guerra, Simone de Beauvoir se transforma numa mulher-

-com-turbante. Quando o turbante não está presente, sua força formal persiste por outros meios: Beauvoir enrola o próprio cabelo ao redor da cabeça, convertendo-se numa espécie de Princesa Leia da Guerra Fria. A combinação corpo-turbante adquire inclusive uma consistência post-mortem, que supera a vontade de representação da própria Beauvoir: em 14 de abril de 1986, seu cadáver será exposto no ritual funerário com um turbante vermelho, como se essa peça têxtil tivesse se transformado com os anos, através de um processo de solidificação somática, em parte de seu corpo público.

Como avaliar o significado histórico do fato de que a iniciadora do feminismo da segunda onda usasse um turbante em suas intervenções públicas? É possível pensar numa genealogia do feminismo que estabeleça vínculos entre a crítica da opressão das mulheres brancas que surge no contexto posterior à Segunda Guerra Mundial — e da qual Simone de Beauvoir é sem dúvida uma das figuras mais representativas — e os feminismos periféricos, feminismos queer, feminismos negros, indígenas ou árabes que rejeitam que a mulher branca heterossexual seja o único sujeito político de um movimento de transformação social, esses feminismos cujos discursos e teorias críticas foram velados por um feminismo hegemônico e que hoje começam a adquirir visibilidade? Seríamos capazes de ouvir, hoje, no Ocidente, uma feminista com turbante?

O termo "turbante" entra na língua francesa no século XVII, procedente do turco *tülbend* e do persa *dulband*, para descrever "uma touca de origem oriental que consta de uma longa echarpe (entre um e cinco metros) enrolada em torno da cabeça ou no interior de um chapéu, que foi de uso comum entre os sultões otomanos", mas também "uma touca de mulher semelhante ao turbante oriental". Numa teoria geral das técnicas somáticas, o turbante e o véu islâmico pertenciam a um mesmo conjunto de apêndices culturais da cabeça, de acessórios da identidade, extensões somatopolíticas inventadas no Oriente, às quais teríamos de acrescentar o *pagri* indiano ou o turbante sique, e que não seriam muito diferentes dos véus ocidentais cristãos ou de uma longa variedade de objetos fabricados em algodão, lã, couro, feltro, palha, metal ou mesmo plástico que estendem a cabeça e enquadram o rosto.

Beauvoir, que foi, ao lado de Joan Rivière, uma das primeiras escritoras a rechaçar a ideia de que existe uma feminilidade essencial, se cobre e se mostra através de seu turbante. Oscilando entre chapéu e peruca, ao mesmo tempo prática oriental e signo de distinção, o turbante opera em Beauvoir uma técnica que, com Judith Butler, poderíamos denominar "estilização do gênero", um elemento externo que ao mesmo tempo produz e difere a feminilidade heterossexual, branca, ocidental e centro-europeia, introduzindo uma ruptura da norma. O uso insistente que ela fez do turbante poderia ser lido como uma forma de dissidência de gênero e sexual, mas também nacional, ao introduzir um distanciamento cultural naquela parte do corpo (a cabeça e o rosto) que convoca os signos mais determinantes da identidade corporal entendida como verdade anatômica.

Se o cabelo foi marcado historicamente como signo de sedução na gramática da feminilidade heterossexual, o turbante, ao cobri-lo, o desnaturaliza. Significante deslocado, citação hiperbólica de outro tempo, de outra cultura, de outro gênero sobre o corpo, o turbante é uma técnica paródica, faz parte de um exercício de travestismo através do qual Beauvoir marca e teatraliza ao mesmo tempo a feminilidade burguesa heterossexual e seu rechaço. O turbante, mais dissonante e excêntrico à medida que avança o século, é a inscrição na identidade pública de Beauvoir de suas práticas queer: seu rechaço das instituições do matrimônio e da monogamia, sua crítica da maternidade como última legitimação política do corpo feminino, suas relações lésbicas, seu uso das práticas, até então consideradas masculinas, da filosofia e da política.

Seria possível considerar retrospectivamente o turbante beauvoiriano como uma espécie de véu laico e queer. A feminista com turbante nos ensina a pensar o véu como uma técnica de produção de identidade cujo significado não pode ser determinado unicamente nem pelos discursos religiosos nem pela lei, mas que, aberto a um processo imparável de ressignificação e de descontextualização, pode ser parte também de uma estratégia de visibilidade e de resistência à normalização.

Eu me pergunto se não deveríamos, como feministas, instaurar o Dia do Turbante, mais que o Dia da Saia, vestimenta à qual eu teria dificuldade em me reacomodar depois de anos de luta contra a imposição normativa da feminilidade. Este novo turbante transfeminista poderia ser usado indistintamente por homens, mulheres e outros, como homenagem àquela que foi a autora de *O segundo sexo*, mas também como signo de um esforço coletivo para resistir à exclusão a que estão submetidas as mulheres muçulmanas que usam véu no contexto ocidental.

Paris, 2 de março de 2011

Quem defende a criança queer?

Os ADVERSÁRIOS DA PROPOSTA de projeto de lei do casamento homossexual e da extensão da adoção e da reprodução assistida aos casais homossexuais manifestaram-se na França em 13 de janeiro de maneira multitudinária: mais de 600 mil pessoas julgaram pertinente ir às ruas para preservar sua hegemonia político-sexual. Este foi o maior *outing* nacional de heterocratas. Católicos, judeus e muçulmanos integristas, católicos supostamente "progressistas" representados por Frigide Barjot, a direita liderada por Jean-François Copé, os psicanalistas edipianos, os socialistas da diferença sexual e mesmo boa parte da esquerda radical chegaram a um acordo para fazer do direito da criança de ter um pai e uma mãe o argumento central para justificar a limitação dos direitos dos homossexuais. Suas últimas manifestações públicas caracterizaram-se pelas palavras de ordem injuriosas e pela violência de seus "serviços de ordem". Não é estranho que defendam seus privilégios com uma acha de guerra na mão. O que se mostra filosófica e politicamente problemático é que façam isso em nome da defesa da infância. É inadmissível que forcem as crianças a carregar essa acha.

A criança que Frigide Barjot pretende proteger não existe. Os defensores da infância e da família invocam a figura política de uma criança que eles constroem de antemão como heterossexual e de gênero normatizado. Uma criança privada de toda energia de resistência e da potência de usar livre e coletivamente o seu corpo, seus órgãos e seus fluidos sexuais. Essa infância que eles pretendem proteger está cheia de terror, de opressão e de morte.

Frigide Barjot joga com a vantagem de a criança não ser considerada capaz de rebelar-se politicamente contra o discurso dos adultos: a criança continua a ser considerada um corpo que não tem o direito de governar. Permitam-me inventar retrospectivamente uma cena de enunciação, responder como a criança governada que um dia fui e propor uma outra forma de governo das crianças que não são como as outras.

Eu fui um dia a criança que Frigide Barjot pretende proteger. E revolto-me agora em nome das crianças às quais o seu discurso falacioso se dirige.

Quem defende os direitos da criança diferente? Quem defende os direitos do menino que gosta de vestir rosa? E da menina que sonha em se casar com a melhor amiga? Quem defende os direitos da criança homossexual, da criança transexual ou transgênero? Quem defende o direito da criança de mudar de gênero caso deseje? O direito da criança à livre autodeterminação sexual e de gênero? Quem defende o direito da criança de crescer num mundo sem violência de gênero e sexual?

O discurso invasivo de Frigide Barjot e dos protetores do "direito da criança de ter uma mãe e um pai" me remete tristemente à linguagem do nacional-catolicismo da minha infância. Nasci na Espanha franquista e cresci numa família heterossexual católica de direita. Uma família exemplar que os naturalistas poderiam erigir como emblema da virtude moral. Tive um pai e uma mãe que operaram virtuosamente como fiadores domésticos da ordem heterossexual.

Nos atuais discursos franceses contra o casamento homossexual, a adoção e a reprodução assistida para todos, reconheço as ideias e os argumentos do meu pai. Na intimidade do espaço doméstico, meu pai lançava mão de um silogismo que invocava a natureza, a lei moral e acabava justificando a exclusão, a violência e até a morte dos homossexuais, travestis e transexuais. Começava com "um homem tem de ser homem, e uma mulher, mulher, é a vontade de deus", continuava com "o natural é a união de um homem e uma mulher, por isso os homossexuais são estéreis", até chegar à implacável conclusão: "Se tiver um filho bicha, eu mato". E esse filho era eu.

A criança que Frigide Barjot pretende proteger é o efeito de um dispositivo pedagógico insidioso, é o lugar de projeção de todos os fantasmas, o álibi que permite que o adulto naturalize a norma. A biopolítica é vivípara e pedófila. O que está em jogo é o futuro da nação heterossexual. A criança é um artefato biopolítico que permite normalizar o adulto. A polícia de gênero vigia os berços para transformar todos os corpos em crianças heterossexuais. Ou você é heterossexual ou a morte o espera. A norma faz a ronda ao redor dos recém-nascidos, exige qualidades femininas e masculinas distintas da menina e do menino. Modela os corpos e os gestos até desenhar órgãos sexuais complementares. Prepara e industrializa a reprodução, da escola ao parlamento. A criança que Frigide Barjot pretende proteger é o filho dessa máquina despótica: um naturalista miniaturizado que faz campanha pela morte em nome da proteção da vida.

Lembro-me do dia em que madre Pilar nos pediu, em meu colégio de freiras, que desenhássemos nossa família no futuro. Eu tinha sete anos. Desenhei-me casada com minha melhor amiga, Marta, com três filhos e vários cães e gatos. Tinha desenhado minha própria utopia sexual, na qual reinavam o amor livre, a procriação coletivizada, e na qual os animais gozavam de estatuto político humano.

Poucos dias depois, o colégio enviou uma carta para minha casa aconselhando meus pais a me levarem a um psiquiatra para cortar o quanto antes um problema de identificação sexual. A visita ao psiquiatra veio acompanhada de fortes represálias. O desprezo do meu pai, a vergonha e a culpa da minha mãe. Espalhou-se no colégio a ideia de que eu era lésbica. Uma manifestação de naturalistas e frigidebarjotianos esperava por mim todo dia ao sair da aula. "Sapatona nojenta", diziam, "vamos estuprar você para ver se aprende a trepar como deus manda." Tive pai e mãe, e, no entanto, eles não foram capazes de me proteger da repressão, da humilhação, da exclusão, da violência.

O que meu pai e minha mãe protegiam não eram meus direitos de "criança", mas as normas sexuais e de gênero que eles mesmos aprenderam dolorosamente através de um sistema educativo e social que castigava qualquer forma de dissidência com ameaça, intimidação e até a morte. Tive pai e mãe, mas nenhum dos dois protegeu meu direito à livre autodeterminação de gênero e sexual.

Fugi desse pai e dessa mãe que Frigide Barjot queria para mim, porque disso dependia a minha sobrevivência. Embora tivesse um pai e uma mãe, a ideologia da diferença sexual e da heterossexualidade normativa privou-me deles. Meu pai foi reduzido à função de representante repressivo da lei de gênero. Minha mãe foi despojada de qualquer função que ultrapassasse a de útero gestante e reprodutor da norma sexual. A ideologia de Frigide Barjot (articulada na época pelo nacional-catolicismo franquista) privou-me do direito de ter um pai e uma mãe que pudessem me amar e proteger.

Superar essa violência custou-nos muitos anos, muitas brigas e muitas lágrimas. Quando o governo socialista de Zapatero propôs, em 2005, a lei do casamento homossexual, meus pais, que continuam sendo católicos praticantes e de direita, votaram no Partido Socialista pela primeira vez em suas vidas. Não o fizeram unicamente para defender os *meus* direitos, mas por seu próprio direito de serem pai e mãe de um filho não heterossexual. Por seu direito à paternidade de *todos* os filhos, independentemente de seu gênero, sexo ou orientação sexual. Minha mãe confessa que foi ela quem arrastou meu pai, mais reticente, para a manifestação e as urnas: "Nós também temos o direito de ser seus pais".

Não nos enganemos. Os manifestantes nacional-católicos franceses não estão defendendo os direitos da criança. Estão protegendo o poder de educar seus filhos segundo a norma sexual e de gênero, como supostos heterossexuais, concedendo-se o direito de discriminar todas as formas de dissidência ou desvio.

O que é preciso defender é o direito de todo corpo — independentemente de sua idade, de seus órgãos sexuais ou genitais, de seus fluidos reprodutivos e de seus órgãos gestacionais — à autodeterminação de gênero e sexual. O direito de todo corpo de não ser educado para transformar-se exclusivamente em força de trabalho ou força de reprodução. É preciso defender o direito das crianças, de todas as crianças, de serem consideradas como subjetividades políticas irredutíveis a uma identidade de gênero, de sexo ou de raça.

Paris, 14 de janeiro de 2013

Reprodução politicamente assistida e heterossexualismo de Estado

EMBORA A LEI do "casamento para todos" pressuponha uma abertura da instituição e uma extensão de seus privilégios políticos, a negativa do governo francês de aceitar a reprodução medicamente assistida (RMA) para os casais, coletivos e indivíduos não heterossexuais é uma maneira de respaldar os modos hegemônicos de reprodução sexual e confirma que o Partido Socialista francês promove uma política de *heterossexualismo de Estado*: a heterossexualidade normativa e obrigatória seria legitimada de novo como técnica de governo nacional.

A restrição da RMA aos reprodutores heterossexuais é a resposta dos senhores feudais da tecno-heterossexualidade, dos fiadores da ordem simbólica masculinista nacional (que nisso concordam com os novos patronos do judaísmo-cristianismo-islamismo), a um conflito social e político secular que poderia estremecer as bases de seu poder se pela primeira vez conferisse aos corpos da multidão o controle cooperativo de suas células, seus fluidos e seus órgãos reprodutivos.

Em termos biológicos, afirmar que são necessários um homem e uma mulher para levar a cabo um processo de reprodução sexual é tão ridículo quanto eram, em outros tempos, as afirmações de que a reprodução só aconteceria entre dois corpos que partilhassem a mesma religião, o mesmo "sangue", a mesma cor de pele ou o mesmo status social. Se hoje somos capazes de identificar estas últimas afirmações como prescrições políticas que respondiam a ideologias religiosas, raciais ou classistas, também deveríamos ser capazes de discernir a ideologia heterossexista e os processos de normalização de gênero subjacentes aos argumentos que transformam a união sexo-política de um homem e uma mulher em condição da reprodução.

Enquanto a direita francesa se embrutece ao negar a chamada "teoria de gênero" em nome da "natureza" — uma fanfarronice só comparável à da direita americana quando se opõe à "teoria da evolução" —, a biologia evolutiva do desenvolvimento, a engenharia genética e a bioinformática estão modificando radicalmente o que entendíamos até agora por natureza, por sexo e por transmissão hereditária do patrimônio biológico.

Por trás da reivindicação conservadora do caráter natural da heterossexualidade, esconde-se a confusão estratégica entre reprodução sexual e prática sexual. Dizer que a reprodução heterossexual é mais "natural" que a homossexual é confundir a "reprodução sexual" com as coreografias sociais que acompanham a heterossexualidade. Como ensina a bióloga Lynn Margulis, a única coisa que podemos afirmar acerca da reprodução sexual do animal humano é que ela é meiótica: a maior parte das células de nosso corpo são diploides, ou seja, têm duas séries de 23 cromossomos cada uma. Entretanto, espermatozoides e óvulos são células haploides, ou seja, têm um único conjunto de 23 cromossomos. O processo de fertilização não supõe a diferença de sexo ou de gênero dos corpos implicados, mas antes a fusão do material genético de duas células haploides. Não há nada que torne o cromossomo de um heterossexual mais apto para a reprodução do que o de um homossexual, não importa se a inseminação ocorra através de um pênis ou de uma seringa, numa vagina ou numa placa de Petri. A reprodução sexual não necessita da união política ou sexual de um homem e uma mulher, ela não é hétero nem homo. A reprodução sexual é simples e maravilhosamente uma recombinação cromossômica.

A única coisa que se pode afirmar do ponto de vista biológico é que nenhum corpo "humano" pode se reproduzir fora de agenciamentos sociais e políticos coletivos. A reprodução é um ato de comunismo somático. Todos os animais humanos procriamos de forma politicamente assistida. A reprodução exige sempre uma coletivização do material genético de um corpo através de uma prática social mais ou menos regulada. Um espermatozoide nunca se encontra com um óvulo de forma "natural". Os úteros não engravidam de forma espontânea, nem os espermatozoides viajam instintivamente pelas ruas em busca de óvulos.

Em termos históricos, diferentes técnicas de gestão política e social tentaram controlar os processos de reprodução da vida. Até o século xx, quando não era possível intervir nos processos moleculares e cromossômicos da reprodução, o controle mais forte se exercia sobre o corpo feminino (como útero potencialmente gestante) e sobre os fluidos, esperma, sangue e leite, pois se pensava que participavam do processo de reprodução. A heterossexualidade impôs-se como tecnologia social de reprodução politicamente assistida. O casamento era a instituição patriarcal necessária para um mundo sem pílula anticoncepcional, sem mapeamento genético e sem teste de paternidade: qualquer produto de um útero era imediatamente considerado propriedade e caução do páter-famílias. O sistema de subjetivação da modernidade europeia colonial baseou-se na distribuição política dos corpos de acordo com suas funções reprodutivas. Num projeto biopolítico no qual a população era objeto de um cálculo econômico, o agenciamento heterossexual converteu-se num dispositivo de reprodução nacional. Foram excluídos desse "contrato heterossexual" (como poderíamos dizer lendo Carole Pateman e Judith Butler de forma cruzada) das democracias modernas todos aqueles corpos cujos agenciamentos sexuais não podiam dar lugar a processos de reprodução. Era a isso que Monique Wittig e Guy Hocquenghem se referiam nos anos 1970, quando apontavam que a heterossexualidade não era uma simples prática sexual, mas antes um regime político.

Para alguns homossexuais, transexuais (aqueles que estão em relações heterossexuais nas quais os dois membros do casal produzem unicamente espermatozoides ou unicamente óvulos), heterossexuais (aqueles cujas células reprodutivas não podem efetuar sozinhas o processo de recombinação genética), assexuais, intersexuais e certas pessoas com diversidade funcional, não é possível provocar o encontro de seus materiais genéticos através de um agenciamento genital: ou seja, através da penetração biopênis-biovagina com ejaculação. Mas isso não quer dizer que não sejamos férteis ou que não tenhamos direito a transmitir nossa informação genética. Os homossexuais, transexuais ou assexuais não somos unicamente *minorias sexuais* (emprego "minoria" aqui no sentido deleuziano da palavra, não em termos estatísticos, mas como um segmento social e politicamente oprimido), somos também *minorias reprodutivas*. Pagamos nossa dissidência sexual e reprodutiva com o silêncio genético: não fomos apagados apenas da história social, mas também da história genética.

Junto com todos os corpos considerados "deficientes", os homossexuais, intersexuais e transexuais fomos "politicamente" esterilizados ou então forçados a nos reproduzir através de técnicas heterossexuais alheias a nossos próprios agenciamentos sexuais. A batalha atual pela extensão da RMA aos corpos não heterossexuais é uma guerra política e econômica pela despatologização de nossos corpos, pelo controle de nossos materiais reprodutivos: nossos úteros, nossos óvulos, nosso esperma — definitivamente, nossas cadeias de DNA.

Os heterossexocratas que se manifestaram nas ruas reivindicam que sua forma de reprodução assistida continue a ser validada pela lei e pelos aparatos governamentais como a única natural, de modo a manterem seus privilégios político-reprodutivos. Será que François Hollande e seu governo, buscando o respaldo das forças conservadoras, podem apresentar-se como tecnopais soberanos da pátria, como polícia da recombinação genética, e arrogar-se o direito de esterilizar-nos, de impedir-nos de usar nossos fluidos e nossas células reprodutivas?

Os teóricos da economia parecem ter consciência de que o capitalismo entrou num período de mutação de suas formas de produção. Contudo, ao separar produção e reprodução, a maioria de suas análises ignora que uma das transformações mais importantes do capitalismo contemporâneo deriva das mudanças introduzidas pelas tecnologias biológicas, informáticas e farmacêuticas, mas também pelas tecnologias de governo, não no processo de produção, mas no de reprodução sexual e social. Enquanto a produção se virtualiza e os fluxos de capital financeiro se tornam cada vez mais móveis e abstratos, o âmbito da reprodução sexual e social aparece como o lugar de um novo processo de acumulação primitiva. É nesse contexto de metamorfose da economia da reprodução que pretendo situar hoje a pergunta sobre a reprodução medicamente assistida e suas condições.

A masculinidade e a feminilidade, a heterossexualidade e a homossexualidade não são entidades ontológicas, não existem na natureza de maneira independente das relações sociais e das redes discursivas, e, portanto, não podem ser objeto de observação empírica. São, de fato, relações de poder, sistemas de signos, mapas cognitivos e regimes políticos de produção da vida e da morte. A anatomia não pode ser o fundamento sobre o qual se apoiam as agendas políticas e os juízos morais, uma vez que a anatomia (um sistema de representação historicamente fabricado) é, em si mesma, o resultado de convenções políticas e sociais mutantes.

Os séculos XVII e XVIII não foram apenas um período de expansão colonial, de tráfico transatlântico e de desenvolvimento industrial, foram também anos de mudança de paradigma no âmbito da biologia e da representação anatômica do corpo. Uma mudança tão radical como aquela que levou da astronomia ptolemaica à de Galileu teve lugar no âmbito da representação do corpo: passamos da uma anatomia regida por uma lógica de similitudes, na qual só os órgãos sexuais masculinos tinham plena existência (sendo os femininos variações degeneradas do sistema reprodutivo masculino), para uma anatomia regida por uma lógica de diferenças, na qual pela primeira vez os ovários, o útero e as tubas uterinas foram representados como órgãos independentes com funções específicas. A diferença sexual entendida como verdade anatômica deriva desse sistema de representação moderno.

Na segunda metade do século XX, com a descoberta (ou a invenção, dependendo do grau de construtivismo biocultural que aceitemos) dos hormônios, dos genes e dos processos de reprodução celular, tem início uma nova mudança de paradigma epistêmico, e, com ele, um novo modelo de gestão político-sexual que chamei de farmacopornografia, uma mudança tão profunda e objeto de tantos conflitos sociais e políticos quanto aquela que teve lugar entre os séculos XVII e XVIII.[1]

O bionecropoder mudou sua escala de ação e, com a ajuda de novas técnicas, estendeu sua regulação do corpo até os órgãos e destes ao âmbito microcelular. Se o capitalismo industrial, apoiado numa anatomia dos órgãos e das funções, fez do corpo e de seus órgãos a base material da força de trabalho e da força de reprodução, o capitalismo cognitivo funciona como uma nova epistemologia do corpo na qual os fluidos, as células, os hormônios, as moléculas e os genes são objeto de um novo processo de extração, tráfico e exploração global.

Em termos históricos, pênis e vaginas, testículos e úteros, esperma e óvulos foram submetidos a uma gestão biopolítica diferenciada. Enquanto os óvulos e o útero foram objeto de privatização social e de cercamento econômico, o esperma, entendido como fluxo soberano, é um líquido cuja circulação pública tem sido promovida politicamente como índice de poder, saúde e riqueza. No capitalismo colonial, o útero constituiu-se como um órgão-trabalho, cuja produção de riqueza biopolítica foi totalmente expropriada e oculta sob a cobertura de uma função puramente biológica. Conforme apontou Silvia Federici, se o útero tem uma função central no processo de

---

1. Sobre a gestão farmacopornográfica da sexualidade, ver Paul B. Preciado, *Testo junkie: Sexo, drogas e biopolítica na era farmacopornográfica*. Trad. de Maria Paula Gurgel Ribeiro. São Paulo: n-1 edições, 2018.

acumulação capitalista, isso ocorre na medida em que ele é o lugar "no qual se produz e se reproduz a mercadoria capitalista mais essencial: a força de trabalho".[2]

Pensando a análise da acumulação primitiva de Marx em termos feministas, Silvia Federici definiu o capitalismo como o sistema social de produção que não reconhece a reprodução da força de trabalho como atividade socioeconômica e lugar de produção de valor "e, por outro lado, a mistifica como um recurso natural ou um serviço pessoal enquanto tira proveito da condição não assalariada do trabalho envolvido".[3] Enquanto o valor econômico do corpo reprodutor é desvalorizado e expropriado, sua atividade reprodutiva é investida simultaneamente de uma mais-valia simbólica (a realização da mulher através da maternidade), que assegura e intensifica sua captura.

No neopatriarcado farmacopornográfico, a hegemonia do corpo heterossexual branco e válido e sua histórica superioridade ontoteológica são reforçadas por seu acesso prioritário aos dispositivos científico-técnicos de reprodução. Assim, o corpo heterossexual é o único que tem acesso legal ao mercado da reprodução assistida. Produz-se assim uma inesperada aliança entre os discursos ancestrais de corte mítico-religioso, as linguagens coloniais e biopolíticas modernas e a bioinformática da reprodução. Essas regulações estatais restritivas deixam as minorias reprodutivas fora da lei, entregando a gestão de suas cadeias de DNA, de seus fluidos e órgãos corporais ao mercado. Caberia perguntar se não é necessário inventar um conjunto de

---

2. Silvia Federici, *Calibán y la bruja*. Madri: Traficantes de Sueños, 2010, p. 16. [Ed. bras.: *Calibã e a bruxa*. Trad. de Coletivo Sycorax. São Paulo: Elefante, 2017.]
3. Ibidem.

técnicas de gestão de nosso material reprodutivo que superem o antagonismo entre as formas de reprodução naturalista legitimadas pelos Estados-nações e as técnicas de privatização e capitalização estabelecidas pelo mercado da reprodução. Entre o corpo-reprodutor-público do Estado-nação e o corpo-privado da gestão neoliberal é urgente afirmar novas formas de produção de anarcocomunismo somático. Entre a soberania da penetração heteropatriarcal e a regulação neoliberal do banco de esperma, entre a cama como lugar de produção de verdade e a mercantilização dos materiais genéticos, parece necessário inventar novas práticas de reprodução que excedam o quadrilátero tecnoedipiano mamãe-papai-clínica-neném.

Paris, 28 de setembro de 2013

Candy Crush Saga, ou a dependência na era da telecomunicação

SOMOS A PRIMEIRA GERAÇÃO da história que vive rodeada por, para não dizer imersa em, uma forma digital e virtual de realidade (internet, videogames) que constitui uma terceira natureza — e digo terceira porque a cultura do livro e dos artefatos impressos funcionou durante séculos como a nossa segunda natureza artificial.

Durante a minha última viagem aos Estados Unidos, entre os cáusticos debates sobre a reforma do sistema de saúde pública do Obamacare, as chantagens do Tea Party, as ameaças do colapso do Federal Reserve e os rumores sobre as práticas de espionagem americana, uma notícia aparentemente mais banal revelou-se significativa para entender a gestão política dessa terceira natureza. A federação dos psiquiatras americanos (que não é, aliás, um congresso de santos) advertia que, com um número recorde de viciados, o jogo Candy Crush Saga deveria ser considerado uma autêntica epidemia nacional, e apoiava a criação de um centro virtual de reabilitação.

Lançado pela empresa britânica King em 2012, o Candy Crush Saga é (junto com seu equivalente oriental Puzzles & Dragons) o aplicativo mais baixado do mundo, com mais de 80 milhões de usuários, e realiza lucros de 700 mil euros por dia. Os analistas de videogames perguntam-se como um jogo estúpido com caramelos flutuantes conseguiu superar os sofisticados jogos desenvolvidos, depois de anos de experimentação, por especialistas como a Nintendo.

Coisas que poderiam parecer defeitos transformam-se em motivos de sucesso no Candy Crush: o caráter infantil e inofensivo (não há violência nem sexo), a recompensa indireta desencadeada pela combinação de doces (*candies*), o número interminável de passagens de nível (até 410) e a falta de conteúdos culturais específicos que possam suscitar aprovação ou rejeição. Castidade, idiotice e gratuidade convertem-se em condições de possibilidade da democratização da dependência.

O Candy Crush é uma disciplina da alma, uma prisão imaterial que propõe uma estrita temporalização do desejo e da ação. É voltado para o indivíduo genérico despojado de suas defesas sociais secundárias (o que talvez explique por que a maior parte dos jogadores são aquilo que chamamos socialmente de mulheres): o jogo estabelece um circuito fechado entre o cérebro límbico, que administra a memória afetiva, a mão e a tela. O Candy Crush não é um jogo de aprendizado que treina e melhora habilidades do jogador. É simplesmente um jogo de azar instalado no mais acessível e próximo de nossos tecno-órgãos externos: o telefone celular. Las Vegas na palma da sua mão. O objetivo do Candy Crush não é ensinar nada ao jogador, mas capturar a totalidade de suas capacidades cognitivas durante um determinado tempo e apropriar-se de seus recursos libidinais, fazendo da tela do celular uma superfície masturbatória sub-rogada. O jogador nunca ganha nada no Candy Crush, mas, quando completa um nível, é a tela que tem um orgasmo, que corresponde aos lucros gerados para a companhia.

O Candy Crush põe em questão a relação entre liberdade e gratuidade pela qual advogam os defensores da pirataria: a nova estratégia de colonização do mundo virtual é criar o jogo mais simples possível e oferecê-lo de presente, fazendo com que o potencial jogador passe um máximo de horas conectado. Assim que o jogo se instala entre os hábitos vitais do indivíduo, é o próprio tempo de jogo e suas formas associadas de gasto (vidas suplementares) que produzem lucro.

O usuário do Candy Crush administra ao mesmo tempo uma multiplicidade de telas: muitas vezes, encontra-se fisicamente situado diante da tela de um computador ou de uma tevê que não funciona como quadro visual primário, mas como fundo e periferia, enquanto ele vai e volta incessantemente ao Facebook, checa seu e-mail etc. O casto tele-tecno-trabalhador-masturbador contemporâneo parece um controlador de voo instalado numa quixotesca torre de controle, da qual tuíta com uma mão e ordena caramelos digitais com a outra. Se René Schérer nos ensinou que as disciplinas pedagógicas desenvolvidas durante a modernidade serviram para colocar a mão masturbadora para escrever e trabalhar, percebemos agora que as novas disciplinas digitais põem a mão escritora e trabalhadora do fordismo para masturbar a tela do capitalismo cognitivo. Na realidade, o sistema bimembre do corpo humano (herdado de nosso corpo animal e de suas necessidades preênseis) representa uma limitação para a capitalização total da sensibilidade almejada pelas tecnologias virtuais. Se a Google pudesse nos vender uma mão protética para que interagíssemos com o universo virtual, como aquela que o artista visionário Stelarc instalou em si mesmo, certamente o faria.

Nossa terceira natureza artificial demanda uma consciência nova, ao mesmo tempo que suscita um novo conjunto de relações de dominação e submissão. Cada geração precisa inventar sua própria ética em relação às suas tecnologias de produção de subjetividade, e, caso não o faça, como advertia Hannah Arendt, corre o risco do totalitarismo — não por malícia, mas por simples estupidez. Assim como os sistemas teológico-políticos apoiaram suas formas de controle na prevalência do livro único, nossas sociedades digitais correm hoje o risco de deslizar para uma forma de totalitarismo do software único, uma espécie de ontoteologia digital. Os aplicativos disponíveis na Google Play ou na Apple Store são os novos operadores da subjetividade. Lembre-se então de que, quando você baixa um aplicativo, ele não está sendo instalado em seu computador ou em seu celular, mas em seu aparato cognitivo.

Nova York, 26 de outubro de 2013

As gorilas da República

TRATA-SE DE UMA CONSTANTE da história política: as classes dominantes tentam deslocar os antagonismos que poderiam derrubá-las incitando o enfrentamento entre os diferentes grupos dominados. Como explica o historiador Howard Zinn, no território da América do Norte, nos séculos XVIII e XIX, as elites coloniais despertam o ódio entre os brancos pobres ingleses, alemães e irlandeses que trabalham como servos, e os nativos, servos e escravizados negros. Como se realiza essa mudança de direção das energias antagonistas? O regime colonial opera como um sistema de representação transmitido pelo discurso científico e pela cultura popular do vaudeville e bailes *blackface*, segundo os quais os índios americanos e os negros são biologicamente inferiores e, portanto, não podem ter acesso às técnicas de governo. Intoxicados pela epistemologia racista, trabalhadores e servos brancos transformam suas energias de protesto em ódio racial e ajudam os grandes proprietários brancos a assegurar sua hegemonia, desqualificando não apenas os trabalhadores indígenas e negros, mas também a si mesmos como trabalhadores pobres e identificando-se com os colonizadores brancos através de um desejo projetivo que os impede de tomar consciência de sua própria subalternidade. Na mesma época, as feministas brancas, que tinham começado sua luta contra a dominação sexual inspiradas em parte pela Sociedade Antiescravagista Americana, acabaram excluindo as mulheres negras de suas convenções. A ativista negra Sojourner

Truth vai se levantar contra elas, perguntando: "Acaso, por ser negra, não sou uma mulher?".

E, no entanto, uma revolta feita de alianças entre trabalhadores brancos e servos, ameríndios e negros, uma revolta anticolonialista e feminista transversal contra o regime colonial era possível no século XVIII. Uma revolta assim, molecular, como diria Guattari, teria mudado o curso da história, não somente nos Estados Unidos, mas em todo o processo de globalização. Contudo, para levar a cabo uma revolta molecular teria sido indispensável pensar a política fora das oposições identitárias criadas pela epistemologia colonial e pelo heterocapitalismo.

Enfrentamos hoje na Europa um deslocamento comparável das energias de protesto, que mais uma vez se cristalizam em projeções identitárias derivadas da epistemologia colonial. Como feministas ou ativistas pelos direitos dos homossexuais e transexuais, somos constantemente convocadas a nos posicionar contra o chamado islã homofóbico, a enfrentar as mulheres de véu, mas também as culturas não ocidentais que supostamente vivem sob uma forma ancestral de machismo. As forças do capitalismo financeiro e do nacionalismo identitário, verdadeiras herdeiras da política heterocolonial, tentam novamente nos dividir e nos opor uns aos outros.

A violência do discurso neonacionalista pode nos paralisar, mas a forma de suas representações deveria, em vez de atomizar-nos, apontar em que direção deveríamos ampliar nossas alianças democráticas.

Os manifestantes contra o casamento entre pessoas do mesmo sexo insultaram a ministra da Justiça francesa, Christiane Taubira, chamando-a de "macaca" e "chimpanzé" e oferecendo-lhe bananas. Outro dia, numa dessas marchas, os manifestantes ostentavam cartazes dizendo: "Por que não casar com um macaco?". Em todos estes insultos, a figura do primata funciona como um significante abjeto que serve, comparativamente, para excluir imigrantes, não brancos e homossexuais da espécie humana e, por extensão, para eliminar todos os corpos considerados como animais do projeto político nacional. No *Systema Naturae* (1758), clássico tratado de Lineu, inventor da biologia moderna, a nomenclatura *Homo sapiens*, que usamos ainda hoje, não designa simplesmente uma diferença entre o humano e o primata não humano, mas serve para naturalizar uma relação política de dominação que associa espécie, raça e nação.

A gorila que reaparece hoje nos insultos contra Taubira é a alavanca epistemológica da razão colonial: fronteira entre o humano e o animal, entre o masculino e o feminino, a gorila delimita o final da ética e justifica o princípio da política como guerra e apropriação. Assim como as gorilas, as mulheres negras eram consideradas objetos e mercadorias, máquinas vivas e força pura de produção e reprodução. Assim como as gorilas, os homossexuais e os corpos com diversidade funcional eram descritos como sub-humanos, como indignos de pertencer à comunidade de homens, incapazes de integrar-se às instituições sociais do casamento, da reprodução e da filiação. Assim como os primatas, as mulheres negras, os homossexuais e as pessoas com diversidade funcional devem ser dominados, encerrados, usados e consumidos. A gorila não é o nosso outro, mas assinala o horizonte da democracia que virá.

Não se trata mais de reclamar nosso (dos negros, dos homossexuais, das pessoas com diversidade funcional) pertencimento à humanidade como negros, homossexuais ou diversos, negando os primatas. O novo rosto do racismo francês nos convida a ir além se não quisermos reproduzir as exclusões e permitir que nos dividam. Devemos rechaçar as classificações subjacentes à epistemologia colonial. Devemos abraçar a animalidade à qual nos referimos constantemente. Com o *King Kong* de Virginie Despentes, com as máscaras de gorila das Guerrilla Girls, com o *Macaco* de Basquiat, o monstro de Donna Haraway, as mulheres simiescas de Elly Strik, *A mulher melancia* de Cheryl Dunye... Vamos colher as bananas e subir nas árvores. Todas as jaulas devem ser abertas, todas as taxonomias desarticuladas para inventar, juntas, uma política das gorilas.

Paris, 15 de novembro de 2013

Necropolítica à francesa

CRESCI OUVINDO HISTÓRIAS da Guerra Civil espanhola. Durante anos, perguntei aos adultos como eles puderam se matar entre irmãos, como puderam fazer da morte o único modo de fazer política. Eu não conseguia entender por que eles haviam lutado, que motivo os levara a se destruir, a destruir tudo. Minha avó, filha de vendedores ambulantes, era católica e anarquista. Seu irmão, operário pobre da indústria pesqueira, ateu e comunista. Seu marido, contador da prefeitura da aldeia, era militante franquista. O irmão do marido, também operário, mas do interior, foi recrutado à força pelo exército, que conseguiu convertê-lo, pouco a pouco, num caçador de vermelhos. A história mais traumática da família, aquela que voltava todo Natal, como um sintoma retorna numa tentativa sempre falida de refazer seu sentido, contava como meu avô tirou meu tio comunista da prisão no dia marcado para sua execução. Muitas vezes, as ceias terminavam com meu avô bêbado, em lágrimas, gritando com o meu tio: "Quase me obrigam a te dar um tiro nas costas". Ao que o meu tio respondia: "E quem garante que você não seria capaz?". Essa interpelação era seguida por um cortejo interminável de injúrias e recriminações que, em minha escuta infantil, era a atualização póstuma da própria guerra. Não tinha sentido, nem solução.

Só há poucos anos comecei a entender que não foi a determinação ideológica, mas a confusão, a desesperança, a depressão, a fome, a inveja e, por que não dizer, a falta de cultura política que os levaram à guerra. A incapacidade de compreender que Franco tinha transformado em inimigos aqueles que deveriam ser aliados numa aventura comum. No início dos anos 1930, a República espanhola realizou algumas das mudanças democráticas mais radicais do Ocidente: nomeou a primeira mulher ministra da Europa, Federica Montseny, despenalizou o aborto, ampliou o direito do sufrágio ativo das mulheres, impôs o ensino público obrigatório, reformou a justiça numa primeira tentativa de reconhecimento dos direitos humanos... Este é provavelmente um dos momentos mais luminosos e experimentais da história política ibérica. A situação internacional de crise econômica fazia com que o processo de transformação política fosse frágil. A República de repúblicas poderia ter sido um laboratório para reinventar a Europa. Mas as oligarquias do Exército e a Igreja não desejavam essa transformação. O nacional-catolicismo espanhol facilitou uma solução para a crise, num contexto complexo que não precisava de um chefe autoritário, mas de uma inteligência coletiva, empática e cuidadosa. Franco tirou da cartola uma lenda segundo a qual uma aliança diabólica entre franco-maçons, judeus, homossexuais, comunistas, bascos e catalães ameaçava destruir a Espanha. Mas foi o nacional-catolicismo que destruiu a utopia da República. Franco inventou uma nação que não existia, desenhou o mito de uma Espanha nova em nome da qual meus avós e meus tios deveriam lutar até a morte. E assim também as novas linguagens nacional-cristãs francesas e seus estúpidos seguidores, de direita, de esquerda, e também aqueles que, como Manuel Valls, hoje implementam políticas lepenistas num governo socialista, pretendem inventar uma nação francesa que não existe e convocar para a reconstrução de uma identidade francesa que, longe de ter existido em algum passado mítico, seria apenas o triste resultado de uma ação de extermínio intencional da diversidade cultural.

Suponho que resolvi viver na França atraído pelos rumores de 1968, que ainda podiam ser lidos numa filosofia cuja potência atlética só era comparável à forma do futebol espanhol. Apaixonei-me pela língua francesa lendo Derrida, Deleuze, Foucault, Guattari: desejava poder escrever naquela língua, viver naquela língua. Mas, acima de tudo, imaginava a França, até por não conhecer bem a sua história colonial, como o lugar no qual a idiotice que leva ao fascismo poderia ser dissolvida pela força das instituições democráticas, ou seja, as instituições que promovem a crítica e não o consenso. Mas a imbecilidade e a confusão que derrubaram meus antepassados ibéricos podem nos atacar hoje na França. Nenhuma comunidade política está a salvo da tentação fascista.

O que me espanta ultimamente é o fascínio gerado pela linguagem do ódio promovida pelo nacional-judaico-cristianismo francês (de Finkielkraut a Soral), a facilidade com que é seguida pelos agentes políticos tanto da direita quanto da esquerda, o grande número de conhecidos que a cortejam e que, se antes estavam calados, agora se dizem orgulhosos e heroicos por salvarem a França.

É preciso não nos confundirmos e dar a essa proposta política o seu nome certo. As linguagens do patriotismo, do nacionalismo, da preferência nacional, da identidade francesa, da ordem familiar e da proteção da infância compartilham a mesma e única forma de governo: a necropolítica.

A extrema direita, assim como uma parte da esquerda (aquela que vê nos ciganos, imigrantes, muçulmanos, judeus, negros, feministas, homossexuais ou trans a causa da desordem e da decadência nacionais), pretende explicar que a solução para os problemas sociais ou econômicos virá da aplicação de técnicas de exclusão e morte contra uma parte da população. O que me assusta é que, segundo as estatísticas, 23% dos franceses estejam tão confusos que sejam capazes de acreditar que existe futuro ou esperança na mais antiga e brutal das formas de governo: a necropolítica, o governo de uma população através da aplicação das técnicas de morte sobre uma parte (ou mesmo sobre a totalidade) dessa mesma população, em benefício não desta, mas de uma definição soberana e religiosa de identidade nacional.

O que as linguagens nacional-judaico-cristãs propõem ao agitar a bandeira da ruptura e da rebelião social não pode ser chamado de política, mas sim de guerra. A militarização de todas as relações sociais. A transformação da ágora em espaço vigiado. Fechar as fronteiras, capturar úteros, expulsar estrangeiros e imigrantes, negar-lhes trabalho, moradia, saúde, erradicar judeus, islâmicos, negros, encarcerar ou exterminar homossexuais, transexuais... Trata-se, definitivamente, de explicar que determinados corpos da República não devem ter acesso às técnicas de governo em função de sua diferença cultural, sexual, racial, religiosa, funcional, que há corpos que nasceram para governar e outros que são e devem continuar sendo objetos (e nunca sujeitos) da prática governamental. Se essa proposta política os atrai, e dirijo-me agora aos eleitores de Le Pen, cujos gestos e palavras são, afinal, familiares para mim, é preciso chamá-la pelo nome certo: digam logo que querem a guerra, que votam a favor da morte. Para nós que sonhamos com a França como alternativa para a morte, só nos restará mais uma vez o exílio territorial, embora ninguém possa nos tirar a língua.

Paris, 23 de novembro de 2013

Direito ao trabalho... sexual

FABRICAÇÃO E VENDA DE ARMAS: trabalho. Matar alguém aplicando a pena capital: trabalho. Torturar animais em laboratório: trabalho. Massagear um pênis com a mão até provocar uma ejaculação: crime! Como entender que nossas sociedades democráticas e neoliberais se recusem a considerar os serviços sexuais como trabalho? Não devemos procurar a resposta no lado moral ou na filosofia política, mas na história do trabalho das mulheres na modernidade. Excluídos do domínio da economia produtiva em nome de uma definição que os transforma em bens naturais inalienáveis e não comercializáveis, os fluidos, órgãos e práticas corporais das mulheres foram objeto de um processo de privatização, de captura e de expropriação que hoje se confirma com a criminalização da prostituição.

Tomemos um exemplo para entender esse processo: até o século XVIII, muitas mulheres da classe operária ganhavam a vida vendendo seus serviços como amas de leite profissionais. Nas grandes cidades, mais de dois terços das crianças pertencentes a famílias aristocráticas e da burguesia urbana eram amamentadas por elas.

Em 1752, em pleno período de expansão colonial europeia, o cientista Carlos Lineu publicou o panfleto *Nutrix noverca* [Madrasta nutriz], exortando cada mulher a amamentar seus próprios filhos para "evitar a contaminação de raça e classe" através do leite e pedindo aos governos que proibissem, em prol da higiene e da ordem social, a prática do aleitamento dos filhos alheios. O tratado de Lineu contribuiu para a desvalorização do trabalho feminino no século XVIII e para a criminalização das amas de leite. A desvalorização do leite no mercado de trabalho foi acompanhada por uma nova retórica do valor simbólico do leite materno. O leite, representado como fluido material através do qual se transmitia a linhagem nacional da mãe para os filhos, devia ser consumido na esfera doméstica e não podia ser objeto de intercâmbio econômico.

O leite deixou de ser uma força de trabalho que as mulheres proletárias podiam colocar à venda para transformar-se num líquido biopolítico de alto valor simbólico, através do qual fluía a identidade racial e nacional. O leite deixou de pertencer às mulheres para pertencer ao Estado, e tornou-se objeto de vigilância e ao mesmo tempo de devoção. Produziu-se assim um tríplice processo: desvalorização do trabalho das mulheres, privatização dos fluidos e confinamento das mães no espaço doméstico.

Uma operação similar está em marcha com a retirada das práticas sexuais femininas da esfera econômica. A força de produção de prazer das mulheres não pertence a elas: pertence ao Estado. É por isso que o Estado se reserva o direito de impor uma multa aos clientes que solicitam os serviços sexuais de mulheres, não para castigá-los, mas para cobrar pelo uso de um produto (a sexualidade feminina) cujo lucro deve ir unicamente para a produção ou a reprodução nacional.

Como ocorreu com a regulação política da circulação e da compra e venda do leite humano, questões relacionadas à imigração e à identidade nacional estão no centro das novas leis contra a prostituição. A prostituta (na maioria dos casos migrante, precária e cujos únicos meios de produção são os próprios recursos afetivos, linguísticos e somáticos) é a figura paradigmática do trabalhador biopolítico no século XXI. A questão marxista da propriedade dos meios de produção encontra na figura da trabalhadora sexual uma modalidade exemplar de exploração. A primeira causa de alienação na prostituta não é a extração de mais-valia do trabalho individual, mas depende antes de tudo do não reconhecimento de sua subjetividade e de seu corpo como fontes da verdade e do valor: trata-se de poder afirmar que as putas não sabem, que as putas não podem e que não são sujeitos políticos nem econômicos em si mesmos.

A prostituição é um trabalho sexual que consiste em criar um dispositivo masturbatório (através do tato, da linguagem e da encenação teatral) capaz de disparar os mecanismos musculares, neurológicos e bioquímicos que regem a produção de prazer do cliente. O/A trabalhador/a sexual não põe seu corpo à venda, mas transforma, como fazem o osteopata, o ator ou o publicitário, seus recursos somáticos e cognitivos em força de produção viva. Assim como o/a osteopata usa seus músculos, ele/ela faz um boquete e usa a mesma precisão com que o/a osteopata manipula o sistema musculoesquelético de seu cliente. Como no caso do/da ator/atriz, sua prática depende de sua capacidade de teatralizar uma cena de desejo. Como no caso do/da publicitário/a, seu trabalho consiste em criar formas específicas de prazer através da comunicação e da relação social. Como todo trabalho, o trabalho sexual é resultado de uma cooperação entre sujeitos vivos baseada na produção de símbolos, de linguagem e de afetos.

As prostitutas são a carne produtiva subalterna do capitalismo global. Que um governo socialista converta em prioridade nacional proibir as mulheres de transformar sua força produtiva em trabalho é sintomático da crise da esquerda na Europa.

Paris, 21 de dezembro de 2013

Greve de úteros

ENCLAUSURADOS NA FICÇÃO individualista neoliberal, vivemos com a ingênua sensação de que nosso corpo nos pertence, de que é a nossa propriedade mais íntima. Contudo, a gestão da maior parte de nossos órgãos está a cargo de diversas instâncias governamentais ou econômicas. Não há dúvida de que, de todos os órgãos do corpo, o útero tem sido historicamente aquele que foi objeto de maior expropriação política e econômica. Cavidade potencialmente gestacional, o útero não é um órgão privado, mas um espaço biopolítico de exceção, ao qual não se aplicam as normas que regulam o resto das cavidades anatômicas. Como espaço de exceção, o útero se parece mais com um campo de refugiados ou com uma prisão do que com o fígado ou o pulmão.

Na epistemologia somática do Ocidente, o corpo das mulheres contém dentro de si um espaço público, cuja jurisdição é disputada não somente pelos poderes religiosos e políticos, mas também pelas indústrias médica, farmacêutica e agroalimentar. Por isso, como bem observa a historiadora Joan Scott, as mulheres viveram durante um longo tempo numa situação de "cidadania paradoxal": se pertencem, na condição de corpos humanos, à comunidade democrática de cidadãos livres, na condição de corpos com úteros potencialmente gestantes perdem sua autonomia e passam a ser objeto de uma intensa vigilância e tutela política. Cada mulher carrega dentro de si um laboratório do Estado-nação, de cuja gestão depende a pureza da etnia nacional. Durante os últimos quarenta anos, o feminismo levou a cabo um processo de descolonização do útero. Mas a atualidade espanhola mostra que esse processo não apenas ficou inacabado, como também é frágil e fácil de revogar.

No dia 20 de dezembro passado, o governo de Mariano Rajoy aprovou na Espanha o anteprojeto da nova lei do aborto, que seria, junto com a lei irlandesa, a mais restritiva de toda a Europa. A nova Lei de Proteção da Vida do Concebido e dos Direitos da Mulher Grávida contempla unicamente duas possibilidades de aborto legal: o risco para a saúde física ou psicológica da mãe (com um prazo de 22 semanas) ou estupro (com um prazo de doze semanas). Além disso, o risco para a mãe terá de ser certificado por um médico e um psiquiatra independentes e deverá ser objeto de um processo coletivo de deliberação. O anteprojeto suscitou não apenas a indignação dos grupos de esquerda e feministas, mas também a oposição do coletivo de psiquiatras, que se negam a participar desse processo de vigilância e patologização das mulheres grávidas, que restringe seu direito de decidir por si mesmas.

Como explicar essa iniciativa do governo Rajoy? As políticas do útero, como a censura ou a restrição da liberdade de manifestação, são um bom detector das derivas nacionalistas e totalitárias. Num contexto de crise econômica e política do Estado espanhol, diante da reorganização do território e da "anatomia" nacional (pensemos no processo aberto de secessão da Catalunha, mas também no atual descrédito da monarquia e na corrupção das elites dirigentes), o governo tenta recuperar o útero como lugar biopolítico no qual fabricar de novo a soberania nacional. Eles imaginam que, possuindo o útero, conseguirão manter as velhas fronteiras do Estado-nação, hoje em decomposição. Esse anteprojeto de lei é também uma resposta à legalização do casamento homossexual que teve lugar durante o governo anterior, socialista, e que, apesar das tentativas recorrentes do Partido Popular (PP), o Tribunal Constitucional não aceitou revogar. Diante do questionamento do modelo da família heterossexual, o governo Rajoy, próximo do grupo integralista católico Opus Dei, pretende agora ocupar o corpo feminino como último reduto em que se disputa não somente a reprodução nacional, mas também a hegemonia masculina.

Se a história biopolítica pudesse ser narrada em termos cinematográficos, diríamos que o filme que o PP está produzindo é um frenético pornoterror, no qual o presidente Rajoy e seu ministro da Justiça, Ruiz-Gallardón, fincam uma bandeira da Espanha em todos e em cada um dos úteros do Estado-nação. Essa é a mensagem do governo Rajoy para todas as mulheres do país: seu útero é território do Estado espanhol, reserva e fermento da soberania nacional-católica. Você só existe como Mãe. Abra as pernas, torne-se terra de inseminação, reproduza a Espanha. Se a lei que o PP pretende implantar for efetivada, as mulheres do Estado espanhol acordarão com o Conselho de Ministros e a Conferência Episcopal no fundo de seus endométrios.

Como corpo nascido com útero, fecho as pernas diante do nacional-catolicismo. Digo a Rajoy e a Rouco Varela que não vão colocar os pés no meu útero: não pari, nem jamais vou parir a serviço da política espanholista. De minha modesta tribuna, convido todos os corpos a fazer greve de útero. Queremos nos afirmar como cidadãos totais, não como úteros reprodutivos. Através da abstinência e da homossexualidade, mas também da masturbação, da sodomia, do fetichismo, da coprofagia, da zoofilia... e do aborto. Não vamos permitir que uma única gota de esperma nacional-católico penetre em nossos úteros. Não vamos parir para ajudar as contas do PP, nem para as paróquias da Conferência Episcopal. Façamos essa greve como o mais *matriótico* dos gestos: para acabar com a ficção nacional e começar a imaginar uma comunidade de vida pós-Estado nacional, que não tenha a violência e a expropriação do útero como condição de existência.

Paris, 18 de janeiro de 2014

Cinema e sexualidade: *Azul é a cor mais quente* e *Ninfomaníaca*

A ESTREIA NOS ÚLTIMOS MESES de *Azul é a cor mais quente*, de Abdellatif Kechiche, e de *Ninfomaníaca*, de Lars von Trier, desencadeou uma ardente polêmica acerca da representação cinematográfica da sexualidade.

No caso de *Azul é a cor mais quente*, a crítica exaltou de maneira quase unânime a câmera tátil e intrusiva de Sofian El Fani e as sequências repetitivas do filme como estratégias magistrais, através das quais Kechiche consegue captar a verdade da experiência sexual lésbica. Mas, por outro lado, boa parte da comunidade lésbica (inclusive Julie Maroh, autora do romance gráfico que inspirou o filme), mais visível nos fóruns de internet que nos jornais e revistas cinematográficas, não deixou de denunciar o filme como uma impostura visual que não consegue representar o "verdadeiro sexo entre mulheres". No caso de *Ninfomaníaca*, é o próprio Lars von Trier quem joga com a quantidade de verdade sexual contida no corte final de seu filme. Von Trier afirma que filmou "tudo", mas lamenta não poder mostrar, como se o corte que supostamente foi forçado a fazer fosse um strip-tease invertido: quanto mais avança a tesoura digital, menos verdade vemos. Em ambos os casos, a pergunta sobre a verdade do representado aparece com uma insistência clínica, judicial... e até policial.

Todos aqueles que polemizam sobre as tesouras de Adèle, protagonista de *Azul é a cor mais quente*, ou sobre a forçada (e promocional) tesoura de Von Trier compartilham uma mesma metafísica da representação: acreditam que existe uma verdade do sexo da qual o cinema pode se aproximar ou pode trair, que a imagem em movimento consegue ou não simular com êxito — mesmo que seja a golpes de vagina protética, no caso de *Azul é a cor mais quente*, ou de superteatralização dos diálogos filosóficos de Sade, em *Ninfomaníaca*.

O problema é que a relação entre sexualidade e cinema não é da ordem da representação, mas da ordem da produção. A crítica feminista Teresa de Lauretis afirma que, na modernidade, a fotografia e o cinema funcionam como autênticas tecnologias do sexo e da sexualidade: produzem as diferenças sexuais e de sexualidade que pretendem representar. O cinema não representa uma sexualidade preexistente, mas é (junto com o discurso médico, jurídico, literário etc.) um dos dispositivos que constroem o marco epistemológico e que traçam os limites dentro dos quais a sexualidade aparece como visível.

A sexualidade (em nossa memória ou em nossa fantasia) se parece com o cinema. É feita de fragmentos de espaço-tempo, mudanças abruptas de plano, sequências de sensações, diálogos apenas audíveis, imagens borradas... que o desejo, encerrado na sala de montagem, corta, colore, reorganiza, equaliza e cola. Esse processo que ocorre no sistema neuronal privado (outros dirão no inconsciente) encontra, com a invenção da indústria cinematográfica, uma dimensão coletiva, pública e política. A indústria do cinema é a sala de montagem onde se inventa, produz e difunde a sexualidade pública como imagem visível.

A questão decisiva, portanto, não é se a imagem é uma representação verdadeira ou falsa de determinada sexualidade (lésbica ou outra), mas quem tem acesso à sala de montagem coletiva na qual se produzem as ficções da sexualidade. O que uma imagem mostra não é a verdade (ou falsidade) do representado, mas o conjunto de convenções (ou críticas) visuais e políticas da sociedade que olha. Aqui a pergunta "quem" não aponta para o sujeito individual (saber se Kechiche pode ou não representar a verdade lésbica por ser supostamente um homem heterossexual), mas para a construção política do olhar. Como modificar hierarquias visuais que nos constituíram como sujeitos? Como deslocar os códigos visuais que serviram historicamente para designar o normal ou o abjeto?

Recordemos, por exemplo, que a distinção moderna entre homossexualidade e heterossexualidade, ainda operativa nos filmes de Kechiche e Von Trier, aparece ao mesmo tempo que a fotografia e o cinema. Os novos discursos médicos, jurídicos e policiais utilizam as técnicas fotográficas como aparatos de vigilância e controle, difusão e inscrição. Enquanto os hospitais psiquiátricos europeus de finais do século XIX trabalhavam com a cumplicidade de uma equipe fotográfica que produzia incansavelmente imagens do homossexual ou da histérica como protótipos visuais da patologia, o cinema comercial inventava e reproduzia a imagem publicitária do casal heterossexual como união romântica. Da mesma forma, enquanto o corpo branco foi objeto, durante boa parte do século XX, da representação cinematográfica comercial, os corpos não brancos eram filmados com os códigos reservados às linguagens da criminologia e da antropologia colonial.

Desde os anos 1970, estamos assistindo ao que poderíamos chamar de assalto à sala de montagem por parte das minorias político-visuais, cujas práticas, corpos e desejos tinham sido construídos cinematograficamente, até então, como patológicos. Mais uma vez, quando falo de minorias, não me refiro a um número, mas a um índice de subalternidade. As mulheres, por exemplo, eram e continuam a ser uma minoria político-visual, uma vez que a feminilidade como imagem se construiu como efeito do olhar heteronormativo. Os cinemas feminista (Trinh T. Minh-ha), experimental lésbico (Barbara Hammer) ou experimental queer (*Freak Orlando*, de Ulrike Ottinger, ou *Dandy Dust*, de Ashley Hans Scheirl) não pretendem representar a *autêntica* sexualidade das mulheres, das lésbicas ou dos gays, mas produzir contraficções visuais capazes de questionar os modos dominantes de ver a norma e o desvio. Da mesma forma, a Nouvelle Vague pós-pornô, feita sobretudo com vídeo (Virginie Despentes, Gaspar Noé, Shu Lea Cheang, Post-Op...), não busca representar toda a verdade do sexo, mas questionar os limites culturais que separam a representação pornográfica e a não pornográfica, assim como os códigos visuais que determinam a normalidade ou a patologia de um corpo ou de uma prática. Trata-se, finalmente, de inventar outras ficções visuais que modifiquem nosso imaginário coletivo, e deixo a vocês a tarefa de decidir se Kechiche e Von Trier conseguiram.

Nova York, 3 de fevereiro de 2014

A bala

A HOMOSSEXUALIDADE É UM franco-atirador silencioso que coloca uma bala no coração das crianças que brincam nos pátios, sem se importar se são filhos de reacionários ou progressistas, de agnósticos ou católicos integristas. Sua pontaria não falha nos colégios das classes altas nem nas escolas públicas. Atira com igual perícia nas ruas de Chicago, nas aldeias da Itália ou nos subúrbios de Joanesburgo. A homossexualidade é um franco-atirador cego como o amor, generoso como o riso, tolerante e carinhoso como um cão. Quando cansa de disparar nas crianças, atira uma rajada de balas perdidas que vão se alojar no coração de uma camponesa, de um taxista, de um caminhante num parque… A última bala acertou uma mulher de oitenta anos enquanto dormia.

A transexualidade é um franco-atirador silencioso que dispara direto no peito das crianças que se olham no espelho ou daquelas que contam os passos quando caminham. Não sabe se elas nasceram de uma reprodução assistida ou de um casamento apostólico romano. Não lhe importa se são de famílias monoparentais ou se papai vestia azul e mamãe vestia rosa. Nem o frio de Sochi nem o calor de Cartagena das Índias fazem sua mão tremer. Ela abre fogo da mesma forma em Israel e na Palestina. A transexualidade é um franco-atirador cego como o riso, generoso como o amor, carinhoso e tolerante como uma cadela. De vez em quando, atira num professor do interior ou numa mãe de família — e bum!

Para quem tem a coragem de olhar a ferida de frente, a bala se transforma numa chave mestra que abre uma porta para mundos nunca antes vistos. Caem todos os véus, a matriz se desfaz. Mas alguns dos que levam uma bala no peito resolvem viver como se não a tivessem dentro de si. Há quem tenha morrido por levar a bala.

Outros compensam o peso da bala com grandes gestos donjuanescos ou de princesas. Há médicos e igrejas que prometem extirpar a bala. Dizem que a cada dia uma nova clínica evangélica é aberta no Equador para reeducar homossexuais e transexuais. Os raios da fé confundem-se com descargas elétricas. Mas ninguém ainda conseguiu tirar a bala. Eles podem enterrá-la ainda mais fundo no peito, mas não extirpá-la. Sua bala é como seu anjo da guarda: estará sempre com você.

Eu tinha três anos quando senti pela primeira vez o peso da bala. Senti que a carregava quando ouvi meu pai chamar duas meninas estrangeiras que caminhavam de mãos dadas pela rua de sapatonas nojentas. Na mesma hora, senti o peito queimar. Naquela noite, sem saber por quê, imaginei pela primeira vez que fugia da cidade e ia para um lugar estrangeiro. Os dias que se seguiram foram os dias do medo, da vergonha.

Não é difícil imaginar que, entre os adultos que participam da manifestação do Hazte Oír,* há alguns que carregam, enquistada no peito, uma bala ardente.

Também não é difícil saber, por dedução estatística, conhecendo a boa pontaria de nossos franco-atiradores, que haverá entre seus filhos algumas crianças que irão crescer com a bala no coração.

---

* Associação espanhola ultracatólica e ultraconservadora. (N. T.)

Quando vejo as famílias das manifestações neoconservadoras avançarem com seus filhos, não posso deixar de pensar que entre essas crianças há algumas de três, cinco, quem sabe só oito anos que já carregam uma bala ardendo no peito. Elas carregam cartazes que dizem "não toquem em nossos estereótipos de gênero", "não se deixem enganar, meninos têm pênis, meninas têm vulvas", que alguém colocou em suas mãos. Mas já sabem que não conseguirão estar à altura do estereótipo. Seus pais gritam que meninas lésbicas, meninos bichas e menines trans não podem frequentar a escola, mas essas crianças sabem que carregam a bala dentro de si. À noite, como acontecia quando eu era criança, vão para a cama com a vergonha de decepcionar os pais, talvez com medo de que eles as abandonem ou desejem sua morte. E sonham, como quando eu era criança, que fogem para um lugar no estrangeiro ou para um planeta distante, onde as crianças da bala podem viver. Agora falo a vocês, crianças da bala, e digo: a vida é maravilhosa, estamos esperando vocês, nós, os caídos, os amantes do peito perfurado. Vocês não estão sós.

Paris, 15 de fevereiro de 2014

Michel Onfray em plena confusão de gênero

Num artigo publicado alguns dias atrás,[1] Michel Onfray afirma que descobriu "com assombro as raízes concretas da absurda teoria de gênero popularizada nos Estados Unidos nos anos 1990 pela filósofa Judith Butler". Para explicar seu desconcerto, o escritor francês faz referência à conhecida história de David/Brenda Reimer. Eis a sua narrativa, com todos os seus erros: quando era bebê, David foi submetido a uma operação de fimose durante a qual seu pênis foi acidentalmente cauterizado. Em 1966, o dr. John Money propôs sua redesignação para o gênero feminino e assim começou o processo de transformação de David em Brenda, através de operações cirúrgicas e tratamentos hormonais. Money, inventor da noção clínica de "gênero", pretendia demonstrar assim, por meios científicos, a sua tese de que a anatomia não determina o gênero, que pode ser construído de maneira intencional pela interação de variáveis hormonais com o contexto educacional. David/

---

1. Trata-se da crônica publicada por Michel Onfray em seu blog <mo.michelonfray.fr> e republicada na revista semanal *Le Point* de 6 de março de 2014. Desde então, foi apagada tanto do blog quanto da *Le Point*, mas pode ser lida em páginas como a que se segue, de "espírito cristão e francês": <www.lescrutateur.com/2016/10/quand-michel-onfray-va-aux-sources-de-la-theorie-du-genre.html>. No final do mesmo ano de 2014, Onfray insistia em suas críticas à teoria de gênero, ao escrever uma resenha de um livro da pensadora conservadora Bérénice Levet. Ver <bibliobs.nouvelobs.com/essais/20141219.OBS8406/la-theorie-du-genre-ce-nouveau-puritanisme-par-michel-onfray.html>.

Brenda "cresce dolorosamente [...] sente-se atraído por meninas. Rejeita a vaginoplastia, pede que lhe ministrem testosterona e submete-se a duas operações de faloplastia, construção cirúrgica de um pênis". Onfray está escandalizado. Diante da angústia de Brenda, conta o filósofo, seus pais finalmente lhe revelam a verdade. Brenda volta a se transformar no que era: David. Casa-se com uma mulher, mas não encontra nem paz nem serenidade. Suicida-se em 2002 com uma overdose de medicamentos. Em 1997, o dr. Milton Diamond "descobre e denuncia a falsificação". Money não conseguiu transformar um menino em menina. A realidade, a verdade anatômica do sexo de Reimer, afirma Onfray, impôs-se finalmente.

De passagem, Onfray denuncia que "Judith Butler percorre o mundo defendendo esses delírios". O drama de Reimer demonstraria, segundo ele, o caráter "delirante" das "perigosas ficções" de Butler. O filósofo francês, que costuma se vangloriar de sua postura dissidente e contracultural, assume aqui a mais conservadora das posições. Conclui seu artigo qualificando os argumentos de Judith Butler de "desatinados", não hesita em definir a teoria de gênero como "alarmante ideologia pós-moderna" e vaticina que um dia "o real" revelará esses erros, evitando "danos consideráveis".

Mas é Onfray quem delira quando imagina uma continuidade estrita entre as teorias e as práticas clínicas de John Money e as teorias feministas e queer de Judith Butler. A leitura dessa grotesca crônica permite várias conclusões, não apenas sobre a falta de rigor filosófico e documental de Michel Onfray acerca do caso Reimer e sua relação com a obra de Judith Butler, mas também, e mais amplamente, sobre a confusão teórica em torno das teorias de gênero que sacode o território francês.

Por um lado, como já dissemos, seu relato sobre a vida de Reimer está recheado de erros e interpretações equivocadas. Por outro, e ainda mais grave quando se pensa na agressividade de seus ataques contra Judith Butler, poderíamos concluir que Onfray não leu a obra da filósofa estadunidense. Mas se Onfray não leu Butler, de onde tirou seus argumentos sobre Reimer e a teoria de gênero? A internet é um bosque digital no qual as palavras são pequenas migalhas eletrônicas que permitem rastrear os passos do leitor: entre outros erros, Onfray comete dois que ajudam a chegar às suas verdadeiras fontes. Em primeiro lugar, o nome de nascimento de Reimer não era David, mas Bruce. Em segundo lugar, Onfray parece desconhecer que Milton Diamond foi o médico que realizou a faloplastia em Reimer. Ambos os erros conduzem diretamente ao artigo publicado por Émilie Lanez na revista *Le Point*, intitulado "L'expérience tragique du gourou de la 'théorie du genre'" [A experiência trágica do guru da "teoria do gênero"].

Esse artigo que inspira Onfray é um exercício de insondável estupidez e de grande desonestidade intelectual. Émilie Lanez estabelece uma relação inexistente entre as teorias de John Money (o médico estadunidense que popularizou os tratamentos dos bebês intersexuais) e as teorias de Judith Butler. A instrumentalização política prevalece sobre o rigor no uso de fontes. Mais que isso, rastreando novamente a internet, percebemos que há passagens inteiras do texto de Onfray que foram copiadas diretamente de um artigo de *Pour une école libre au Québec*, site de conteúdo explicitamente homofóbico de onde Onfray extrai o argumento segundo o qual John Money "defendia a pedofilia e estigmatizava a heterossexualidade como uma convenção a ser desconstruída".

É surpreendente que, para documentar-se e expressar suas ideias a respeito das teorias contemporâneas de gênero, Onfray tenha resolvido plagiar sites de católicos fundamentalistas canadenses. E parece que essas boas fontes ultraconservadoras não conseguiram informá-lo de que a história de Reimer é um dos casos mais comentados e criticados pelos estudos de gênero e queer. Se Onfray tivesse lido Butler, saberia que ela dedica um capítulo inteiro de seu livro *Undoing Gender* [Desfazendo o gênero] à análise do tratamento médico-legal a que Reimer foi submetido. Butler critica tanto o uso normativo de uma teoria construtivista de gênero que permite que John Money decida que um menino sem pênis deve ser educado como uma menina quanto as teorias naturalistas da diferença sexual defendidas por Milton Diamond, segundo as quais somente a anatomia e a genética podem definir a verdade do gênero.

Ao contrário do que Onfray imagina, Money não era um transgressor das normas políticas da diferença sexual e da heterossexualidade dominante, nem Milton Diamond era um crente efusivo da autenticidade do sexo. Ambos partilhavam a mesma visão normativa da diferença sexual. Segundo eles, só podia haver dois sexos (e dois gêneros), portanto era necessário reconduzir qualquer forma de ambiguidade sexual presente nos bebês intersexuais, assim como nas pessoas homossexuais ou transexuais, a uma designação coerente e definitiva de seu gênero. As associações de pessoas intersexuais, assim como Judith Butler, não confirmam as teorias de Money e Diamond, mas, ao contrário, tratam de criticá-las, denunciando o uso normativo e violento que tanto Money quanto Diamond fazem das noções médico-legais de gênero e de diferença sexual. Money, afirma Judith Butler, "impõe violentamente a maleabilidade do gênero", enquanto Diamond "produz artificialmente a naturalidade do sexo".

O brutal tratamento médico imposto a Reimer depois que perdeu o pênis é o mesmo que se reservava às crianças intersexuais. Desde os anos 1950, e seguindo justamente o chamado "protocolo Money", os recém-nascidos cujo aparato genital não pode ser definido como masculino ou feminino estão sujeitos a cirurgias de redesignação sexual. Em todos os casos, o objetivo é sempre o mesmo: reproduzir a diferença sexual, nem que seja à custa da mutilação genital. Por que os teóricos e os militantes antigênero ficam tão escandalizados com o destino de Reimer, mas não são capazes de levantar a voz para pedir a proibição da cirurgia de mutilação genital das crianças intersexuais?

Tanto as representações biológicas quanto os códigos culturais que permitem o reconhecimento do corpo humano como feminino ou masculino pertencem a um regime de verdade social e historicamente arbitrário, cujo caráter normativo deve ser questionado. Nossa concepção do corpo e da diferença sexual depende do que poderíamos chamar, com Thomas Kuhn, de paradigma científico-cultural. Contudo, como qualquer paradigma, é possível (ou melhor, desejável) que seja substituído por outro. O paradigma da diferença sexual vigente na medicina e no direito ocidentais desde o século XVI entrou em crise a partir da segunda metade do século XX, com o desenvolvimento da análise cromossômica e do mapeamento genético. Hoje sabemos que uma em cada 1500 crianças nasce com órgãos genitais que não podem ser considerados nem masculinos nem femininos. Esses bebês têm o direito de ser meninos sem pênis, meninas sem útero, a não ser nem meninas nem meninos, a ser menines autodeterminades e felizes.

O que o dramático caso de Reimer nos mostra são os esforços da instituição médica para salvar o paradigma da diferença sexual a qualquer custo, ainda que o preço a pagar seja o bem-estar físico ou psicológico de centenas de milhares de pessoas. A teoria queer se ergue contra as noções normativas de gênero de John Money e de diferença sexual de Milton Diamond. Nosso grito é uma demanda epistemológica: precisamos de um novo modelo de inteligibilidade, uma nova cartografia do ser vivo, mais aberta e menos hierárquica. Precisamos de uma revolução no paradigma da representação corporal similar à iniciada por Copérnico no sistema de representação planetário. Diante dos Ptolomeus da diferença sexual, somos os novos ateus do sistema sexo/gênero.

Paris, 15 de março de 2014

Amor no Antropoceno

ACABEI DE FAZER uma de minhas tantas viagens de ida e volta entre Barcelona e Paris só para sentir na pele o calor de Philomène. Ela é inteligente, viva, extremamente bela. É tão alegre que é impossível não sorrir ao vê-la. Sua simples presença me enche de uma satisfação imensa, de um deleite orgânico incomparável. Ela me ama. Sabe que entrei num lugar sem precisar me olhar. Busca sutilmente a proximidade da minha pele, mas sem se impor. Seus olhos se fecham de prazer quando a acaricio. As três pequenas rugas que se formam então em sua testa me emocionam. Parece impossível pensar que dormirei mais uma semana sem tê-la a meu lado.

Philomène é peluda. Duas manchas negras sobre a cara branca cobrem seus olhos e se estendem até as orelhas pontudas. Segundo a taxonomia biológica, ela pertence à subespécie *Canis lupus familiaris* e eu à *Homo sapiens sapiens*. Se eu tivesse que fazer uma autobiografia desantropocêntrica, diria não apenas que me apaixonei perdidamente quatro vezes por *Canis lupus familiaris*, mas que os *Canis lupus familiaris* foram, à exceção de dois gloriosos casos de *Homo sapiens sapiens*, os grandes amores da minha vida. Philomène não é uma projeção minha, ou um brinquedo, não é um remédio para a solidão, ou um substituto do filho que não tenho. Posso afirmar: eu conheci o amor canino.

Durante anos fui um corpo do campo, irmão dos animais, seu igual. Em compensação, na casa dos homens, na escola, na igreja, onde os animais não entram, sinto-me só. É isso que sinto. Um outro *coming out*, dessa vez definitivo. Terrafilia. Estou apaixonado pelo planeta, a espessura da relva me excita, nada me comove mais profundamente do que o delicado movimento de uma lagarta subindo pela casca de uma árvore. Às vezes, quando ninguém me vê, me inclino para beijar uma minhoca, sabendo que a intensidade de meu hálito vai acelerar o ritmo de sua pulsação.

Os historiadores da Terra afirmam que abandonamos o Holoceno para entrar no Antropoceno: pelo menos desde a Revolução Industrial, nossa subespécie, o *Homo sapiens sapiens*, converteu-se na maior força de transformação do ecossistema terrestre. O Antropoceno não se define apenas pelo nosso protagonismo, mas também pela extensão à totalidade do planeta das tecnologias necropolíticas que nossa espécie inventou: as práticas capitalistas e coloniais, as culturas do carvão e do petróleo e a transformação do ecossistema em recurso explorável que provocaram uma onda de extinção animal e vegetal e o progressivo aquecimento planetário. Para transformar nossa relação com o planeta Terra numa relação de soberania, de dominação e de morte foi preciso iniciar um processo de ruptura, de externalização, de desafeição. Erotizar nossa relação com o poder e deserotizar nossa relação com o planeta. Convencermo-nos de que estávamos fora, de que éramos outro.

Philomène e eu somos filhos do Antropoceno. Nossa relação continua marcada por laços de dominação: legalmente, eu teria direito a submetê-la, prendê-la, abandoná-la, vendê-la. Mas nós nos amamos. Porque como nos recorda Donna Haraway, durante os últimos nove mil anos o *Canis lupus* e o *Homo sapiens* construíram-se mutuamente como "espécies companheiras". O cão é o animal que cruza o umbral do humano não para ser comido, mas para comer com o humano. Houve um tempo em que fomos presas do *Lupus* e o transformamos, *nos transformamos*, com o predador, em predadores-companheiros. Como foi que isso aconteceu? Esse é, sem dúvida, um dos processos políticos mais extraordinários e singulares que ainda precisamos entender. Philomène e eu nos amamos na brecha necropolítica. O amor canino, diz Haraway, "é uma aberração histórica e uma herança natural-cultural". Talvez seja a última e mais certeira prova de que o projeto democrático é possível. De que o feminismo, a descolonização e a reconciliação pós-apartheid com que Mandela sonhava são possíveis.

Paris, 12 de abril de 2014

A amnésia do feminismo

COMO COSTUMA ACONTECER com as práticas de oposição política e de resistência das minorias, o feminismo sofre de um esquecimento crônico de sua própria genealogia. Ignora suas gramáticas, esquece suas fontes, apaga suas vozes, perde seus textos e não tem a chave de seus próprios arquivos. Nas *Teses sobre o conceito de história*, Walter Benjamin recorda que a história é escrita do ponto de vista dos vencedores. É por isso que o espírito feminista é amnésico. O que Benjamin nos convida a fazer é escrever a história do ponto de vista dos vencidos. Só através dessa reescrita invertida será possível interromper a repetição da opressão.

Cada palavra de nossa linguagem contém, como se estivesse enrolada sobre si mesma, uma bobina de tempo feita com os fios de milhares de operações históricas. Enquanto o profeta e o político se esforçam para santificar as palavras, ocultando sua historicidade, cabe à filosofia e à poesia, como sugere Giorgio Agamben, a tarefa de profanar as palavras sagradas para devolvê-las ao uso cotidiano. Isso supõe desfazer os nós do tempo, arrancar as palavras dos vencedores e devolvê-las à praça pública, onde elas podem ser objeto de um processo de ressignificação coletiva.

É urgente recordar, por exemplo, diante do aumento dos movimentos "antigênero" (curioso nome que os naturalistas dão a si mesmos), que as palavras "feminismo", "homossexualidade", "transexualidade" ou "gênero" não foram inventadas por ativistas sexuais, mas pelo discurso médico e psiquiátrico dos últimos séculos. Essa é uma das características dos regimes de saber que servem para legitimar as práticas de dominação somatopolítica na modernidade: enquanto as linguagens da dominação anteriores ao século XVII trabalharam com um aparato de verificação (um sistema de produção de verdade) teológico, as linguagens modernas de dominação assumem a forma de um aparato de verificação científico-técnico. Por isso, iniciar um processo de emancipação exige, como nos ensinam Iris Murdoch, Donna Haraway e Londa Schiebinger, desconstruir não apenas a religião, mas também a ciência.

Tomemos, por exemplo, o novelo da história que envolve a palavra "feminismo" e teremos a surpresa de descobrir que a noção de "feminismo" foi inventada em 1871 pelo jovem médico francês Ferdinand-Valère Faneau de la Cour em sua tese de doutorado *Feminismo e infantilismo nos tuberculosos*. A hipótese científica de Faneau de la Cour era de que o "feminismo" era uma patologia que afetava os homens tuberculosos e produzia como sintoma secundário uma "feminilização" do corpo masculino. O homem tuberculoso, dizia o jovem médico,

> tem o cabelo e as sobrancelhas finos, os cílios longos e finos como os das mulheres; a pele é branca, o panículo adiposo muito desenvolvido e, consequentemente, os contornos do corpo mostram uma suavidade notável, ao mesmo tempo que articulações e músculos combinam sua ação para dar aos movimentos aquela flexibilidade, aquele não sei quê ondulante e elegante que é próprio do gato e da mulher. Se o sujeito já atingiu a idade em que a virilidade determina o crescimento

da barba, constatamos que tal produção é completamente inexistente ou aparece apenas em alguns lugares, que geralmente são o contorno superior dos lábios, primeiro, e depois o queixo e os maxilares. E, mais uma vez, esses poucos pelos são delicados, finos e muitas vezes caprichosos. [...] Os genitais chamam atenção por seu tamanho reduzido.

Feminilizado, sem "poder de geração e faculdade de concepção", o homem tuberculoso perde sua condição de cidadão viril e transforma-se num agente contaminante, que deve ser colocado sob a tutela da medicina pública. Na linguagem científica de Faneau de la Cour, "feminista" designa este tipo, na sua opinião patológico, de masculinidade tuberculosa.

Um ano depois da publicação da tese de Faneau de la Cour, Alexandre Dumas filho retoma, num de seus panfletos políticos, a noção médica de "feminismo" para descrever os homens que se mostram solidários com a causa das "cidadãs", o movimento de mulheres que lutam pelo direito de voto e pela igualdade política. As primeiras feministas eram, portanto, homens: homens que o discurso médico considerava anormais por terem perdido seus "atributos viris", mas também homens acusados de feminilizar-se devido à sua proximidade com o movimento político das cidadãs. As sufragistas ainda demoraram alguns anos para reivindicar este adjetivo patológico e transformá-lo num lugar de identificação e ação política.

Onde estão hoje os novos feministas? Quem são os novos pacientes tuberculosos e as novas sufragistas? Precisamos libertar o feminismo da tirania da política de identidade e abri-lo para alianças com novos sujeitos que resistem à normalização e à exclusão, com os afeminados da história; cidadãos de segunda classe, corpos soropositivos, corpos com diversidade funcional e cognitiva, migrantes, refugiados que fogem das guerras, apátridas e saltadores ensanguentados das fronteiras farpadas de Calais e de Melilla.

Paris, 10 de maio de 2014

Marcos *forever*

Em 25 de maio de 2014, o subcomandante Marcos enviava, da "realidade zapatista", uma carta aberta ao mundo anunciando a morte do personagem Marcos, construído para servir de suporte midiático e de voz enunciativa do projeto revolucionário de Chiapas. "Estas serão minhas últimas palavras em público antes de deixar de existir." O mesmo comunicado anunciava o nascimento do subcomandante Galeano, que assumia o nome do companheiro José Luis Solís López, *Galeano*, assassinado pelos paramilitares no dia 2 de maio. "É necessário que um de nós morra", diz o comunicado, "para que Galeano viva. E para que essa impertinente, que é a morte, fique satisfeita, em lugar de Galeano colocamos um outro nome, para que ele viva e a morte leve não uma vida, mas um nome apenas, letras esvaziadas de todo sentido, sem história própria, sem vida." Sabemos que, por sua vez, José Luis Solís tomou seu nome emprestado do escritor de *As veias abertas da América Latina*. O subcomandante, que sempre caminhou dois passos à frente dos velhosególatras do pós-estruturalismo francês, opera, no domínio da produção política, a morte do autor anunciada por Barthes no espaço do texto.

Nos últimos anos, os zapatistas construíram a opção mais séria diante das (fracassadas) alternativas necropolíticas do neoliberalismo, mas diante também da arrogância patriarcal e totalitária do comunismo. O zapatismo, como nenhum outro movimento, está inventando uma metodologia política para "organizar a raiva". E reinventar a vida. A partir de 1994, o Exército Zapatista de Libertação Nacional, através do subcomandante Marcos, cria uma nova maneira de *fazer* filosofia descolonial para o século XXI, que se distancia do tratado e da tese (herdeiros da cultura eclesiástica e colonial do livro, que surge no século XVI e começa a declinar no final do século passado) para atuar a partir da cultura oral-digital tecnoindígena que sussurra nas redes através de rituais, cartas, mensagens, relatos e parábolas. Eis aqui uma das técnicas centrais da produção de subjetividade política que os zapatistas nos ensinaram: desprivatizar o nome próprio através do nome emprestado e desfazer a ficção individualista do rosto com a touca ninja.

Não tão distante do subcomandante, habito outro espaço político que desafia, com a mesma força teatral e xamânica, a estabilidade do nome próprio e a verdade do rosto como referentes últimos da identidade pessoal: as culturas transexuais, transgênero, *drag king* e *drag queen*. Toda pessoa trans tem (ou teve) dois (ou mais) nomes próprios. Aquele que lhe foi designado no nascimento e com o qual a cultura dominante tentou normalizá-la e o nome que marca o início de um processo de subjetivação dissidente. Os nomes trans não indicam o pertencimento a outro sexo, eles designam um processo de desidentificação. O subcomandante Marcos, que aprendeu mais com a pena do escritor gay mexicano Carlos Monsiváis do que com a barba viril de Fidel, era na realidade um personagem *drag king*: a construção intencional de uma ficção de masculinidade (o herói e a voz do rebelde) através de técnicas performativas. Um emblema revolucionário sem rosto nem ego: feito de palavras e sonhos coletivos, construído com uma touca ninja e um cachimbo. O nome emprestado é, assim como a touca ninja, uma máscara paródica que denuncia as máscaras que cobrem os rostos da corrupção política e da hegemonia: "Por que tanto escândalo por causa da touca ninja? [...] Por acaso a sociedade mexicana está pronta para tirar a máscara?". Como acontece com o rosto individual ao ser coberto pela touca zapatista, o nome próprio também é desfeito e coletivizado.

Os nomes emprestados e as toucas ninjas funcionam para os zapatistas como os segundos nomes, a peruca, o salto *drag* e o bigode para a cultura trans: como signos intencionais e hiperbólicos de um travestismo político-sexual, mas também como armas queer-indígenas, que permitem enfrentar a estética neoliberal. E isso não se faz através do verdadeiro sexo ou do nome autêntico, mas por meio da construção de uma *ficção política viva* que resiste à norma.

O convite que as experiências zapatistas, queer e trans nos fazem é de desprivatizar o rosto e o nome para fazer do corpo da multidão o agente coletivo da revolução. Permito-me, a partir desta modesta tribuna, responder ao subcomandante Galeano dizendo que a partir de agora assinarei com meu nome trans Beatriz Marcos Preciado, para recuperar a força performática da ficção que os zapatistas criaram, fazendo-a viver nos ocasos de uma Europa que se decompõe — e para que a realidade zapatista seja.

Barcelona, 7 de junho de 2014

A estatística é mais forte que o amor

Existe um gráfico de riscos anuais de ruptura de casais. Um gráfico estatístico que mede a catástrofe. Ou a liberação. Um gráfico que computa o entusiasmo. Ou a estagnação. Que calcula a dor. O caos e a reorganização do mundo afetivo.

Dependendo do ano em que o casal se formou, das idades e dos sexos respectivos, dos salários, do número de filhos em comum, da idade que tinham quando o casal se formou; dependendo do tempo passado entre a saída do domicílio familiar e o momento em que o casal se formou; dependendo da profissão (a pesquisa inclui agricultores, advogados, dirigentes, operários, donas de casa, desempregados...); dependendo do lugar de nascimento e do lugar de moradia, das respectivas idades quando terminaram os estudos, do estado civil (casamento, união estável, coabitação, casal que vive em domicílios separados...); dependendo também da existência e da frequência das infidelidades ou do pib anual é possível estabelecer qual o risco estatístico de continuidade ou ruptura de um casal. Está tudo lá. Sua separação futura já está codificada nesses gráficos, mais fáceis de ler do que um sulco nas linhas das mãos, sem que isso o impeça de continuar lendo tranquilamente o jornal sob o sol de julho.

As estatísticas dizem que um casamento em cada dois dura menos de dez anos e que 15% das pessoas entre 25 e 65 anos vivem sozinhas. Que ocorreram na França, em 2013, 130 mil divórcios e 10 mil dissoluções de uniões estáveis. Que, entre os quarenta e os 45 anos, a separação é mais provável. Que, entre as decisões de separar-se, 65% ocorrem durante as férias. Consequentemente, três casais em cinco separam-se no verão. Estamos, portanto, num período de alta probabilidade estatística. Além disso, ficamos sabendo que 37% dos casais voltam depois de uma primeira separação, mas somente 12% conseguem consolidar a relação.

O casamento favorece a estabilidade da união, diz o gráfico, assim como a presença de crianças, mas só durante o primeiro ano. Por outro lado, os casais são mais frágeis quando começam a relação muito jovens, num contexto econômica ou socialmente precário (antes do fim dos estudos ou do começo da vida ativa). Os agricultores, homens e mulheres (a pesquisa nada diz sobre os trans), e, em menor medida, os trabalhadores independentes e os operários rompem menos as uniões que os empregados, segundo a pesquisa.

No caso das mulheres, as separações são mais numerosas entre aquelas em postos de direção; entre os homens, ocorre justamente o contrário. Segundo a pesquisa, os homens em postos de direção estão sujeitos a um risco anual de separação 17% inferior ao dos homens empregados com as mesmas características. No caso das mulheres em postos de direção, o risco anual de separação é 11% superior ao das mulheres empregadas. As mulheres inativas em relações heterossexuais (deduzo que, devido a preconceitos patriarcais, a pesquisa considere inativas as mulheres que trabalham unicamente no espaço doméstico) são as que trazem maior estabilidade ao casal. A pesquisa fala de estabilidade e não de fidelidade do companheiro ou de realização pessoal na vida da esposa. Aqui, a estabilidade é um fator de controle político. Uma sociedade na qual todos os casais se separassem seria uma sociedade revolucionária, talvez a sociedade da revolução total.

Quando passo minha vida (minha vida material, minha vida reduzida a informação computável) através dessa retícula, percebo (primeiro com surpresa e depois com alívio) que estou na média estatística, embora a pesquisa não tenha considerado os casais formados por um trans *in between* não operado e por uma mulher fora de qualquer norma. A singularidade de nossa resistência sexual e de gênero rende-se às leis estatísticas. A estatística é mais forte que o amor. Mais forte que a política queer.

A estatística transforma as noites em que nos amamos e os dias sem coluna vertebral que vêm depois da separação em matéria inerte de cálculo aritmético. E agora, essa imobilidade dos números me consola.

O uso da estatística como técnica de representação social apareceu por volta de 1760, com a aplicação da aritmética à gestão da população nacional na obra de Gottfried Achenwall e Bisset Hawkins. Mas desenvolveu-se como uma autêntica "aritmética política" a partir do final do século XIX, com André-Michel Guerry e Louis-Adolphe Bertillon. Francis Galton e os eugenistas fizeram um uso estratégico dessas correlações. Essas matemáticas do social tinham como objetivo produzir conhecimento a partir de fatos físicos ou sociais dificilmente controláveis. Por isso, os estatísticos eram também meteorologistas e antropometristas. Aprendiam a prever o tempo como aprendiam a prever os nascimentos e as mortes, as paixões à primeira vista e as separações.

Outra pesquisa realizada na Inglaterra em 2013 com os métodos herdados da estatística moral de Guerry concluiu que, durante os primeiros quinze meses de "lua de mel", os casais fazem amor uma vez por dia, em média. Depois de quatro anos de relação, a média desce para quatro vezes ao mês. Após quinze anos, 50% dos casais fazem amor quatro vezes ao ano e os outros 50% dormem em camas separadas.

Depois de uma releitura detalhada de meus diários e de um cálculo escrupuloso feito nas horas livres com a energia obsessiva deixada pela separação, concluo que a amei em 93% dos dias, que fui feliz com ela 67% do tempo e infeliz 11%. Não posso qualificar os 22% restantes por falta de memória ou registro preciso. Fizemos amor em 60% do tempo, com uma satisfação de 90% nos três primeiros anos, 76% nos anos seguintes e somente 17% nos últimos. Dormimos juntos em 87% das noites, nos beijamos antes de dormir 97,3% das vezes. Lemos juntos na cama em 99% dos dias. A qualidade relativa (98%) das palavras que trocamos manteve-se invariante no tempo, com exceção de alguns poucos dias que precederam a separação.

Nosso casal, hipérbole da perversão segundo a psicologia heterocêntrica, está simplesmente dentro da norma estatística. Nunca os instrumentos da biopolítica hegemônica me reconfortaram tanto. Concluo que o sofrimento amoroso é inversamente proporcional ao agenciamento crítico e à capacidade de rebelião. Como Spinoza anunciava em 1677, antes da invenção da estatística, um mesmo afeto não pode se desenvolver em duas direções divergentes. Estou no verão da separação e as revoluções que tocam diretamente o plexo solar fazem fugir qualquer herói. Começa agora em meu coração a batalha entre a calma da estatística e o furor alegre da revolução.

Paris, 1º de agosto de 2014

Os 12%

DEPOIS DE ANOS FALANDO da performatividade da linguagem, citando Walter Benjamin, John Austin, Jacques Derrida e Judith Butler, vivo a experiência da "força performativa" como uma chama ardendo que encontra uma pele. Desde que escrevi a última crônica sobre estatística e separação, minha vida transformou-se num efeito performativo.

No dia em que a crônica é publicada, não consigo sequer abrir o jornal. Leio a manchete como se falasse diretamente conosco: "Israel-Hamas. Podemos julgar a guerra?". A trégua não foi respeitada em Gaza. Os combates recomeçaram, os dois lados acusam-se mutuamente de violação do direito internacional. Ela me acusa de exibicionismo, de querer expor uma crise de casal em praça pública. Nossos amigos, os mesmos que disseram que uma carta de amor faria qualquer um dos dois voltar, escrevem agora para dizer que talvez eu tenha ido longe demais dessa vez. O artigo, traduzido em várias línguas por internautas anônimos, viaja por todos os terminais cibernéticos em velocidade 4G. Embora eu não tenha Facebook, os comentários se multiplicam nas redes sociais: "Já era hora", "Bem feito", "Que se fodam".

Sofro do performativo. Tenho vergonha de amar. Tenho vergonha de não ter sabido amar. Tenho vergonha da minha escrita. Tenho vergonha do ajuste entre a vida e a escrita. Diante da linguagem, sou vulnerável. Entendo agora que as histórias de amor também não nos pertencem. Quando amamos, é a cultura que se ama através de nossos corpos, usando nossos neurônios como receptores biológicos de um relato normativo que nos escreve. E quando nos separamos, é mais uma vez o discurso que impõe sua lei. Pronunciei a palavra "separação" como um supersticioso pega um guarda-chuva para conjurar a chuva. Desejava então que nosso casal fizesse parte dos egrégios 12%. Os 12% que conseguem superar uma crise. Porém, como num ritual de xamanismo jornalístico, uma vez pronunciada a palavra "separação", a separação acontece.

A teoria queer, fórmula punk inventada por Teresa de Lauretis em 1990 (teoria dos anormais, saber dos desviados, algo assim como dizer: teoria da loucura feita pelos loucos para denunciar o horror da civilização da saúde mental), não foi resultado apenas da leitura de *História da sexualidade*, de Foucault, mas também de uma "guinada pragmática" na compreensão da produção das identidades de gênero. Em 1954, o linguista John Austin afirmava que existe uma diferença entre os enunciados constatativos e os performativos. Os primeiros descrevem a realidade. Os segundos tentam transformá-la. Com os performativos, a linguagem converte-se em ação. "Está chovendo hoje" enuncia um fato. "Eu vos declaro marido e mulher" produz efeitos no real.

Derrida desconfia da boa consciência de Austin e postula, lendo Benjamin, que o sucesso do performativo não depende de um poder transcendente da linguagem (uma espécie de voz divina declarando: "Faça-se a luz"), mas da simples repetição de um ritual social que, legitimado pelo poder, esconde sua historicidade. De um teatro no qual as palavras e os personagens são determinados pela convenção. A força do performativo resulta da imposição violenta de uma norma que preferimos chamar de natureza para não ter de enfrentar a reorganização das relações sociais de poder que uma mudança de convenções implicaria. O debate acerca do casamento homossexual era, na realidade, uma guerra pelo controle da força performativa. "Eu vos declaro…" Mas quem declara e para quê? Quem detém o poder de decidir a quem pode ser aplicado esse vigoroso performativo? Qual é a violência que repetimos quando aceitamos o "eu vos declaro…"? Podemos distribuir essa força de outro modo, limitar essa violência? Butler vai ainda mais longe ao pensar os enunciados de identidade (de gênero, mas também sexuais ou raciais, "homem", "mulher", "homossexual", "negro" etc.) como performativos que se fazem passar por constatativos, palavras que produzem o que pretendem descrever, interpelações que tomam a forma de representações científicas, ordens que se apresentam como se fossem retratos etnográficos.

Para o subalterno, falar não é simplesmente resistir à violência do performativo hegemônico. É sobretudo imaginar teatros dissidentes, nos quais seja possível produzir outra força performativa. Inventar uma nova cena da enunciação, diria Jacques Rancière. Desidentificar-se para reconstruir uma subjetividade ferida pelo performativo dominante. Existe algo, um lugar, entre o casal e sua separação? É possível amar além das convenções? Amar além da crise e fora do casal? Como criar contrarrituais? E quem seremos se corrermos o risco de um outro performativo?

Barcelona, 30 de agosto de 2014

O feminismo não é um humanismo

Durante uma de suas "entrevistas infinitas", Hans Ulrich Obrist me pede que formule uma pergunta à qual tanto os artistas quanto os movimentos políticos deveriam responder com urgência. Digo: "Como viver com os animais? Como viver com os mortos?". Alguém mais pergunta: "E o humanismo? E o feminismo?".

Senhores, senhoras e sobretudo aqueles que não são nem senhores nem senhoras: de uma vez por todas, o feminismo não é um humanismo. O feminismo é um animalismo. Ou, em outras palavras, o animalismo é um feminismo expandido e não antropocêntrico.

As primeiras máquinas da Revolução Industrial não foram nem a máquina a vapor, nem a imprensa, nem a guilhotina, mas o trabalhador escravo da fazenda, a trabalhadora sexual e reprodutiva e o animal. As primeiras máquinas da Revolução Industrial foram máquinas vivas. O humanismo inventou outro corpo que ele chamou de humano: um corpo soberano, branco, heterossexual, saudável, seminal. Um corpo estratificado e cheio de órgãos, cheio de capital, cujos gestos são cronometrados e cujos desejos são efeito de uma tecnologia necropolítica do prazer. Liberdade, igualdade, fraternidade. O animalismo revela as raízes coloniais e patriarcais dos princípios universais do humanismo europeu. O regime da escravidão e depois o do salário aparecem como fundamento da "liberdade" dos homens modernos; a guerra, a competição e a rivalidade são os operadores da fraternidade; a expropriação e a segmentação da vida e do conhecimento, o reverso da igualdade.

O Renascimento europeu, o Iluminismo e o milagre da Revolução Industrial repousam sobre a redução dos corpos não brancos e dos corpos das mulheres ao estatuto de animais e de todos eles (escravos, mulheres, animais) ao estatuto de máquina (re)produtora. Assim como o animal foi um dia concebido e tratado como máquina, a máquina transforma-se pouco a pouco em tecnoanimal que vive entre os animais tecnovivos. A máquina e o animal (migrantes, corpos farmacopornográficos, filhos da ovelha Dolly, cérebros eletronuméricos) constituem-se pouco a pouco como os novos sujeitos políticos do animalismo futuro. Nós somos homônimos quânticos da máquina e do animal.

Uma vez que a modernidade humanista não fez senão proliferar as tecnologias da morte, o animalismo precisa inventar uma nova maneira de viver com os mortos. Viver com o planeta como cadáver e fantasma. Isto é: transformar a necropolítica em necroestética. O animalismo deve ser uma festa fúnebre. A celebração de um luto. Um rito funerário. Um nascimento. Por conseguinte, uma relação com a morte e uma iniciação para a vida. Uma assembleia solene de plantas e flores em torno das vítimas da história do humanismo. O animalismo é uma separação e um abraço. O indigenismo queer, pansexualidade planetária que transcende as espécies e os sexos, e o tecnoxamanismo, sistema de comunicação interespécies, são os seus dispositivos de luto e reanimação.

O animalismo não é um naturalismo. É um sistema ritual total. Uma contratecnologia material de produção de consciência. A conversão é uma forma de vida sem soberania alguma.

Sem hierarquia alguma. O animalismo institui seu próprio direito. Sua própria economia. O animalismo não é um moralismo contratual. Recusa a estética do capitalismo como captura do desejo através do consumo (de bens, de informação, de corpos). Não repousa nem sobre o intercâmbio nem sobre o interesse individual. O animalismo não é o culto de um clã sobre outro. Portanto, o animalismo não é um heterossexualismo, nem um homossexualismo, nem um transexualismo. O animalismo não é moderno nem pós-moderno. Posso afirmar sem rir que o animalismo não é um liberalismo. Nem um patriotismo nem um reformismo. O animalismo tampouco é um matriotismo. Não é um nacionalismo. Nem um europeísmo. O animalismo não é um capitalismo nem um comunismo. A economia animalista é uma prestação total de tipo não antagônico. Uma cooperação fotossintética. Um gozo molecular. O animalismo é o vento que sopra. O animalismo é a maneira através da qual o espírito do bosque de átomos decide a sorte dos ladrões. Os humanos, encarnações mascaradas do bosque, terão de desmascarar-se do humano e mascarar-se de novo com o saber das abelhas.

A mudança necessária para começar o tempo animalista é tão profunda que parece impossível. Tão profunda que é inimaginável. Mas o impossível é o que vem. E o inimaginável é o devido. O que foi mais impossível ou inimaginável: a escravidão ou sua abolição? O tempo do animalismo é o tempo do impossível e do inimaginável. Nosso tempo: o único que temos.

Paris, 27 de setembro de 2014

Soberania *snuff*

As últimas decapitações cometidas pelo Estado Islâmico e transmitidas pela internet foram qualificadas de "barbárie". Na linguagem do Império Romano, a palavra "bárbaro" era usada para descrever os estrangeiros que não falavam latim. Ao invocar a barbárie, sublinha-se a dimensão "primitiva" e anacrônica do crime. "Barbárie" é um operador de alteridade. Como se eles não fôssemos nós. Mas essas decapitações não são bárbaras. São uma linguagem sofisticada de comunicação. São imagens codificadas no idioma audiovisual moderno, foram organizadas para serem vistas por nós. As técnicas de representação do Estado Islâmico não são arcaicas; são, ao contrário, de alta tecnologia político-cultural. São os filhos de Wes Craven, de John Carpenter, de James Wan, fazendo *sampling* com o Corão.

Não pretendo nem posso fazer aqui uma iconografia crítica do jihadismo, mas apenas compreender como e por que estamos voltando a situar a teatralização da morte no centro de um novo regime escópico farmacopornográfico. Os tempos em que as técnicas disciplinares de governo ocultavam o castigo e a morte chegaram ao fim. A nova gestão da subjetividade política requer, outra vez, a espetacularização ritual dos efeitos do terror e do pânico. Em inglês, denomina-se *snuff* um gênero real (ou fantasiado) de filmes que pretendem ser registros verídicos de assassinatos ou torturas, destinados a um público que paga para vê-los. A transmissão ao vivo da destruição das Torres Gêmeas inaugurou uma nova era do *snuff* televisivo. Nessa nova guerra, a transmissão audiovisual através dos meios de comunicação de massas e da internet é tão importante quanto a morte do inimigo. Se a soberania tradicional, definida como poder de dar a morte, fazia correr e circular fluxos de sangue, as novas formas de soberania passam agora através da imagem e do som, do fluxo ininterrupto dos dados digitais da internet.

No imaginário visual das guerras do Oriente Médio, onde se joga a fabricação de uma nova forma de soberania masculina, assistimos à passagem do corpo vulnerável do camicase ao corpo superpoderoso do carrasco. No caso do camicase, a fragmentação do corpo individual representa a destruição do corpo político do território. Essa fragmentação também questiona a diferença de identidade entre "eles" e "nós", dado que após a explosão da bomba é impossível distinguir o corpo morto do atacante do corpo atacado. Aqui, atacante e atacado são, ambos, vítimas da mesma política. O corpo do camicase encarna desse modo um território nacional impossível, que só pode existir desmembrado e desmembrante: sua carne mistura-se para sempre com a do inimigo. Essa promiscuidade, evidenciada de forma dramática na ocupação da Palestina, nega a diferença irreconciliável entre os corpos (individuais e políticos) em guerra. O ritual suicida do atacante materializa-se por meio da destruição de uma geografia política constantemente ameaçada, cujos elementos dispersos não podem se conciliar num único corpo vivo e só podem se unir no sangue e através da morte.

No extremo oposto, a nova figura do ator carrasco construída pelo jihadismo refere-se a uma superestrutura estatal transnacional, encarnada num corpo masculino que dramatiza hiperbolicamente os rituais da morte. Enquanto a soberania masculina tradicional de caráter teocrático fazia com que a palavra de deus corresse no sangue e através do sangue, a neossoberania jihadista corre através da internet e das redes sociais. O homem neossoberano é agora um ator na encenação de um *snuff* político. Esse deslocamento comporta o risco de uma reversão sacrificial: o atacante suicida era um mártir, agora o mártir é a vítima (real ou visual).

A cena da execução busca instituir um novo ritual necropolítico em que a praça pública global é uma página web e o que se mostra é a teatralização publicitária de uma nova masculinidade soberana. O jihadismo inventa uma forma teocibernética de *snuff* que se articula em torno de dois corpos masculinos privados de sua individualidade: um corpo encarna o Estado Islâmico, o outro é reduzido ao papel de ator-vítima, situado ali como corpo sacrificial, como objeto político de transição, como corpo para a morte. O quadro da imagem se fecha até o ponto em que o rosto da vítima satura o primeiro plano. Essa representação política da soberania masculina exige o primeiro plano, o som da voz, a palavra íntima, signos capazes de carregar a identificação narrativa. O *snuff* capitaliza aqui as técnicas modernas do retrato fotográfico, assim como a subjetivação intimista da música cinematográfica. O ator-carrasco levanta a cabeça da vítima e corta a garganta. Tobe Hooper encontra a Al-Qaeda: depois da decapitação vêm um corte e um plano da bandeira do Estado Islâmico. A amputação da cabeça destrói o corpo político, nega a racionalidade do poder ocidental. Mas a amputação por si só não é suficiente. A autêntica técnica necropolítica é o vídeo e sua difusão viral. Aqui não há barbárie. A nova soberania masculina *snuff* já não extrai seu poder de um deus transcendente, mas da rede imanente e todo-poderosa da internet.

Paris, 25 de outubro de 2014

A coragem de ser você mesmo[1]

Quando recebi este convite para falar da coragem de ser eu mesmo, meu ego deliciou-se como se estivesse diante de uma página publicitária em que eu fosse ao mesmo tempo objeto e consumidor. Já me via carregado de medalhas, vestido de herói... mas a memória dos subalternos logo me atacou, apagando qualquer complacência.

Vocês me dão agora o privilégio de falar da coragem de ser eu mesmo depois de me terem feito carregar o peso da exclusão e da vergonha por toda a minha infância. Vocês me dão esse privilégio como dariam mais uma tacinha de vinho a um doente de cirrose, ao mesmo tempo que negam meus direitos fundamentais em nome da natureza e da nação, que confiscam minhas células e meus órgãos para sua delirante gestão política. Atribuem-me agora a coragem como dariam uma ficha de cassino a um viciado em jogo, ao mesmo tempo que se negam a chamar-me por um nome masculino ou a flexionar no masculino os adjetivos a mim referentes, simplesmente porque não tenho nem os documentos oficiais adequados nem a barba necessária.

Vocês nos reúnem aqui com um grupo de escravos que conseguiram alongar suas correntes, mas que ainda se mostram

---

1. Paul B. Preciado, então ainda legalmente Beatriz, escreveu este texto por ocasião de um debate sobre "A coragem de ser você mesmo" no festival Mode d'Emploi de Lyon, que também tinha como convidadas Catherine Millet, Cécile Guilbert e Hélène Cixous.

cooperantes, que têm diplomas e aceitam falar a linguagem dos senhores: estamos aqui, diante de vocês, todos corpos designados de sexo feminino ao nascer, Catherine Millet, Cécile Guilbert, Hélène Cixous, como se convocassem um bando de putas, de bissexuais, de mulheres com voz rouca, de argelinas, de judias, de espanholas, de mulheres de pele escura ou com cara de sapatão. Mas vocês nunca vão se cansar de ficar sentados diante da nossa "coragem" como quem se senta diante de um divertimento? Nunca vão se cansar de nos alterizar para poder nos transformar em vocês mesmos?

Vocês me atribuem coragem, imagino, porque militei junto com esses que vocês chamam de putas, aidéticos e inválidos, porque falei em meus livros de práticas sexuais com dildos e próteses, porque contei sobre a minha relação com a testosterona. Esse é todo o meu mundo. Essa é a minha vida e não a vivi com coragem, mas com entusiasmo e júbilo. Mas vocês não querem saber da minha alegria. Preferem sentir pena e garantir que eu tenha ainda mais coragem, pois em nosso regime político sexual, no capitalismo farmacopornográfico reinante, negar a diferença sexual equivale a negar a encarnação de Cristo na Idade Média. Vocês me atribuem um pacote de coragem porque, diante dos teoremas genéticos e dos papéis administrativos, negar a diferença sexual hoje equivale a cuspir na cara do rei no século xv.

Vocês dizem "fale-nos da coragem de ser você mesmo" como os juízes do tribunal da Inquisição disseram a Giordano Bruno durante oito anos "fale-nos do heliocentrismo, da impossibilidade da Santíssima Trindade", enquanto preparavam a lenha para acender uma bela fogueira. De fato, como Giordano Bruno, e embora já sinta o cheiro da fumaça, acho que uma pequena mudança não será suficiente. Que vai ser preciso sacudir tudo isso. Explodir o campo semântico e o domínio do pragmático. Despertar do sono coletivo da verdade do sexo, como um dia foi preciso despertar da ideia de que o Sol girava ao redor da Terra. Para falar de sexo, de gênero e de sexualidade é preciso começar com um ato de ruptura epistemológica, uma condenação categórica, uma quebra da coluna conceitual que permita uma primeira emancipação cognitiva: é preciso abandonar totalmente a linguagem da diferença sexual e da identidade sexual (inclusive a linguagem da identidade estratégica como quer Spivak, ou da identidade nômade, como pede Rosi Braidotti). O sexo e a sexualidade não são propriedades essenciais do sujeito, mas antes o produto de diversas tecnologias sociais e discursivas, de práticas políticas de gestão da verdade e da vida. São o produto da coragem de vocês. Não há sexos nem sexualidades, mas usos do corpo reconhecidos como naturais ou sancionados como desviantes. E nem vale a pena sacar a última carta transcendental: a maternidade é apenas um outro uso possível do corpo, jamais uma garantia de diferença sexual ou de feminilidade.

Guardem a coragem para vocês. Para seus casamentos e seus divórcios, para suas infidelidades e mentiras, para suas famílias e suas maternidades, para seus filhos e sua herança. Guardem a coragem que é necessária para manter a norma. O sangue-frio de que precisam para emprestar seus corpos ao processo incessante de repetição regulada. A coragem, como a violência e o silêncio, como a força e a ordem, está do lado de vocês. Eu reivindico, ao contrário, a lendária falta de coragem de Virginia Woolf e de Klaus Mann, de Audre Lorde e de Adrienne Rich, de Angela Davis e de Fred Moten, de Kathy

Acker e de Annie Sprinkle, de June Jordan e de Pedro Lemebel, de Eve K. Sedgwick e de Gregg Bordowitz, de Guillaume Dustan e de Amelia Baggs, de Beth Stephens e de María Galindo, de Judith Butler e de Dean Spade.

Mas como eu os amo, meus corajosos iguais, desejo que vocês também percam a coragem. Desejo que lhes falte força para repetir a norma, que não tenham energia para continuar fabricando identidade, que percam a determinação de continuar acreditando que seus papéis dizem a verdade sobre vocês. E quando tiverem perdido toda a coragem, loucos de covardia, desejo que inventem novos e frágeis usos para seus corpos vulneráveis. É por amá-los que os desejo frágeis e não corajosos. Porque a revolução atua através da fragilidade.

Lyon, 22 de novembro de 2014

Catalunha trans

Na França, o ano começou com um assalto, um desmoronamento, uma batalha perdida, uma contrarrevolução, um luto, mas também talvez com a possibilidade de construir novas alianças que envolvam, que protejam aquilo que amamos. De minha parte, comecei o ano pedindo a meus amigos próximos, mas também àqueles que não me conhecem, que troquem o nome feminino que me foi designado ao nascer por outro nome. Uma desconstrução, uma revolução, um salto sem rede, mais um luto. Beatriz é Paul. E enquanto caminho com esse novo nome pelas ruas do Raval de Barcelona, penso que o processo de apagar o gênero normativo e de inventar de uma nova forma de vida, no qual embarquei há tempos, poderia ser comparado ao processo de transformação em que a Catalunha está mergulhada. Vá saber se não é o fruto de outra disforia, que faz com que as paisagens sem fronteira dos Pireneus às Terras de Poniente e do Ebro se confundam agora com minha própria anatomia indefinida, ou se não é a conclusão lógica da ressonância entre duas mudanças possíveis: aventuro-me a dizer que existe semelhança formal e política entre a subjetividade trans em mutação e a Catalunha em devir. Duas ficções que se desfazem e se fazem. Em outras palavras, o processo de constituição de uma Catalunha livre poderia parecer, em suas modalidades de relação com o poder, a memória e o futuro, com as práticas de invenção da liberdade sexual e de gênero que atuam nas micropolíticas transexuais e transgênero.

Para além da identidade nacional, que forças entram ou poderiam entrar na composição da forma-Catalunha? Para além da identidade de gênero, que forças entram ou poderiam entrar na composição da forma-trans? O que sei? O que sabemos? O que posso? O que podemos? O que vou fazer? O que vamos fazer?

No caso do devir-trans, como no devir-Catalunha, trata-se de seguir um protocolo previsível de mudança de sexo (diagnóstico de um mal-estar pensado como patológico, administração de hormônios em doses que permitam precipitar uma mudança culturalmente reconhecível, cirurgias de redesignação sexual...) ou, ao contrário, de acionar um conjunto de práticas de desestabilização das forças de dominação do corpo que possam dar lugar à invenção de uma nova forma somatopolítica viva. Uma forma de existência cuja jovialidade crítica faça o luto da violência, abrindo um lugar experimental para uma relacionalidade nova. Ou passa-se de um sexo a outro replicando as convenções normativas ou, ao contrário, é possível iniciar uma deriva que permita criar um fora. Então o mais importante não é a transexualidade ou a independência, mas o conjunto de relações que esse processo de transformação é capaz de ativar e que até então estavam capturadas pela norma.

No caso do devir-Catalunha-livre, ou a independência é o objetivo final de um trâmite político que tende à fixação de uma identidade nacional, à cristalização de um mapa do poder, ou, ao contrário, trata-se de um processo de experimentação social e subjetiva que implica o questionamento de todas as identidades normativas (nacionais, de classe, de gênero, sexuais, territoriais, raciais, de diferença corporal ou cognitiva).

Ou a masculinidade, a feminilidade, a nação, as fronteiras, as demarcações territoriais e linguísticas prevalecem sobre a infinitude de séries possíveis de relações estabelecidas e por estabelecer, ou então fabricamos juntos o entusiasmo experimental capaz de sustentar um processo constituinte permanentemente aberto.

Devir-trans, como devir-independente, significa que é preciso começar por demitir-se da nação, assim como do gênero. Renunciar à anatomia como destino e à história como prescritora de conteúdos doutrinais. Renunciar à anatomia, ao sangue e ao solo como lei. A identidade nacional e a identidade de gênero não podem ser origem ou fim de um processo político. Não podem ser nem fundamento nem teleologia. Na nação, como no gênero, não há verdades ontológicas nem necessidades empíricas das quais seja possível derivar pertinências ou demarcações; não há nada a verificar ou a demonstrar, tudo está por experimentar. Como o gênero, a nação não existe fora das práticas coletivas que a imaginam e a constroem. A batalha, portanto, começa com a desidentificação, com a desobediência, e não com a identidade. Riscando o mapa, apagando o nome para propor outros mapas, outros nomes que evidenciem sua condição de ficção pactuada. Ficções que nos permitam fabricar a liberdade.

Calella, 17 de janeiro de 2015

Necrológio aos berros para Pedro Lemebel[1]

MALDITA AIDS, maldito câncer de laringe, maldita ditadura e maldita fachada de democracia, maldita máfia machista que continua sendo chamada de partido, maldita censura, malditos casais e malditas separações, maldito Pedro e maldito Pancho, maldita televisão, malditos movimentos alternativos, maldito socialismo, maldita Igreja colonial, malditas ONGS, malditas multinacionais farmacêuticas, maldita farra neoliberal pós-ditadura, maldito mapa do Cone Sul, maldito consenso cultural, maldito turismo, maldita tolerância, malditas bienais de arte e maldito museu da homossexualidade. Maldito você e maldito eu. Maldito o seu corpo que perdeu. E maldita a sua alma que nunca perderá. Maldita a multidão minoritária diante de um único homem armado. Malditas as éguas e maldito o rio Mapocho. Malditos os dias que passamos juntos em Santiago, malditas as noites de Valparaíso, malditos os seus beijos e maldita a sua língua. Olhávamos o Pacífico e eu citava Deleuze: "O mar é como o cinema, uma imagem em movimento". Você

---

[1]. O escritor chileno e ativista queer Pedro Lemebel morreu na sexta-feira, 23 de janeiro de 2015, de câncer, em Santiago. Durante o regime de Pinochet, Lemebel e Francisco (Pancho) Casas formaram o coletivo artístico-ativista Yeguas del Apocalipsis, utilizando a performance e a escrita como ferramentas críticas para lutar contra a ditadura. Lemebel foi autor, entre outros livros, de *Loco afán* (1996), *De perlas y cicatrices* (1998) e *Tengo miedo torero* (2001). Foi agraciado com o prêmio José Donoso em 2013 e candidato ao Prêmio Nacional de Literatura do Chile em 2014. Continuará a ser um dos escritores e ativistas políticos queer mais criativos e radicais do século XX.

dizia: "Não se faça de intelectual, machinho. A única imagem em movimento é o amor". Você me criou e de você saí como um filho, entre as centenas que teve, inventado pela sua voz. Você era a minha mãe, e choro por você como se chora uma mãe travesti. Com uma dose de testosterona e um grito. Você era meu amante, e choro por você como se chora uma amante comunista e indígena. Com uma foice e um martelo desenhados na pele da cara. Você era meu xamã, e choro por você como se chora a ayahuasca. Desço às ruas de Nova York, abraço uma árvore radioativa e peço perdão por não ter ido vê-lo. Pelo medo da memória da tortura, pelo medo dos cães mortos de fome nas ruas de Santiago e das minas de Antofagasta. Os diamantes são eternos e as bombas também. A aids fala inglês. Você diz: *"Darling, I must die"*, e não lhe dói. Já o câncer não fala. Você morre silenciosa como uma barbie maltrapilha, subdesenvolvida, proletária e bicha. Incorrupta como uma deusa trans andina. E arrancarão da história os livros que você já não escreverá. Mas não a sua voz. E nascerão outra vez mil meninos com uma asinha quebrada e milhares de meninas que portarão o seu nome. Pedro Lemebel. Mil vezes, em mil línguas.

Nova York, 28 de janeiro de 2015

Happy Valentine's

Gostaria de festejar este 14 de fevereiro, dia de são Valentim, confessando um segredo. Digamos que será o meu presente de Dia dos Namorados. Nesse verão, deixei de acreditar no amor. No amor de casal. Não foi algo progressivo. Foi um golpe seco: a ordem das minhas ideias mudou e meu desejo foi radicalmente modificado. Ou será que foi ao contrário? Descobri de repente que desejava de outro modo e as ideias caíram por seu próprio peso. Embora eu seja ateu em relação a qualquer teologia e metodologicamente nominalista em filosofia, até agora o amor romântico tinha resistido à hermenêutica da suspeita e aos ataques da desconstrução. Pelo lado da virtude, a retórica do amor persistia em mim como um resto neoplatônico de anos de treinamento metafísico. Sem dúvida, também fui afetado pelas fanfarrices de são Paulo, lidas nos casamentos católicos sem que se soubesse se eram palavras de ânimo, mandamentos ou esconjuros. Não tão distantes de são Paulo quanto deveríamos, falávamos, nas micropolíticas gays, lésbicas e trans, em "direito de amar", e a afirmação de que o importante é que "duas pessoas se amem ainda que sejam do mesmo sexo" retornava como um rumor. E, assim, o fluido normalizador do amor derramava-se sobre nós, os párias da sexualidade e da diferença sexual.

Sim, é verdade, não adianta negar: tudo começou quando me separei da pessoa com quem pensei que viveria para sempre. Fui com ela até as últimas consequências da ideologia do amor, abraçando todos os efeitos secundários de seu sistema material e discursivo. Mas nunca teria chegado a fazer do campo de dor criado pela separação um aparato de verificação que servisse para algo mais que destroçar minhas manhãs. Mais que isso, a sensação de fracasso pode ter alimentado a utopia. Contudo, foram as conversas com os amigos próximos e nem tão próximos em busca de respostas para minha própria confusão que desmontaram a hipótese do amor romântico. Os dados que fui acumulando eram como um estudo de campo empírico, ao estilo de Feyerabend, que permitia, se não definir o certo, pelo menos afirmar que algo não é verdadeiro.

Nas conversas com os amigos sobre nossa separação, muitos manifestaram seu desejo oculto de separar-se e, ao mesmo tempo, a falta de coragem de fazê-lo. A maioria revelou confidencialmente que tinha deixado de trepar há tempos ou a existência de amantes. Ao falar da pessoa que supostamente amavam, muitos manifestavam um rancor infinito contra o outro, como se o casal fosse uma reserva ilimitada de frustração e tédio. Minha perplexidade era enorme. Concluí então que todos eles deveriam se separar, e não nós. No entanto, quem se separou fomos nós. Todos eles continuaram juntos: escolheram o amor romântico como pulsão de morte.

Nós resolvemos não acreditar nesse amor para salvá-lo da instituição casal. Escolhemos a liberdade no lugar do amor. Platão era um charlatão, são Valentim um criminoso e são Paulo um mero publicitário. Uma alma dividida em duas metades que depois se encontram? E se em vez de ser dividida simetricamente a alma é cortada em pedaços desiguais? E se em lugar de duas metades ela se divide em 12 568 pequenos fragmentos? E se não temos uma alma, mas oito, como afirmam outras cosmologias? E se a alma é indivisível? E se não existe alma? Depois, numa manhã de junho, acordei com uma única ideia na cabeça: o amor é um drone. E enquanto pensava em mudar meu nome para Paul, surpreendi-me escrevendo uma versão punk da Carta aos Coríntios.

Copio diretamente do meu caderno como quem transcreve as palavras de um estranho:

O amor é cruel. O amor é egoísta. O amor não entende a dor alheia. O amor sempre bate na outra face. O amor rompe. O amor destrói. O amor é grosseiro. Uma tesoura é o amor. O amor corta. Um machado é o amor. O amor é mentiroso. O amor é falacioso. O amor é ganancioso. Um banqueiro é o amor. O amor é preguiçoso. O amor é invejoso. O amor é orgulhoso. O amor quer tudo. Uma bomba extratora é o amor. O amor é voraz. O amor é abstrato. Um algoritmo é o amor. O amor é mesquinho. Um canino afiado é o amor. Leviatã é o amor. O amor é arrogante. O amor queima. Um pavio é o amor. O amor é agressivo. O amor é colérico. O amor bate. Uma guilhotina é o amor. Um açoite é o amor. O amor é caprichoso. O amor é falso. O amor é impaciente. O amor é invejoso. O amor não conhece a moderação. O amor é vaidoso. O amor é um drone.

O amor não é um sentimento, mas uma tecnologia de governo dos corpos, uma política de gestão do desejo que captura a potência de atuar e de gozar de duas máquinas vivas para colocá-las a serviço da reprodução social. O amor é um bosque em chamas de onde ninguém sai sem ter os pés queimados. O fogo e a pele calcinada são as promessas de são Valentim. Pegue-os e fuja.

Foi isso que fizemos: destroçar a ficção normativa e correr. Cada um à sua maneira, precariamente, estamos tentando inventar outras tecnologias de produção de subjetividade. E agora que não creio mais no amor, pela primeira vez estou preparado para amar: de forma finita, imanente, anormal. Dito de outra maneira, sinto que estou começando a me preparar para a morte. Feliz Dia dos Namorados.

Nova York, 14 de fevereiro de 2015

O museu apagado

É DIFÍCIL ESTAR EM Nova York e não ser presa das redes midiáticas da exposição de Björk no MoMA, assim como é difícil estar em Paris e escapar das redes de Jeff Koons no Centre Pompidou. A voz de Björk sempre me pareceu um bom hino ao amor vegetal, e só posso manifestar simpatia por um tipo que se deixa fotografar nu trepando com Cicciolina e que, como eu, adora os poodles. Deixando Björk e Koons de lado — eles são meramente instrumentais nisso tudo —, o que me interessa aqui é o que essas duas exposições representam como signos do futuro do museu de arte moderna e contemporânea na era neoliberal.

O que elas demonstram é que as estratégias de crescimento financeiro e de marketing entraram em cheio no museu. Se houve, durante um breve lapso de tempo, a possibilidade de transformar o museu num laboratório onde reinventar a esfera pública democrática, esse projeto está sendo desmantelado com um único argumento: superar a dependência do financiamento estatal em tempos de "crise" e fazer do museu um negócio rentável.

Esse novo museu, segundo dizem, deve transformar-se numa semiempresa com boas perspectivas de crédito: uma indústria de produção e venda de significados consumíveis. Esses são os critérios segundo os quais nós, infotrabalhadores do museu de arte moderna e contemporânea, devemos programar: para as exposições monográficas, estamos submetidos ao regime do *big name*, devemos expor grandes nomes imediatamente reconhecíveis, pois o museu visa sobretudo o turista. Esta é uma das características do museu neoliberal: transformar até o visitante local em turista da história do capitalismo globalizado. Já nas exposições coletivas ou de coleção, o critério a que estamos submetidos é *the best well-known of each*, o mais conhecido de cada um: expor as obras mais conhecidas dos artistas mais conhecidos.

Isso explica a arquitetura expositiva do MoMA: um espaço fluido no qual o vídeo de Björk, "Big Time Sensuality", filmado em 1993 na Times Square, é visível quase de qualquer sala, enquanto entramos num labirinto no qual *A noite estrelada* de Van Gogh esbarra nas *Demoiselles d'Avignon* de Picasso, na bandeira dos Estados Unidos de Jasper Johns e nas latas de sopas Campbell's de Warhol. O visitante não verá nada que não conheça ou que não possa encontrar entre os cem melhores artistas da editora Taschen. Como máquina semiótica, esse novo museu barroco-financeiro produz um significado sem história, um único produto sensorial, contínuo e liso, no qual Björk, Picasso e a Times Square são intercambiáveis.

Um bom diretor de museu é hoje um diretor de vendas e desenvolvimento de serviços globais rentáveis. Um diretor de programas públicos deve ser um especialista em análise de mercado cultural, programação "multicanal", busca de novos clientes, gestão de *big data* e *dynamic pricing* (recordemos que a entrada para o MoMA custa o "dinâmico" preço de 25 dólares). Os curadores e os designers (que pouco a pouco suplantam os artistas) são os novos heróis desse processo de espetacularização. Por fim, convertidas no *core business* desse negócio semiótico, as exposições são os produtos e a "história da arte" uma simples acumulação cognitivo-financeira. O museu transforma-se assim num espaço abstrato e privatizado, numa enorme lombriga midiático-mercantil MOMAPOMPIDOU-TATEGUGGENHEIMABUDABI... É impossível saber onde se está, por onde se entra e por onde se sai.

Essa proliferação de obras de arte como signos identificáveis é parte do processo geral de abstração e desmaterialização do valor no capitalismo contemporâneo. Na esfera do museu barroco-financeiro, as obras não são consideradas por sua capacidade de questionar os modos habituais de perceber e conhecer, mas antes por sua infinita intercambialidade. A arte é trocada por signos e dinheiro e não por experiência e subjetividade. Aqui o signo consumível, seu valor econômico e midiático, emancipa-se da obra de arte, a possui, a esvazia, a devora e, para usar as palavras de Benjamin, a destrói. É um museu no qual a arte como significante dissidente, o espaço público e o público como agente crítico morreram. Deixemos de chamá-lo de museu para chamá-lo de necromuseu. Um arquivo da destruição de nossa história global.

Se quisermos salvar o museu, talvez tenhamos que, paradoxalmente, escolher a ruína pública frente à rentabilidade privada. E, se não for possível, então talvez tenha chegado o momento de ocupar coletivamente o museu, esvaziá-lo de dívida e fazer barricadas de sentido. Apagar as luzes para que, sem possibilidade alguma de espetáculo, o museu possa começar a funcionar como um parlamento de outra sensibilidade.

Nova York, 14 de março de 2015

Ne(©r)oliberalismo

NECROECONOMIA, NECROVERDADE, necroinformação, necrodiagnóstico, necro-ontologia, necro-heterossexualidade, necro-homossexualidade, necroafeto, necroimagem, necroamor, necrotelevisão, necro-hospital, necro-humanismo, necroestado, necrourbanismo, necroprogresso, necroliteratura, necropaternidade, necroviagem, necroeuropa, necroindivíduo, necroarquitetura, necrofrança, necropaís, necrodivertimento, necropaz, necrodiversidade, necropolítica, necroterritório, necrofronteira, necrociência, necromasculinidade, necrofeminilidade, necrocasal, necrocrença, necrolinguagem, necrovoto, necroescola, necrofamília, necropornografia, necroparlamento, necromedicina, necrobeleza, necrocultura, necrolar, necroarte, necroautoridade, necrorresposta, necroexposição, necroinvestigação, necroperiodismo, necrocinema, necrodesenho, necroturismo, necro-história, necropaisagem, necroinformática, necroemoção, necrossangue, necrocozinha, necropragmatismo, necrossaúde, necroagricultura, necrodesejo, necromoda, necrocoração, necrorrobótica, necrolei, necroestimulação, necropedagogia, necrocomunicação, necrogeração, necrorrelato, necroteste, necroação, necrossexualidade, necrovalor, necropublicidade, necroidentidade, necro-hospitalidade, necroimunidade, necroindústria, necrocomunidade, necro-orgasmo, necroliberdade, necromuseu, necroescuta, necrotrabalho, necrofraternidade, necroamérica, necrofeto, necrossatisfação, necroigualdade, necroconsumo, necrovisão, necroágua, necroalma, necroamizade, necromaternidade, necroempatia, necrovelocidade, necroplasticidade, necroconsciência, necro- escrita, necrogozo, necrotransporte, necroteatro, necro-ócio, necrodólar, necrofinança, necrocomida, necrocristianismo, necroislamismo, necrojudaísmo, necrocivilização, necroado- lescência, necrodívida, necroperdão, necrocrédito, necrocorpo, necrocumplicidade, necroleite, necroerótica, necropetróleo, necroaçúcar, necroesperma, necromitologia, necrovelhice, necroalteridade, necrodiscurso, necrofelicidade, necroterapia, necrozoo, necromoral, necroperseverança, necrocirculação, necrorraça, necroprivado, necronet, necropúblico, necros- subjetivo, necrossoberano, necroadição, necroacumulação, necrogoverno, necrodança, necrocontrato, necro-orgulho, necrodireção, necromemória, necrolivro, necromediterrâneo, necroinfância, necroêxito, necrossexo, necropassado, necrosso- nho, necroaprendizagem, necroutopia, necroideologia, necro- -herói, necropoder, necronascimento, necrossaber, necroexcita- ção, necroar, necroministério, necro-honra, necrorrespiração, necrofuturo, necrodomesticidade, necrodisney, necrorritual, necrossinceridade, necrocarreira, necroposto, necroeleição, ne- crossociedade, necrofilosofia, necrobebida, necrorreprodução, necrovontade, necroinseminação, necrotempo, necrocuidado, necromúsica, necrojustiça, necrocrise, necrorrepresentação, necroáfrica, necrorresistência, necrodignidade, necrocasa- mento, necroautoestima, necroutopia, necrojogo, necroereção, necrofome, necrointeligência, necrossegurança, necrodireito, necrocosmos, necrodeterminação, necrobanco, necrodemo- cracia, necroatlântico, necropsicologia, necroarquivo, necro- monsanto, necroestética, necrossoftware, necro-hardware, necrorrealidade, necrorrentabilidade, necroamazon, necromarketing, necronegociação, necrodespertar, necroflexibilidade, necroglobalização, necroesporte, necrovida, necroestupidez, necrodiálogo, necrossede, necrodisciplina, necrolampedusa, necrocrescimento, necrofidelidade, necro-higiene, necrocirurgia, necrorrepública, necrofacebook, necrofotografia, necroprecisão, necrocomércio, necrorrespeito, necropartilhar, necrocomum, necropátria, necromudança, necrometrópole, necropaciência, necroerudição, necroajuda, necrojuiz, necrodrama, necrobondade, necrofesta, necroexperiência, necroplaneta, necropropriedade, necrogoogle, necrovigilância, necroestabilidade, necrocomemoração, necrocrônica, necroapetite, necrofervor, necromelhora, necroeu, necrotu, necronós...

Acaso pode o capitalismo financeiro produzir alguma outra coisa? Ainda estamos vivos? Ainda desejamos agir?

Nova York, 11 de abril de 2015

Chamando os *ajayus*

Uns dias atrás, María Galindo, artista e ativista xamã boliviana, passou por Barcelona e foi chamar meu *"ajayu"* na frente da porta do Museu de Arte Contemporânea de Barcelona (MACBA).[1] María explica que o *ajayu* é como a alma para os Aimarás, mas não a alma religiosa, e sim a ecopolítica: a estrutura subjetiva que faz de cada um de nós uma singularidade viva entrelaçada no cosmos. Conta que o *ajayu* fica no lugar em que alguém é ferido, no ponto onde se rompeu seu sonho, perambulando sem rumo. E o meu, garante ela, deve andar ali pelo museu. Depois de chamá-lo, ela espera cheia de cuidados, porque o *ajayu*, diz, é mais frágil que o cristal, mais delicado que a porcelana. Se alguém o perde, é como se estivesse morto.

Enquanto isso, caminho sem meu *ajayu* pelas ruas de Nova York, imerso no ruído ziguezagueante dos helicópteros que observam um esquadrão de quase mil policiais dispersar os manifestantes que protestam contra o assassinato de Freddie Gray em Baltimore. Um drone, talvez buscando o *ajayu* de Gray, passa por cima da minha cabeça. Só as luzes intermi-

---

[1]. No dia 23 de março de 2015, uma comissão que incluía tanto a Fundação MACBA como os delegados do governo da Prefeitura de Barcelona, da Generalitat e do Ministério de Cultura destituiu Paul B. Preciado de seu cargo de diretor de Programas Públicos e do Programa de Estudos Independentes e Valentín Roma de seu cargo de diretor de exposições do MACBA por terem exibido a escultura *Not Dressed for Conquering*, de Ines Doujak, no quadro da exposição La Bestia y el Soberano.

tentes, vermelhas e verdes, são visíveis na noite. Estes são os tempos do drone, penso. Ligo o celular e a entrevista em que Bruce Jenner, mundialmente conhecido por seu passado esportivo, fala com Diane Sawyer sobre sua mudança de sexo é *trending topic*. Houve um tempo do falcão e da pomba, mas agora estamos no tempo do drone e do tuíte. O tempo da vigilância estelar e da autovigilância midiática. E não sei se sou *Charlie Hebdo* ou não, mas é certo que, vagabundo e sem meu *ajayu*, meio morto e meio vivo, sou uma mescla improvável de Freddie Gray e Bruce Jenner.

Os paparazzi já estavam esperando há dias que Bruce Jenner aparecesse, de vestido e maquiagem, na porta de sua casa em Malibu. Esperavam por ele como a polícia espera que um corpo não branco faça um movimento com a mão para começar a disparar. Queriam verificar se ele tinha extirpado o pomo de adão, se seus seios tinham crescido. A maior democracia neoliberal do planeta distribui oportunidades de viver, de ser considerado cidadão político, de acordo com epistemologias visuais binárias: diferenças sexuais, raciais e de gênero. O Twitter estava pegando fogo, como se um vestido de listras verdes fosse uma Colt .45; com efeito, em 32 estados da União, Bruce poderia usar uma Colt .45, mas não um vestido. Chega a hora da entrevista na televisão e Bruce diz: "Sou uma mulher". Tenta desesperadamente encontrar reconhecimento na esfera pública dominante através de um exercício atlético de autonomeação. Mas logo se desculpa: podem chamá-lo de "ele", não quer ferir ninguém, o mais importante são seus filhos, é um bom patriota. Não há reconhecimento sem normalização. Os Aimarás diriam que ele deixou que lhe roubassem o *ajayu*. De repente, esse estúdio de televisão, a sala de qualquer casa ligada na ABC, qualquer computador, meu próprio celular convertem-se numa sala cirúrgica multimídia onde se realiza uma cirurgia de redesignação sexual. A globalmente íntima conversa com Diane Sawyer ocupa então o lugar ocupado em outros momentos pelo *freak show*, pela clínica, pelo tribunal. A entrevista condensa todas essas retóricas: confissão, diagnóstico e avaliação médica, castigo público, submissão ao sistema. Qualquer tentativa de questionar a metafísica da presença se rompe contra a tela. Não existe uma relação linear entre a melhoria das condições de vida das pessoas trans e o aumento de sua visibilidade nos meios de comunicação. O salto de Jenner para a primeira linha do Google não passa de um deslocamento político paradoxal: é um movimento estratégico pelo reconhecimento de outras formas de vida, mas é, ao mesmo tempo, um processo de controle e vigilância de gênero através dos meios de comunicação. É nesse estreito espaço de convenções e normas que nosso gênero é constantemente fabricado, mas também pode ser questionado. O gênero só existe como efeito desses processos sociais e políticos, falidos ou naturalizados, de representação: o *ajayu* não tem gênero. Mas onde estará então o *ajayu* de Bruce Jenner? Chamo por ele de onde estou.

Nova York, 9 de maio de 2015

Preservativos químicos

SE VOCÊ NÃO É UM HOMEM que faz sexo com outros homens, seguramente a palavra "Truvada" não lhe diz nada. Se, ao contrário, ela lembra alguma coisa, é porque está modificando sua ecologia sexual: o onde, o como, o quando, o com quem. Truvada é o nome de um medicamento antirretroviral produzido pela companhia Gilead Sciences, de San Francisco, e comercializado como PrEP, ou seja, profilaxia pré-exposição para prevenir a transmissão do vírus da aids. Inventado inicialmente como tratamento para pessoas soropositivas, desde 2013 a agência estadunidense responsável pelo controle de medicamentos (FDA) aconselha a administração desta molécula a pessoas soronegativas pertencentes a grupos de risco, o que ainda equivale em grande medida, na cartografia epidemiológica dominante, àquilo que chamam de homem gay "passivo", ou seja, receptor anal de penetração e ejaculação. Na Europa, os ensaios clínicos começaram em 2012 e podem concluir com uma recomendação positiva de comercialização em 2016. Só no primeiro ano, o Truvada (cujo custo mensal é de 1200 dólares onde não existe genérico) gerou lucros de 3 bilhões de dólares. Calcula-se que 1 milhão de estadunidenses podem vir a ser consumidores de Truvada para evitar... o risco de vir a ser consumidores de fármacos antirretrovirais para soropositivos.

O Truvada está produzindo na sexualidade gay uma transformação semelhante àquela que a pílula anticoncepcional produziu na sociabilidade heterossexual nos anos 1970. Tanto o Truvada quanto a pílula funcionam do mesmo modo: são preservativos químicos pensados para "prevenir" riscos derivados de uma relação sexual, seja o contágio do vírus HIV, seja uma gravidez indesejada. A transversal pílula anticoncepcional//Truvada nos força a pensar as tecnologias de controle da sexualidade fora das lógicas de identidade inventadas no século XIX pelo discurso médico-jurídico. Tanto a pílula quanto o Truvada são provas da transição, desde meados do século passado, de uma sexualidade controlada por aparatos disciplinares "duros" e externos (arquiteturas segregadas e de enclausuramento, cintos de castidade, preservativos etc.) para uma sexualidade mediada por dispositivos farmacopornográficos: novas tecnologias "brandas", biomoleculares e digitais. A sexualidade contemporânea é construída por moléculas comercializadas pela indústria farmacêutica e por um conjunto de representações imateriais que circulam nas redes sociais e nos meios de comunicação.

Eis alguns deslocamentos cruciais que ocorrem na passagem da camisinha de látex para os preservativos químicos. O primeiro a mudar é o corpo sobre o qual se aplica a técnica. A profilaxia química, ao contrário do preservativo de látex, já não afeta o corpo hegemônico (o corpo masculino "ativo", ou seja, penetrante e ejaculante, cuja posição é idêntica nos agenciamentos heterossexual e gay), mas os corpos sexualmente subalternos, os corpos com vaginas e ânus penetrados e potenciais receptores de esperma, expostos tanto ao "risco" da gravidez quanto ao da transmissão viral. Além disso, no caso desses preservativos químicos, a decisão de uso já não é tomada no momento do ato sexual, mas com antecedência, de modo que o usuário que ingere a molécula constrói sua subjetividade numa relação temporal de futuridade: o consumo do fármaco produz uma transformação tanto em seu tempo vital e na totalidade do seu corpo quanto na representação de si mesmo e na percepção das possibilidades de ação e interação sexual. O Truvada não é nem um simples medicamento nem tampouco uma vacina, mas, assim como a pílula, funciona como uma máquina social: um dispositivo bioquímico que, embora aparentemente aplicado a um corpo individual, opera sobre o corpo social em seu conjunto e produz novas formas de relação, desejo e afetividade. O mais importante e o que talvez explique o sucesso não apenas farmacológico, mas também político da pílula a partir dos anos 1970 e do Truvada atualmente é que os preservativos químicos, suplementados pela molécula de sildenafila (Viagra), permitem elaborar a fantasia de uma sexualidade masculina "natural" totalmente soberana, cujo exercício (entendido como ereção, penetração e circulação ilimitada de esperma) não é impedido por barreiras físicas.

Se o *barebacking* (sexo sem preservativo entre gays soropositivos) foi pensado nos anos 1990 como uma espécie de terrorismo sexual (basta lembrar a polêmica que opôs o escritor Guillaume Dustan e os ativistas do Act Up a respeito da profilaxia na França), então o sexo seguro e responsável é o *barebacking* com o Truvada. Farmacologicamente higiênico, sexualmente viril, o poder do fármaco reside em sua capacidade de produzir uma sensação de autonomia e liberdade sexual. Sem mediação visível, sem preservativo de látex, o corpo masculino penetrante obtém a sensação de plena soberania sexual, quando na realidade cada uma de suas gotas de esperma é mediada por complexas tecnologias farmacopornográficas. Sua livre ejaculação só é possível graças à pílula, ao Truvada, ao Viagra, à imagem pornográfica...

Assim como a pílula, o Truvada talvez não tenha como objetivo melhorar a vida de seus consumidores, mas otimizar sua exploração dócil e assegurar sua servidão molecular, mantendo uma ficção de liberdade e emancipação ao mesmo tempo que reforça as posições sexo-políticas de dominação da masculinidade normativa. A relação com o medicamento é uma relação livre, mas ele passa a fazer parte de uma estrutura mais complexa de sujeição social. Vamos trepar livremente: vamos trepar com o medicamento. No que diz respeito a essa servidão molecular, parece não haver diferenças entre a heterossexualidade e a sexualidade gay. Nos últimos vinte anos, a sexualidade gay deixou de ser uma subcultura marginal para converter-se num dos espaços mais codificados, regulamentados e capturados pelas linguagens do capitalismo neoliberal. Talvez seja hora de parar de falar em heterossexualidade e homossexualidade e começar a pensar na tensão entre usos normativos ou dissidentes das técnicas de produção da sexualidade que hoje parecem nos afetar a todos.

Nova York, 12 de junho de 2015

Orlando *on the road*

QUANDO VIAJO, preciso levar um livro para ler antes de dormir. O livro é uma cama linguística na qual sempre encontro o sono. Jabès e Semprún diziam que a linguagem era sua pátria. Também sou um estrangeiro com um livrinho debaixo do braço. O livro é a pirâmide portátil, dizia Derrida, falando do povo judeu que, fugindo do Egito, transformou a arquitetura em papiro para poder levá-la sempre consigo. Foi assim que a obra de Virginia Woolf transformou-se, nesta viagem, no meu quarto de papel. Dada a minha ambivalente relação com ela (eu a adoro, embora às vezes seja homofóbica e outras vezes classista, em certas ocasiões pedante e sempre impertinente), Virginia Woolf é um lar inóspito. Estou lendo o diário que escreveu entre 1927 e 1928, quando trabalhava na redação de *Orlando*. Entender como ela constrói Orlando narrativamente ajuda-me a pensar na fabricação de Paul. O que acontece com o relato de uma vida quando é possível modificar o sexo do personagem principal? Virginia qualifica de "êxtase" o afeto que essa escrita gera. Não escondo que às vezes me assalta uma emoção semelhante. O curioso é Virginia atrever-se a qualificar *Orlando* de biografia. Uma biografia inumana e pré-pessoal, fragmentada no espaço e no tempo: uma viagem.

Lendo seu diário, descubro com surpresa uma Virginia mais preocupada com o feltro dos chapéus e as rendas dos vestidos do que com as greves de mineiros que sacodem a Inglaterra; mais preocupada com as vendas de *Mrs. Dalloway* (duzentos e cinquenta exemplares configuravam um best-seller na época) do que com a violência com que a polícia londrina dispersava os trabalhadores ferroviários; afundada na depressão porque Vita Sackville-West lhe havia dito que não era bonita; obcecada com a própria morte, mas absolutamente incapaz de imaginar a guerra a princípio econômica, depois política, que arrasará o Ocidente apenas alguns anos mais tarde. Sua alma é mais aguda quando olha os bisontes no zoológico de Londres do que quando observa Nelly, sua governanta, que ela trata como uma escrava. Por que é tão difícil estar presente diante do que acontece? "A solidão é minha noiva", escreve ela. A viagem é minha amante, respondo. Reconheço a viagem como um antídoto à solidão woolfiana, ao devaneio doméstico que poderia afastar-me a todo momento do que acontece. Rodeado de mortos como Virginia e Vita, percebo como é difícil estar vivo. Eu também poderia equivocar-me e dar mais atenção às minhas doses de testosterona do que à transformação política de todas as minhas relações, às traduções de meus livros do que ao futuro necropolítico do planeta.

Aterrisso em Palermo com *Orlando* e os diários de Virginia debaixo do braço. Vou do aeroporto para a universidade pela autoestrada na qual a máfia italiana matou o juiz Falcone, em 1992, detonando seiscentos quilos de explosivos enterrados sob o asfalto quando seu carro passava pelo mesmo lugar onde passo agora. Os restos do carro destruído e exposto em seu memorial são uma imagem condensada das instituições democráticas europeias. Intuirei mais tarde, no centro de Palermo, entre os prédios em ruínas e as peixarias ambulantes, nas quais um enorme atum é despedaçado sob o sol, a existência de uma cidade escondida sob o mapa oficial: uma cartografia que a máfia traçou, como afirma Roberto Saviano, com sangue, sêmen, cocaína e dinheiro sujo.

Poucos dias depois, em Buenos Aires, Argentina, no bairro de La Boca, mas também na avenida Corrientes, parece difícil pensar que esse território ainda se enquadra dentro das formas de produção daquilo que antes reconhecíamos como capitalismo. Um dólar pode valer oito pesos no câmbio oficial, doze nas ruas do Microcentro e talvez dezoito e uma cabeça de vaca ou de homem em La Boca. O mercado é tão legal quanto a roleta-russa. O capital já não é sequer o referente abstrato da equivalência entre trabalho e bens, é uma simples função de risco e criminalidade, de despossessão e violência. Depois da Argentina, viajo a Atenas, passando por Barcelona, onde de forma quase inesperada as forças emergentes dos movimentos de moradores e do 15-M conseguiram, pela mão de Ada Colau, alcançar através das urnas os espaços institucionais de gestão urbana. Em seguida, em Exárchia, bairro anarquista de Atenas, um grupo de vizinhos se reúne para trocar informações sobre a dívida. A rua transformou-se em universidade pública. Uma semana depois, eles construirão a possibilidade do NÃO e, com isso, um novo paradigma ético e estético da revolta, uma micropolítica da cooperação somática e cognitiva.

Nas ruas de Palermo, como em Barcelona, Atenas ou Buenos Aires, ao mesmo tempo que desmoronam os Estados-nações herdados da geopolítica da Guerra Fria e prolifera uma nova governabilidade supraestatal tecnopatriarcal administrada pelas máfias financeiras globais, emergem pouco a pouco novas práticas experimentais de coletivização de saber e de produção. É assim que, em meio a uma guerra sem nome, estão sendo inventados os fundamentos sociais e políticos da vida pós-capitalista que virá.

Buenos Aires, 10 de julho de 2015

Europa ou Sivriada

Quando o vejo pela primeira vez, ele está subindo as ladeiras do bairro de Beyoğlu, em Istambul. Tem o pelo escuro e sujo e está ferido no pescoço. Tento segui-lo, mas ele me evita, caminha sem parar, sem olhar para nada nem ninguém. Sobe por Firuzaga. Um vendedor estendeu aqui os seus tapetes, cobrindo completamente a rua. Não parece se importar com os transeuntes nem com os carros que passam sobre eles. A rua é um salão a céu aberto. Se as passagens de Paris eram, para Benjamin, um espaço exterior que se curvava sobre si mesmo para transformar-se em interioridade burguesa, aqui ocorre o contrário. O tapete é um lar bidimensional, um apartamento têxtil que se desdobra sobre o asfalto, instalando uma hospitalidade tão intensa quanto precária. Mas para quem? Quem é recebido e quem é expulso? Qual é o povo que tem direito ao lar? Como redefinir o *demos* mais além do *domos*?

Com o cansaço da subida, caminho dormitando e sonho que aqueles tapetes são a minha casa e que o estranho que avança ferido é o meu cão. Deitaríamos juntos e eu passaria a tarde acariciando-o. Mas ele não para. Tem um anel de plástico amarelo na orelha: número 05801. Um signo de rastreabilidade, indicando que foi reconhecido como animal vagabundo e esterilizado. Sigo-o ao outro lado da praça Taksim, até Tarlabaşı e a rua Mete. Em apenas cem metros, passamos das ruas onde as mulheres vestem chador para aquelas onde as trabalhadoras transexuais seminuas exercem a prostituição. Embora esses dois estatutos da feminilidade pareçam opostos, são apenas duas modalidades (resistência mimética e subordinação subversiva) da sobrevivência no capitalismo neoliberal: realiza-se aqui uma aliança inesperada entre a definição teológica da soberania masculina e a produção farmacopornográfica do desejo e da sexualidade. A artista e ativista Nilbar Güreş vai me contar que a cada mês assassinam pelo menos uma mulher transexual, sem que a polícia leve a cabo a menor investigação.

Entre as pessoas e os carros de Taksim perco de vista o vagabundo e continuo sozinho o percurso de museus e galerias previsto pela Bienal de Arte de Istambul. O Arter, o colégio grego, o italiano, o House Hotel Galatasaray ou o Museu de Arte Moderna de Istambul. A organização da bienal nos leva de barco do porto de Kabataş a Büyükada, uma das ilhas dos Príncipes, antigos enclaves gregos hoje convertidos em destino de verão para as classes abastadas turcas. Navegando pelo Bósforo, tenho a impressão de entrar no coração do mundo pela aorta. A pulsação da urbe é a sístole e a diástole do planeta. O calor úmido transforma-se em bruma e borra os contornos da costa interminável de uma cidade de 16 milhões de habitantes. O guia da Bienal de Istambul, dirigida este ano por Carolyn Christov-Bakargiev, anuncia um compromisso ativo com as políticas feministas e ecologistas. Contudo, ao chegar à ilha, o que surpreende é o estado famélico das centenas de cavalos atrelados às charretes retrô-kitsch que levam os turistas ao mosteiro e aos mirantes. Adnan Yıldız, curador e ativista turco, explica que a cada verão os cavalos são sacrificados ou morrem de fome nos estábulos vazios da ilha, pois não é rentável alimentá-los fora da temporada. Uma bienal ecologista-feminista em Istambul é isso: um montão de sandálias e sapatos Prada pisando esterco quente de cavalos que vão morrer no inverno. E meus próprios sapatos também estão entre eles. A bienal incluiu no percurso da ilha a casa em ruínas onde Trótski viveu durante o exílio de 1932 e 1933, e na qual escreveu parte de sua biografia. Descendo por um pomar selvagem, chega-se à instalação de Adrián Villar Rojas, anunciada como clímax estético da bienal. Uma série de dramáticas e pretensiosas esculturas de animais cobertas de tinta plástica branca, sobre as quais foram colocadas outras formas orgânicas feitas de sacos e têxteis, flutua no mar. Serão estes os animais com os quais a bienal se preocupa? Os colecionadores, sandálias Prada já bem sujas e vestidos Miyake à mostra, extasiam-se e compram. Uma bienal de arte pode ser isso: o contrário da arte. Que sentido tem fazer uma bienal de arte sem levar em consideração as políticas locais? Qual pode ser a função de uma bienal de arte num contexto de repressão política das minorias sexuais, religiosas, animais, étnicas... e de migrantes?

Mais tarde, outro barco nos leva, junto com um pequeno grupo de colecionadores e patronos, de Büyükada a Sivriada, a pequena ilha onde Pierre Huyghe expõe sua instalação. Ali estão os ancestrais de nosso cão vagabundo. Em 1910, no processo de modernização de Istambul, mais de 50 mil cães foram capturados e abandonados na ilha. Sem água nem comida, os animais foram condenados a comer-se uns aos outros antes de morrer. Dizem que os ganidos foram ouvidos durante semanas. O que me surpreende não é que tenham sido deportados (a exclusão é uma das técnicas necropolíticas mais ancestrais), mas que, ao ouvir seus lamentos, ninguém tenha sido capaz de voltar para salvá-los.

Inesperadamente, ao sair do táxi coletivo que me deixa na praça Taksim, revejo o mesmo cão ferido, 05801. Começo a segui-lo de novo. Dessa vez, ele me leva até o parque Gezi, onde se reúne com outros cães marcados como ele. O povo dos vagabundos esterilizados. Cada um deles é o final de uma longa história de sobrevivência. O final. Mais tarde, a artista Banu Cennetoğlu me explica que toda noite o parque recebe milhares de refugiados humanos que, como os cães, vão dormir ali. Há cerca de 1,5 milhão de refugiados cruzando Istambul rumo à Europa. De início, Erdogan pensou em captar alguns como mão de obra precarizada e transformá-los em reféns eleitorais que receberiam asilo em troca de voto. Mas a pressão demográfica foi considerada excessiva, e agora a Turquia pretende ser apenas uma enorme, mas rápida ponte localizada no Bósforo, um grande corredor no qual o refugiado perde toda e qualquer condição de cidadão político, enquanto transita desde a Ásia até a Europa, transformado em cão vagabundo.

Hoje, a intensidade e a violência dos movimentos migratórios planetários exigem urgentemente a passagem para uma nova cidadania-corpo-tapete que se oponha e transgrida as leis dos Estados-nações nos quais vigora a cidadania-capital-terra. Essa mudança de estatuto nada tem a ver com a forma ou o volume da ajuda humanitária. Se o neoliberalismo abateu as fronteiras econômicas, agora é necessário derrubar as políticas. Se não formos capazes dessa transformação, a comunidade econômica europeia será para os refugiados uma nova ilha Sivriada onde, sem reconhecimento político e apoio material, estarão condenados a devorar-se uns aos outros antes de morrer.

Istambul, 26 de setembro de 2015

Nos braços da Rodina-Mat

Voo de Istambul para Kiev. No avião, embarcam uma dúzia de Kate Mosses e um punhado de Daniel Craigs (talvez agentes secretos, talvez simples mafiosos), mas sobretudo corpos de cabeça baixa, que não falam nem ucraniano, nem russo, nem turco... De onde vêm, para onde vão? Eles devem perguntar o mesmo ao me ver lendo em francês, escrevendo em espanhol, falando em inglês. A imagem dos migrantes cruzando fronteiras é o significante universal que nos recodifica a todos. Quem sou eu e o que faço aqui? De que guerra estou fugindo? Com o que trafico? Qual é o meu refúgio? Se alguém abrisse uma rodada de tarô para os nossos tempos, ela mostraria o Enforcado, o Louco e o Eremita. Despossessão, deslocamento, aprendizagem profunda. A resultante é o Mundo. Não temos opção: ou mudamos de forma de produzir a realidade ou deixaremos de existir como espécie. O avião voa baixo, atravessamos o mar Negro nos esquivando da parte leste do país, ainda em guerra, subimos até Odessa e de lá para Kiev. Pela primeira vez, sinto que a Ucrânia é, como a Espanha, a França, a Itália ou a Turquia, uma costa conectada ao Mediterrâneo por meio de invaginações.

Aterrissamos. Com 250 miligramas de testosterona injetados a cada doze dias em meu corpo, a dissidência de gênero deixou de ser uma teoria política para transformar-se numa modalidade de encarnação. Mas eu preferia não ter de explicar isso ao agente da alfândega que, neste momento, examina detidamente meu passaporte, no qual ainda figura a menção "sexo feminino". A fronteira ucraniana não parece ser o lugar mais adequado para organizar uma oficina de políticas trans. O militar da fronteira tem cara de menino e pede os passaportes com a irritabilidade característica do bebê que chora porque precisa comer. Apesar de tudo, é indubitável que ele está melhor atrás desse balcão do que numa trincheira de Donetsk. Dizem que o exército pode recrutar a qualquer momento e que, sob o pretexto de formação militar, os jovens são enviados durante meses para lugares dos quais não sabem se voltarão. Como a minha, a barba dele está começando a crescer e, como a mim, a acne o incomoda. Mas para passar por essa alfândega não posso me apoiar na cumplicidade que nos proporcionaria a consciência de sermos afetados por um aumento súbito de nossas doses de testosterona no sangue. A fronteira é um teatro imunológico no qual cada corpo é percebido como um inimigo potencial; ele e eu estamos em lados opostos desse umbral para jogar o jogo da identidade e da diferença.

A cena já começou: suas mãos rurais adotam bruscamente gestos administrativos, reviram meu passaporte, examinam. Ele supera a vergonha da acne com a arrogância que o uniforme novo verde-camuflado lhe dá, enquanto eu tento sorrir. O sorriso, dizem, é uma marca gestual feminina. Olhando minha fotografia de mais de três anos atrás, ele pergunta se esse é o meu passaporte e como me chamo. Graças ao efeito da testosterona sobre as cordas vocais, nos últimos três meses minha voz tornou-se rouca. Como ainda não sei manejá-la bem, pareço um fumador de charutos sofrendo de pneumonia. Sem cuidado, posso parecer Plácido Domingo encatarrado brincando de cantar como Montserrat Caballé. Mas, diante do agente, faço um esforço para apresentar um falsete sem desafinar. "Beatriz", respondo, acomodando-me à legalidade e pronunciando um nome que agora me soa estranho. Levei nove meses me acostumando a dizer Paul, a responder quando alguém chama esse nome, a virar quando o ouço. Mas agora preciso esquecê-lo. Começo a suar enquanto o soldado esquadrinha meu passaporte com uma lupa. Ele diz: *"This is not you, this is a woman"*. Respondo: *"Yes, it is me. I am a woman"*. Lembro de ter dito apenas algumas horas atrás: *"I am a man"*, quando os curadores internacionais, que só conheciam minha antiga identidade, dirigiram-se a mim ainda no feminino. Agora, ambos os enunciados parecem circunstanciais, pragmáticos, no sentido linguístico do termo: seu significado depende do contexto da enunciação e das convenções políticas que o estruturam. O jovem me encara, incrédulo. Chama uma colega militar para que me reviste. Ela me toca com a contundência de um massagista Rolfing, como se sua mão quisesse separar as fáscias do meu corpo. Mete o braço em minhas calças e empurra para cima entre as pernas. Finalmente, fala com o soldado em ucraniano, explicando, imagino, a julgar por seus gestos, que encontrou evidências anatômicas táteis que confirmam o estatuto legal de meu passaporte. Eles devolvem meus documentos e me deixam ir como quem solta um animal perigoso ou um doente altamente contagioso.

Depois de sair da alfândega e pegar minha bagagem, um taxista me espera segurando um cartaz que diz: Paul. A cena da enunciação muda de novo. "Boa tarde, senhor." No carro em movimento, minha primeira impressão é de monumentalidade e desproporção de escalas, barreiras de arranha-céus *low cost* em meio a campos de relva, edifícios racionalistas russos perdidos entre lagos. Mas nada impressiona tanto quanto a estátua gargantuesca de uma mulher que se ergue sobre as colinas do Lavra. Ameaçadora, numa das mãos ela segura uma espada e na outra, um escudo. Mais tarde, a artista Anna Daučíková me explica que se trata da Rodina-Mat, a Mãe Pátria: uma Medeia soviética de aço inoxidável, 62 metros de altura, 520 toneladas, que corta o horizonte de forma mais dramática que qualquer arranha-céu na paisagem de Nova York — porque não é um edifício, mas um corpo. O corpo (hoje fragmentado e frágil) da nação russa. Depois da ansiedade da alfândega, a imagem da Rodina-Mat adquire um caráter onírico. Ergue-se diante de mim como a encarnação da lei de gênero, anunciando o imperativo da diferença sexual como condição de possibilidade da identidade nacional. É a inscrição na paisagem urbana da norma administrativa que exige um M ou um F em meu passaporte. A nação é uma fábrica orgânica na qual a feminilidade deve gestar o corpo masculino que será enviado para a guerra. Vejo então, talvez numa alucinação, a Rodina-Mat segurando em cada uma das mãos um de meus nomes, Beatriz-Escudo ou Paul-Espada, e dizendo: "Venha, venha para os meus braços".

Kiev, 9 de outubro de 2015

Mudar de voz

Estou me acostumando com minha nova voz. A ingestão de testosterona aumenta e engrossa as cordas vocais, produzindo um timbre mais grave. Essa voz surge como uma máscara de ar vinda de dentro. Sinto uma vibração que se propaga na garganta como se fosse uma gravação e sai pela boca, transformando-a num megafone do estranho. Eu não me reconheço. Mas o que quer dizer o "eu" nessa frase? "Pode o subalterno falar?": a pergunta que Gayatri C. Spivak fazia pensando nas complexas condições de enunciação dos povos colonizados ganha agora um sentido distinto. E se o subalterno fosse também uma possibilidade sempre já contida em nosso próprio processo de subjetivação? Como deixar que nosso subalterno trans fale? E com que voz? E se perder a própria voz, como índice ontoteológico da soberania do sujeito, fosse a primeira condição para deixar falar o subalterno?

É claro que os outros tampouco reconhecem a voz que a testosterona provoca. O telefone deixou de ser um fiel emissário para converter-se num traidor. Ligo para minha mãe e ela responde: "Quem é? Quem está falando?". A ruptura do reconhecimento torna explícita uma distância que sempre existiu. Eu falava, eles não me reconheciam. A necessidade de verificação põe à prova a filiação. Sou realmente seu filho? Alguma vez fui realmente seu filho? Às vezes desligo porque tenho medo de não ser capaz de explicar o que está acontecendo. Às vezes respondo: "Sou eu", acrescentando imediatamente: "Estou bem", como quem tenta evitar que a dúvida ou o alarme se anteponham à aceitação.

Uma voz que até agora não era a minha busca refúgio em meu corpo e vou lhe dar. Tenho viajado constantemente, uma semana em Istambul, outra em Kiev ou em Barcelona, Atenas, Berlim, Kassel, Frankfurt, Helsinque, Turim, Stuttgart... A viagem traduz o processo de mutação, como se a deriva exterior tentasse relatar o nomadismo interior. Nunca acordo duas vezes na mesma cama... nem no mesmo corpo. Por todos os lados, ouve-se o rumor da batalha entre a permanência e a mudança, entre a identidade e a diferença, entre a fronteira e a flutuação, entre os que ficam e os que são obrigados a partir, entre a morte e o desejo.

Essa voz aparentemente masculina recodifica meu corpo, liberando-o da verificação anatômica. A violência epistêmica do binarismo sexual e de gênero reduz a radical heterogeneidade dessa nova voz à masculinidade. A voz é o senhor da verdade. Relembro então a possível raiz comum das palavras latinas "testemunha" e "testículo". Só quem tem testículos pode falar diante da lei. Assim como a pílula induziu uma separação técnica entre heterossexualidade e reprodução, o ciclopentilpropionato, a testosterona que me injeto agora por via intramuscular, torna a produção hormonal independente dos testículos. Em outras palavras, "meus" testículos — se por eles entendemos o órgão produtor de testosterona — são inorgânicos, externos, coletivos, e dependem em parte da indústria farmacêutica e em parte das instituições legais e sanitárias que me dão acesso à molécula. "Meus" testículos são um pequeno frasco de 250 miligramas que viaja em minha mochila. A questão não é "meus" testículos estarem fora do meu corpo, mas sim o "meu" corpo estar além da "minha" pele, num lugar que não pode ser pensado simplesmente como meu. O corpo não é propriedade, mas relação. A identidade (sexual, de gênero, nacional ou racial) não é essência, mas relação.

Meus testículos são um órgão político que inventamos coletivamente e que nos permite produzir intencionalmente uma variedade de masculinidade social: um conjunto de modalidades de encarnação que reconhecemos, por convenção cultural, como masculinas. Ao chegar ao meu sangue, a testosterona sintética estimula a adeno-hipófise e o hipotálamo e os ovários param de produzir óvulos. Não há, contudo, produção de esperma, pois meu corpo não possui células de Sertoli nem tubos seminíferos. Imagino que não está tão distante o dia em que eles poderão ser desenhados por uma impressora 3D a partir do meu próprio DNA. Mas, por enquanto, dentro de nossa episteme capital-petrolífero-linguística, minha identidade trans terá de ser feita por meio de uma bricolagem muito mais *low-tech*. Se tivéssemos dedicado tanta investigação para nos comunicar com as árvores quanto dedicamos à extração e uso do petróleo, talvez pudéssemos iluminar uma cidade por meio da fotossíntese ou sentir a seiva vegetal correndo por nossas veias, mas nossa civilização ocidental especializou-se no capital e na dominação, na taxonomia e na identificação, e não na cooperação e na mutação. Em outra episteme, minha nova voz seria a voz da baleia ou o som do trovão; aqui ela é simplesmente uma voz masculina.

Toda manhã, o tom da primeira palavra que pronuncio é um enigma. A voz que fala através do meu corpo não se lembra de si mesma. O rosto mutante tampouco pode servir como lugar estável para que a voz busque um território de identificação. Essa voz cambiante não é nem simplesmente una nem simplesmente masculina. Pelo contrário, ela flexiona a subjetividade no plural; não diz eu, diz somos a viagem. Talvez seja o que resta do eu ocidental e de sua absurda pretensão de autonomia individual: ser o lugar no qual se desfaz e refaz a voz, o lugar, teria dito Derrida, a partir do qual se opera a desconstrução do fono-logo-falo-centrismo. Despossuído da voz como verdade do sujeito e sabendo que os testículos são sempre um aparato social protético, sinto-me como um cômico caso de estudo derridiano e rio de mim mesmo. E, ao rir, noto que esta nova voz salta em minha garganta.

Atenas, 24 de outubro de 2015

Sua cadeira é um tesão

TODOS HÃO DE CONCORDAR comigo que a vida sexual de um cidadão do Ocidente consiste (independentemente de sua orientação sexual) em 90% de material discursivo (imagens ou relatos, tenham eles identidade física ou simplesmente mental) e (com sorte) 10% de eventos (deixando de lado a qualidade deles). Além disso, como antecipou o nada feminista Guy Debord, na sociedade do espetáculo esse material discursivo cresce de maneira exponencial, deslocando progressivamente o evento, que fica cada vez mais fugaz. Lutar pela "liberação sexual" implica, portanto, um duplo trabalho de emancipação não somente prática, mas também discursiva. Uma revolução sexual é sempre uma transformação do imaginário, das imagens e dos relatos que mobilizam o desejo.

É por isso que as batalhas sexo-políticas do século passado foram travadas sobretudo no âmbito da redefinição de nossa parafernália (ou, se preferirem o jargão pós-estruturalista, do nosso *dispositivo*) sexo-discursiva. As mudanças de linguagem, da representação e da pornografia transformaram nossos modos de desejar e amar. Embora o feminismo e os movimentos de minorias sexuais tenham questionado o imaginário sexual moderno dominante, sua representação de um corpo branco, são, válido, magro, ativo, autônomo e reprodutivo contribuiu também para eclipsar outras formas de opressão sexual.

Assim, sexo e deficiência, por exemplo, continuam sendo conceitos antagônicos nas narrativas médicas e midiáticas. O corpo com diversidade funcional tem sido representado como assexual e não desejável, e qualquer expressão de sua sexualidade é patologizada ou reprimida. Nos últimos anos, contudo, surgiu um movimento "handi-queer" (pessoa com deficiência/ queer) que hibrida os recursos críticos das políticas de emancipação de minorias e as estratégias de produção de prazer e visibilidade dos movimentos queer e pós-pornô.

Oriundo desse novo ativismo, o filme *Yes, We Fuck!*,[1] dirigido por Antonio Centeno e Raúl de la Morena, acaba de ganhar o prêmio de melhor documentário no X Porn Film Festival de Berlim, em 2015. *Yes, We Fuck!* narra o encontro e o trabalho conjunto do Post-Op, grupo de artistas pós-pornô (formado por Urko e Majo), com os ativistas da Associació per la Vida Independent de Barcelona, em 2013. A paisagem da sexualidade de pessoas com diversidade funcional é feita de corpos que se excitam com próteses, gozam sem ereção e nos quais toda a pele, sem hierarquias genitais, é uma superfície erótica.

Como os movimentos feministas e de minorias sexuais e raciais, o movimento Vida Independente surge nos anos 1960 através de um processo similar de ruptura epistemológica e politização do corpo. Aqui, a figura política central é o doente-investigador-ativista que, deslocando os saberes hegemônicos do médico, do sociólogo e do assistente social, reivindica o direito de produzir e coletivizar conhecimento a partir de sua experiência partilhada de diagnóstico e de tratamento como pessoa com deficiência. Em *The Body Silent*, publicado em 1978, Robert F. Murphy politiza sua experiência de viver com um tumor na coluna vertebral que o paralisa. "Meu tumor é meu

---

[1] Ver <vimeo.com/yeswefuck>.

Amazonas", escreve Murphy. Seu objetivo não é simplesmente narrar a doença do ponto de vista do doente, mas elaborar um saber crítico sobre a diferença corporal que resista aos processos de exclusão, discriminação e silenciamento impostos ao corpo que é considerado incapacitado. Ao mesmo tempo, são criados em diversos lugares da Europa e dos Estados Unidos os "centros de vida autônoma" que lutam pela desmedicalização, despatologização e desinstitucionalização dos sujeitos considerados incapacitados.

Assim como o movimento queer rejeita a definição da homossexualidade e da transexualidade como doenças mentais, o movimento Vida Independente rejeita a patologização das diferenças corporais ou neurológicas. Ali onde os movimentos queer ou negro analisam ou desconstroem os processos sociais e culturais que produzem e estabilizam as relações de opressão sexual, racial e de gênero, o movimento pela diversidade funcional mostra que a deficiência não é uma condição natural, mas o efeito de um processo social e político de incapacitação. O mundo sonoro não é melhor que a surdez. A vida bípede, vertical e móvel não é uma vida melhor sem a arquitetura que a possibilita. Esses movimentos criticam os processos de normalização do corpo e da sexualidade que têm lugar na modernidade industrial, com seus imperativos de produção e reprodução da espécie. Não se trata de fazer uma melhor taxonomia da deficiência, nem de reivindicar uma melhor integração funcional do corpo com deficiência, mas de analisar e criticar os processos de construção da norma corporal que incapacitam alguns corpos diante de outros. Não precisamos de melhores indústrias da deficiência, mas de arquiteturas sem barreiras e estruturas coletivas de capacitação.

Em seu mais recente trabalho, *Yo me masturbo*, o coletivo Vida Independente reivindica o direito à assistência sexual para as pessoas com diversidade funcional motora, como condição de possibilidade de acesso a seu próprio corpo para masturbar-se ou para ter relações sexuais com outros corpos. "Fomos exilados de nosso próprio corpo, precisamos recuperá-lo. Reivindicá-lo para o prazer é o que podemos fazer de mais subversivo e transformador", aponta Antonio Centeno. *Yes, We Fuck!* e *Yo me masturbo* são exemplos da criação de uma rede de alianças de dissidência somatopolítica transversal, que já não funciona de acordo com a lógica da identidade, mas com o que poderíamos chamar, com Deleuze e Guattari, de lógica da *assemblage*, da montagem ou da conexão de singularidades. Uma aliança de corpos vivos e rebeldes contra a norma.

Atenas, 7 de novembro de 2015

Beirute, *mon amour*

Viajo de Atenas para Beirute na quinta-feira, 12 de novembro. Os dedos do Peloponeso se abrem e parecem tocar a costa do Líbano. Um voo de menos de duas horas faz com que eu tome consciência da proximidade entre o limite da Europa e a Faixa de Gaza. A Síria está ali, atrás da cordilheira do Antilíbano. Se a unidade geográfica fosse a água e não a terra, o Mediterrâneo seria um novo território líquido capaz de desfazer os limites políticos e linguísticos de Europa, Ásia e África. O mar Branco, como é chamado pelos turcos, em oposição ao mar Negro e ao mar Vermelho, conecta Alexandria, Trípoli, Orã, Marselha, Barcelona, Rijeka, Lesbos, Palermo, Atenas, Beirute... O que foi representado como distante está próximo.

Estou em Beirute para a inauguração do Home Works 7, um fórum de dez dias de práticas culturais organizado pelo Beirut Art Center e a Ashkal Alwan, que reúne artistas, ativistas e críticos vindos de toda a região. A pesquisa para organizar a documenta 14 levou-me ultimamente a um bom número de bienais e encontros artísticos do mundo inteiro. Mas posso afirmar que, até agora, nenhum me pareceu tão genuinamente criativo e rigorosamente organizado quanto a Bienal Africana de Fotografia em Bamako e esse Home Works em Beirute.

Dois pequenos edifícios resistem em meio a caminhos que a guerra não deixou que se transformassem em ruas e a trincheiras abertas à especulação imobiliária. Sobre o telhado de um dos edifícios, Marwan Rechmaoui teceu uma rede com bandeiras dos bairros de Beirute, lembrando que, antes das divisões políticas e religiosas, os bairros tinham nomes de flores, animais ou plantas. Lá de cima do telhado é possível observar as montanhas de lixo acumuladas atrás de qualquer estrada, apodrecendo sob um sol tão doce quanto implacável. Em certos momentos, um cheiro nauseabundo torna o ar irrespirável. Os ativistas, explica a artista Natascha Sadr Haghighian, estão organizando uma campanha para criticar a corrupção do governo e suas ligações com as máfias locais: "Você fede". O cheiro do lixo (intenso, difuso, incontrolável, corporal) age como a arte: torna perceptível o que, sem ele, permaneceria oculto.

Em torno da exposição, mais de trezentas pessoas se encontram a cada dia em seminários, oficinas, conferências ou performances, entre as quais Rasha Salti, Joana Hadjithomas, Khalil Joreige, Walid Raad, Natascha Sadr Haghighian, Bassam El Baroni, Lawrence Abu Hamdan, Ahmed Badry, Walid Sadek, Christine Tohmé, Marwan Hamdan, Akram Zaatari, Ahmad Ghossein, Leen Hashem, Haytham El-Wardany, Ayman Nahle, Arjuna Neuman, Rabih Mroué, Manal Khader, Lina Majdalani, Marwa Arsanios, Bouchra Ouizguen, Nahla Chahal... O renascimento artístico do Oriente Médio. A massa crítica de um único desses encontros faria qualquer exposição nova-iorquina parecer uma reunião de principiantes.

Estamos na inauguração quando chegam notícias da explosão de duas bombas no bairro xiita de Bourj el-Barajneh, em Dahie, na periferia de Beirute. O Estado Islâmico atacou um distrito conhecido por suas alianças com o Hezbollah. E não se trata de um concerto de rock, mas da saída de uma mesquita. Fala-se em pelo menos quarenta mortos e uma centena de feridos. Os artistas dizem que faz pelo menos dois anos que algo assim não acontece em Beirute. Pode-se ler desolação em todos os rostos, mas não medo. A programação, no entanto, segue adiante. A música e os abraços constroem um refúgio no qual é possível continuar vivendo. Joana Hadjithomas explica que a notícia da bomba tem um impacto somático sobre eles. "Explode na cidade, mas é como se explodisse em seu corpo, um lugar de sua memória explode." Rasha Salti diz que, depois de ter acreditado que as coisas podiam mudar, agora só resta a certeza de ter perdido tudo, tudo exceto a tristeza, "uma tristeza que se transformou em nossa pele".

Enquanto jantamos, na sexta-feira, num restaurante do bairro cristão, chegam as notícias de Paris. Muitos de nós, nós árabes e nós europeus, temos família e amigos em Paris. Conhecemos e amamos aquelas ruas, o Bataclan. Como se ouve em Paris uma bomba que explode em Beirute? Como soam em Beirute os tiros em Paris? O assunto aqui não é religião, mas petróleo.

O Estado Islâmico, eles dizem, não é o islã, é um aparato global, capitalista, de inspiração ocidental. Talvez suas referências sejam corânicas, mas seus modos de ação são hollywoodianos. Eles dizem que seus integrantes sequer sabem falar ou ler árabe. A batalha é essa: ExxonMobil, Chevron, BP ou Shell. Trata-se do controle das jazidas, dos territórios de passagem dos oleodutos, da segurança do abastecimento. Essa é a política que transforma o petróleo em sangue.

Viajo de volta para Atenas: o cheiro de Beirute me impede de comer, sinto vertigem. O mundo de cabeça para baixo. Quando chego ao apartamento onde moro, na colina de Filopapo, Monika deixou para mim uma cópia do catálogo de

Ika Knezevic, uma artista de Belgrado. O título é um ditado servo-croata: *Hope is the greatest whore*. A esperança é a maior das putas. Então quero que essa puta passe a noite comigo. Quero acariciá-la e dormir com ela. Quero ir para a cama com ela. Quero sentar-me junto dela e lavar seus pés. Porque essa puta, qualquer puta, é a melhor e a única coisa que nos resta.

Beirute, 21 de novembro de 2015

Agorafilia

EXPERIMENTEI EM MINHA VIDA quatro tipos de paixão amorosa. Suscitada por um humano, provocada por um animal, gerada por uma fabricação histórica do espírito (livro, obra de arte, música e até instituição) ou ocasionada por uma cidade. Apaixonei-me por um punhado de humanos, cinco animais, uma centena de livros e obras de arte, por um museu e três cidades. A relação entre felicidade e amor no caso das cidades, ou mesmo dos humanos, dos animais e até de dispositivos espirituais, não é diretamente proporcional. É possível ser feliz numa cidade, como é possível estabelecer uma relação bastante satisfatória com alguém (animal ou humano) ou criar um vínculo instrumental ou pedagógico com uma obra, sem estar apaixonado. Não é a origem, nem o tempo transcorrido, nem a residência que determinam a possibilidade de um apaixonamento urbano.

A cidade amada não coincide com a herança, nem com o sangue, nem com a terra, nem com o sucesso, nem com o lucro. A cidade onde nasci, por exemplo, desperta em mim múltiplos sentimentos, mas nenhum deles se cristaliza em forma de desejo. Nova York, por outro lado, onde passei oito dos mais importantes anos da minha vida, foi uma cidade constitutiva para mim, mas nunca me apaixonei por ela. Fomos conhecidos por um tempo, amigos às vezes, inimigos outras, mas nunca amantes apaixonados.

O estágio do mapa é o primeiro nível do amor urbano: acontece quando você sente que a cartografia da cidade amada se sobrepõe a qualquer outra. Apaixonar-se por uma cidade é sentir, ao passar por ela, que os limites materiais entre seu corpo e as ruas se desfazem, que o mapa se transforma em anatomia. O segundo nível é o estágio da escrita. A cidade prolifera em todas as formas possíveis do signo, primeiro se torna prosa, depois poesia e por último evangelho.

Lembro-me de quando me apaixonei por Paris no primeiro inverno do novo milênio. Eu tinha me mudado de Nova York com o objetivo de participar dos seminários de Jacques Derrida na École des Hautes Études en Sciences Sociales, ao mesmo tempo que terminava uma pesquisa sobre as relações entre o feminismo, a teoria queer e a filosofia pós-estrutural francesa. Passei primeiro pelo festival New York Fin de Siècle, em Nantes, do qual participavam muitos de meus amigos nova-iorquinos da cena literária. Depois de aprender francês lendo Rousseau, Foucault e Derrida sem jamais ter praticado a língua, manter uma conversação em francês era tão difícil quanto seria em latim. Nessa nebulosa linguística que a primeira recepção de uma língua ainda incompreensível produz no cérebro, troquei algumas impressões com o desenhista Bruno Richard. Não sei como isso foi possível sintática ou semanticamente, mas acabamos falando de dildos e sexos protéticos. Num acordo feito sobretudo de *ouis* e *mercis*, aceitei, em Nantes, as chaves do apartamento de Bruno Richard em Paris para passar minha primeira semana na cidade: segundo entendi, ele não estaria.

A chegada a seu apartamento foi digna de uma cena de um filme de Dario Argento: ao abrir a porta, deparei-me com um estúdio cheio de corpos desmembrados e ensanguentados. Precisei de cinco longos e inquietantes minutos para descobrir que se tratava de manequins e que o sangue era, evidentemente, tinta vermelha. Bruno Richard pregou-me uma peça, pondo à prova a ontologia da prótese que tínhamos discutido, entre línguas, em Nantes. Claro que não pude ficar ali, mas esse momento inaugural marcou para sempre a minha relação com a cidade: Paris é uma cidade-prótese, ao mesmo tempo órgão vivo e teatro. Paris converteu-se, mais tarde, na prótese do lar que nunca tive.

Saí do apartamento-teatro de Bruno Richard e liguei para a única pessoa que conhecia: Alenka Zupančič, filósofa eslovena, membro da escola de Slavoj Žižek e Mladen Dolar, que conheci na New School for Social Research de Nova York. Acabei morando em sua casa, um lugar onde se falava esloveno e servo-croata, citava-se Nietzsche em alemão, Lacan em francês e Plekhanov em russo e bebia-se vodca no café da manhã para curar a ressaca. Foi lá que me apaixonei por Paris. Uma Paris-língua inventada por nômades e tradutores multilíngues.

Alguns anos depois, apaixonei-me por Barcelona. Foi às escondidas, como quem desliza pouco a pouco para a infidelidade. Culturalmente deserta, transformada em cidade--mercadoria para o consumo turístico, dividida por tensões entre o nacionalismo catalão e o espanholismo, entre a história anarquista e a herança pequeno-burguesa, entre o dinamismo dos movimentos sociais e a persistência da corrupção como única arquitetura institucional, Barcelona não foi um amor à primeira vista. Paris era minha esposa, mas Barcelona foi se transformando pouco a pouco em minha amante.

A vida afastou-me das duas e levou-me para dezenas de outras cidades. Agora, sem ter previsto, estou me apaixonando por Atenas. Noto uma nova pulsação no peito quando, depois de Beirute ou Dublin, penso em Atenas. Agora que já não tenho nem casa, nem propriedade alguma, nem sequer um cão, reconheço que me foi dado o maior dos privilégios: ser corpo e poder apaixonar-me de novo por uma cidade.

Atenas, 5 de dezembro de 2015

A quem a dívida grega aquece?

O FRIO CHEGOU a Atenas. Abre passagem entre os estaleiros abandonados do porto, sobe a avenida Pireos e abraça a praça Omonoia, desce as colinas de Licabito e Filopapo e penetra nas ruas de Exárchia. Em Atenas, o frio atua como um catalisador da pobreza. Sem o sol que camufla tudo como um filtro de Photoshop, a cidade parece um gigantesco e decrépito palimpsesto constituído por uma interminável superposição de ruínas: ruínas líticas helenas, romanas, bizantinas e otomanas, fragmentos dos imperialismos inglês e alemão, ruínas modernistas, restos da Revolução Industrial, resíduos da era elétrica, detritos da diáspora capitalista global, restos de carros carbonizados deixados pelas bacanais de fogo a que se entregam os anarquistas... Sobre todos esses estratos, erguem-se as novas ruínas neoliberais deixadas pelo desmoronamento europeu. Diante dos edifícios do Parlamento e da Biblioteca Nacional, os cães vagabundos, como se fossem a alma gelada da cidadania, jazem imóveis, enroscados sobre si mesmos. A quem a dívida grega aquece?

Nas casas, a queda da temperatura transforma-se num signo da precariedade de seus habitantes. A maioria dos edifícios com calefação central apaga as caldeiras para cortar gastos. Usar estufas elétricas não é uma opção. Como resultado da decisão política de cobrar um imposto sobre a propriedade através da fatura elétrica, o custo da eletricidade aumentou 30% na Grécia nos últimos anos, o que o coloca acima das faturas da Alemanha ou da França. As salas dos lares atenienses transformam-se em estepes e os corredores em desfiladeiros gélidos, nos quais só é possível se aventurar de casacão. Apenas o menor quarto da casa, como um refúgio numa paisagem polar, é mantido aquecido graças a uma pequena estufa. As camas deixam de ser lugares sexuais e transformam-se em castos sofás nos quais duas ou mais pessoas conversam sob os cobertores. A quem a dívida grega aquece?

Na casa de Marina Fokidis, o contraste entre o quarto quente e o resto da casa atraiu as baratas. Chamamos uma empresa de desinfestação. A vendedora afirma: "São as merkelitas, baratas ruivas que estão atacando as casas gregas. Vamos mandar uma equipe de desinsetização amanhã mesmo. Serão cinquenta euros, veneno incluído". Na mesma noite, depois da passagem do exterminador, o chão fica coberto por dezenas de merkelitas mortas. A quem a dívida grega aquece?

O choque de temperaturas também afeta os edifícios públicos. As salas vazias, silenciosas e gélidas; os gabinetes, aquecidos pelo sopro monótono de pequenas estufas elétricas, são ruidosos e sufocantes. Num desses escritórios, alguém fala da transferência de 40 mil refugiados de um estádio esportivo para o antigo aeroporto, situado na periferia de Atenas, em Ellinikón. "Eles não podem continuar nos parques com esse frio. Além disso, a Alemanha prometeu melhorar as condições de reestruturação da dívida se conseguirmos mantê-los dentro de nossas fronteiras." E acrescenta: "Vamos oferecer comida e teto, mas em troca eles vão ter de trabalhar gratuitamente". A quem a dívida grega aquece?

Os museus e instituições públicas de Atenas estão frios: não podem sequer programar novos conteúdos porque os fundos que recebem são inteiramente absorvidos pelo pagamento dos salários, das faturas atrasadas e para cobrir dívidas contraídas. E por falar de fundos públicos e privados, do frio e do calor, um conhecido gestor cultural grego não hesitou em elaborar uma hipótese baseada no que parece ser uma evidência político-sexual: "Ninguém quer dirigir um museu na Grécia. Fazer um convite para dirigir um museu aqui é como lhe oferecer um casamento com uma mulher que já foi violada duas vezes". Essa é a nova política tecno-financeiro-patriarcal: um orçamento, um diretor, um estuprador, um marido. A quem a dívida grega aquece?

Vem-me à mente a imagem de um edifício modernista ateniense que se levanta e anda, criada pelo arquiteto grego Andreas Angelidakis. Inspirado nas narrativas da mitologia nórdica, Angelidakis imaginou que o edifício Chara (Alegria), construído em 1960 pelos arquitetos Spanos e Papailiopoulos, se transforma num gigantesco *troll* que corta suas raízes de concreto e sai do solo para afastar-se de uma cidade que se tornou tóxica. Angelidakis sonha com ruínas que ganham vida e escapam do contexto político e econômico que as oprime. Desejo então, como Angelidakis, um levante total das ruínas, uma sublevação das ruínas-museus-violadas, que não querem mais nenhum gestor, nem orçamento, nem pai, nem marido, nem diretor e que fogem da cidade neoliberal.

Atenas, 19 de dezembro de 2015

Uma escola para Alan

No dia seguinte ao Natal, morria Alan, em Barcelona. Menino trans de dezessete anos, Alan foi um dos primeiros menores trans a obter o direito de mudar de nome no documento nacional de identidade do Estado espanhol. Mas o certificado nada pôde contra o preconceito. A legalidade do nome nada pôde contra a força dos que se negaram a usá-lo. A lei nada pôde contra a norma. Os constantes episódios de assédio e intimidação que ele sofreu durante três anos nos centros escolares em que estava matriculado acabaram por destruir sua confiança na possibilidade de viver, levando-o ao suicídio.

A morte de Alan poderia ser considerada um acidente dramático e excepcional. Contudo, não houve acidente: mais da metade dos adolescentes trans e homossexuais dizem ser objeto de agressões físicas e psicológicas na escola. Não houve exceção: as mais altas taxas de suicídio ocorrem entre adolescentes trans e homossexuais.

Mas como é possível que a escola não tenha sido capaz de proteger Alan da violência? A resposta é simples: a escola é o primeiro espaço de aprendizado da violência de gênero e sexual. A escola não só não foi capaz de proteger Alan como também facilitou as condições de seu assassinato social.

A escola é um campo de batalha para o qual são enviadas as crianças, com seu corpo delicado e seu futuro em branco como únicas armas, um teatro de operações no qual se trava uma guerra entre o passado e a esperança. A escola é uma fábrica de machinhos e de bichas, de gostosas e de gordas, de espertos e de retardados. A escola é a primeira frente da guerra civil: o lugar onde se aprende a dizer "nós, meninos, não somos como elas". O lugar onde se marcam os vencedores e os vencidos com um signo que acaba por se transformar num rosto. A escola é um ringue no qual o sangue se confunde com a tinta e onde são recompensados os que sabem fazê-los correr. Que importam os idiomas ensinados, se a única língua que se fala ali é a violência secreta e surda da norma? Alguns, como Alan, sem dúvida os melhores, não sobrevivem. Não podem participar dessa guerra.

A escola não é simplesmente um lugar de aprendizagem de conteúdos. A escola é uma fábrica de subjetivação: uma instituição disciplinar cujo objetivo é a normalização de gênero e sexual. O aprendizado mais crucial que se exige da criança na escola, sobre o qual assenta e do qual depende qualquer outro adestramento, é o de gênero. É a primeira coisa (e talvez a única) que vamos aprender ali. Fora do ambiente doméstico, a escola é a primeira instituição política na qual a criança é submetida à taxonomia binária do gênero, através da exigência constante de nomeação e identificação normativas. Cada criança deve expressar um único e definitivo gênero: aquele que lhe foi designado ao nascer. Aquele que corresponde à sua anatomia. A escola potencializa e valoriza a teatralização convencional dos códigos da soberania masculina no menino e da submissão feminina na menina, ao mesmo tempo que vigia o corpo e o gesto, castiga e patologiza toda forma de dissidência. Justamente por ser uma fábrica de produção de identidade de gênero e sexual, a escola entra em crise quando confrontada com processos de transexualidade. Os colegas de Alan exigiam que ele levantasse a camiseta para mostrar que não tinha peito. Insultavam-no, chamando-o de sapatão ou recusando-se a chamá-lo de Alan. Não houve acidente, mas planejamento e concordância social ao castigar o dissidente. Não houve exceção, mas regularidade na tarefa levada a cabo pelas instituições e por seus usuários para marcar quem coloca sua epistemologia em questão.

A escola moderna, como estrutura de autoridade e de reprodução hierárquica do saber, ainda está sujeita a uma definição patriarcal da soberania masculina. Ao fim e ao cabo, as mulheres, as minorias sexuais e de gênero, os sujeitos não brancos e com diversidade funcional passaram a integrar a instituição escola há pouco tempo: cem anos, para as mulheres; cinquenta ou até vinte para os segregados por motivos de raça; apenas uma década para aqueles com diversidade funcional. À tarefa primeira de fabricar virilidade nacional, acrescentam-se em seguida as de modelar a sexualidade feminina e integrar e normalizar a diferença racial, de classe, religiosa, funcional ou social.

Junto com a epistemologia da diferença de gênero (que, em nossos ambientes institucionais, tem o mesmo valor que tinha o dogma da divindade de Cristo na Idade Média), a escola funciona segundo uma antropologia essencialista. O idiota é idiota e o bicha é bicha. A escola é um espaço de controle e domínio, de escrutínio, diagnóstico e sanção, que pressupõe um sujeito unitário e monolítico que deve aprender, mas não pode nem deve mudar.

Ao mesmo tempo, a escola é a mais brutal e fantoche das fábricas de heterossexualidade. Embora aparentemente assexual, a escola potencializa e fomenta o desejo heterossexual e a teatralização corporal e linguística dos códigos da heterossexualidade normativa. Estes poderiam ser os nomes das matérias obrigatórias de toda escola: "Princípios do machismo", "Introdução ao estupro", "Oficina prática de homofobia e transfobia". Um estudo recente realizado na França mostrou que o insulto mais comum e mais vexatório utilizado entre xs alunxs nas escolas era "bicha" para os meninos e "puta" para as meninas. Não houve acidente na morte de Alan, mas premeditação da violência, continuidade do silêncio. Não houve exceção, mas repetição impune do crime.

Sabemos, desde a revolução de escravos do Haiti e as posteriores revoluções afro-americanas, feministas ou queer, que existem pelo menos quatro caminhos de luta contra as instituições violentas. O primeiro é a sua destruição, que exige uma mudança radical dos sistemas de interpretação e produção da realidade, e que, portanto, leva tempo. O segundo é a modificação de seus estatutos legais. O terceiro é a transformação que se opera através de seus usos dissidentes; embora aparentemente modesta, essa é uma das vias mais potentes de destruição da violência institucional. E o quarto é a fuga que, como insistiam Deleuze e Guattari, não é evasão, mas criação de uma exterioridade crítica: linha de fuga através da qual a subjetividade e o desejo podem voltar a fluir.

Para acabar com a escola assassina, é necessário estabelecer novos protocolos de prevenção da exclusão e da violência de gênero e sexual em todos os institutos e escolas. Todos: públicos e privados. Todos: metropolitanos e rurais. Todos: católicos e laicos. Todos. Não estou me referindo aqui à fantasia humanista da escola inclusiva (e seu lema "toleremos o diferente, integremos o doente para que se adaptem"). Ao contrário, trata-se de desierarquizar e desnormatizar a escola, de introduzir heterogeneidade e criatividade em seus processos institucionais. O problema não é a transexualidade, mas a relação constitutiva entre pedagogia, violência e normalidade. Não era Alan quem estava doente. É a instituição, a escola que está doente, e é preciso curá-la submetendo-a a um processo que poderíamos chamar, com Francesc Tosquelles e Félix Guattari, de "terapia institucional". Salvar Alan exigiria uma pedagogia queer capaz de trabalhar com a incerteza, com a heterogeneidade, capaz de aceitar a subjetividade sexual e de gênero como processos abertos e não como identidades fechadas.

Diante da escola assassina é necessário criar uma rede de escolas-em-fuga, uma trama de escolas trans-feministas-queer que acolham os menores que se encontrem em situação de exclusão e assédio em suas respectivas instituições de ensino, mas também todos aqueles que preferem a experimentação à norma. Esses espaços, embora sempre insuficientes, seriam ilhas reparadoras, capazes de proteger as crianças e adolescentes da violência institucional, evitando que a história de Alan se repetisse. Uma escola trans-feminista-queer funcionaria como uma heterotopia compensatória capaz de proporcionar o cuidado necessário para permitir a reconstrução subjetiva e social dos dissidentes político-sexuais e de gênero. Na cidade de Nova York, por exemplo, funciona desde 2002 o Instituto Harvey Milk (em homenagem ao ativista gay assassinado em 1978, em San Francisco), que acolhe 110 estudantes queer e trans vítimas de assédio e exclusão em seus centros de formação anteriores.

Quero imaginar uma instituição educativa mais atenta à singularidade de cada estudante que à preservação da norma. Uma escola microrrevolucionária, onde seja possível potencializar uma multiplicidade de processos de subjetivação singular. Quero imaginar uma escola onde Alan poderia continuar vivo.

Kassel, 23 de janeiro de 2016

Teatro do mundo

Às vezes imagino o mundo como uma companhia de teatro com pouco mais de 7,3 bilhões de atores humanos. Uma companhia na qual todos, absolutamente todos, atuamos numa mesma e única peça.

Olho hipnotizado para o World Population Clock, o relógio da população mundial: 7 399 348 781. No tempo que levo para escrever esta cifra, o número do mundômetro já mudou. Esse tempo é também o tempo da minha vida: o tempo em que se escreve e se apaga minha própria partitura. Dois novos atores entram em cena a cada segundo, enquanto um outro sai a cada cinco. Hoje, incorporam-se à peça 272 mil novos atores. E 113 900 deixam o palco. Nessa singular obra de teatro, o cenário é dividido por fronteiras intransponíveis, de modo que os atores vindos do outro lado não são reconhecidos como parte da mesma companhia. Um ator migrante tenta cruzar uma fronteira da cena do mundo a cada 27 segundos. E um em cada oito perde a vida nessa tentativa.

Pergunto-me como é que aceitamos embarcar cegamente na realização de um roteiro tão delirante. Como e por que nos submetemos ao papel que cada um de nós interpreta. Alguns chamam a aceitação dessa encenação que nos foi designada de fé ou de aprovação do plano divino, outros a chamam de determinismo social ou de natureza humana; o neoliberalismo fala da lei do livre mercado como se fosse um índice meteorológico, e a psicologia do eu faz da identidade um objeto quantificável que levaria cada ator a afirmar que seu papel em tal cenografia é verdadeiro, autêntico e insubstituível. Pior ainda: por que chamar de cidadão um ator que não tem acesso à definição dos termos de sua entrada em cena nem à possibilidade de reescrever seu papel?

Não é fácil reconhecer esse teatro, pois o cenário é tão grande quanto o mundo, o tempo de atuação coincide com o tempo da vida e os atores confundem-se a todo momento com o público. Como se não bastasse, trata-se de uma encenação sem diretor. Deus, a natureza humana, o mercado ou a identidade são ficções que ganham realidade na cena graças a um exercício constante de teatralização coletiva. Mas quem tira partido da estabilidade dos papéis atribuídos? Como esses papéis são distribuídos? Por que se repetem sempre as mesmas falas dos mesmos textos? Por que faltam parágrafos inteiros da história? Como é possível que não se possa acrescentar atos ou modificar a cenografia?

Spinoza primeiro e Nietzsche depois perceberam o problema: negamo-nos a reconhecer que nós mesmos estamos escrevendo (e repetindo) o roteiro. Preferimos submeter-nos a assumir a responsabilidade por essa desastrosa encenação.

O primeiro ato de emancipação cognitiva consiste em perceber que qualquer um poderia atuar no lugar de qualquer outro nessa faraônica e naturalizada obra de teatro. Um ator é qualquer ator. Veja bem como voam os números do mundômetro e não se faça de especial. Um corpo é qualquer corpo. Uma alma é qualquer alma. Nacionalidade, sexo, gênero, orientação sexual, raça, religião ou etnia são apenas avatares do roteiro. Um ator que faz o papel de soldado e escravo sexual no Exército de Resistência do Senhor, em Uganda, poderia desempenhar também o de dona de casa heterossexual, de classe média, numa casa de subúrbio em Milão: trocaria o facão por um ferro de passar e aprenderia a fazer panetone, medindo com precisão as proporções de farinha, fermento, ovos, manteiga e açúcar. Um belo dia, deliciando-se com uma fatia de seu panetone e uma taça de espumante *asti*, imagens de seu antigo papel lhe viriam à mente. Ela recordaria cenas do massacre do campo de refugiados sudaneses de Achol-pii. Recordaria suas próprias palavras numa língua que já não entende e as imagens dos caminhantes noturnos, dos atores-crianças caminhando pelas noites rumo à cidade de Gulu para escapar do campo de refugiados. Recordaria, descrente, ter estuprado. E recordaria, então com sexo aparentemente masculino, ter sido estuprada. Agora plenamente instalada em seu papel de milanesa, iria até o armário de remédios, tomaria um comprimido de ibuprofeno com um relaxante muscular e, deitada no sofá da sala, deixaria que as lembranças se apagassem como se fossem sonhos. Um outro ator, encarnando com perfeição a espera no corredor da morte de uma prisão em Montana, poderia abandonar seu papel e assumir a posição veemente de Alain Finkielkraut num debate na rádio France Culture sobre a identidade nacional francesa. Um outro, tentando driblar os controles da fronteira de Melilla, poderia transformar-se num leitor de jornal com passaporte europeu, num sábado qualquer num aeroporto qualquer.

Não há segredo. O outro não pode mudar seu papel porque você se nega a mudar o seu. Mas a cada segundo, enquanto um novo ator entra em cena, é possível mudar o roteiro, negar-se a repetir o papel que nos foi designado, modificar o texto, pular um ato. A revolução não começa com uma marcha sob o sol, mas com um hiato, uma pausa, um deslocamento mínimo, um desvio no jogo de improvisos aparentes.

Navegando nas páginas de relógios digitais da internet, caio em death-clock.org, um dispositivo que calcula o dia da morte em função da data e do lugar de nascimento, do peso e da altura. Devo escolher também um humor entre otimista, pessimista, neutro ou suicida. Apesar desse nosso teatro, sou indubitavelmente otimista. Em seguida, enfrento a inevitável exigência do roteiro: sexo masculino ou feminino? Tento os dois. Como mulher, o relógio da morte garante uma vida de 92 anos, oito meses e treze dias, com uma previsão da data em que abandonarei a cena teatral: domingo, 22 de julho de 2063. Como homem, 86 anos, dois meses e onze dias. Data prevista da morte: sábado, 20 de janeiro de 2057. Suponho que não havia papéis para atores trans nessa obra teatral. Mas a reescritura do roteiro já começou.

Berlim, 6 de fevereiro de 2016

Etimologias

A VIDA EM ATENAS e as primeiras aulas de grego moderno deixaram-me mais sensível à etimologia, ou, para usar uma forma mais nietzschiana, à historicidade da linguagem e ao modo como um som, uma grafia, encerra uma sucessão de gestos, contém uma série de rituais sociais. Uma letra é o movimento de uma mão desenhando no ar, uma marca na areia, um toque. Uma palavra não é uma *representação* de uma coisa. É um pedaço de história: uma cadeia interminável de usos e citações. Uma palavra foi um dia uma prática, o efeito de uma constatação, de um assombro ou o resultado de uma luta, o selo de uma vitória que só depois se converteu em signo. A aprendizagem da fala na infância induz um processo de naturalização da linguagem que impossibilita que ouçamos o som da história tilintando em nossa própria língua. Não podemos sequer perceber como o alfabeto cirílico é uma série de marcas arbitrárias. Paradoxalmente, em termos pragmáticos, tornar-se falante de uma língua significa deixar progressivamente de ouvir a história que nela ressoa para poder enunciá-la e ouvi-la aqui e agora. Assim, usar as palavras é repetir a historicidade que elas contêm com a condição de ignorar os processos de dominação política e repetição social que forjaram seu significado.

A infância, a arte, o ativismo político, o xamanismo ou a loucura poderiam ser considerados modalidades de intensidade de percepção e de intervenção na linguagem. Se percebêssemos o alfabeto como uma série de incisões, não poderíamos ler. Se ouvíssemos a história da linguagem em cada palavra o tempo todo não poderíamos falar: o afeto seria, como para Artaud, um raio atravessando milhões de cadeias de falantes, cruzando o corpo e saindo pela boca. Contudo, toda revolução, subjetiva ou social, exige um estranhamento da voz, uma suspensão do gesto, uma ruptura da enunciação, a reconexão com linhas etimológicas que estavam fechadas ou o corte direto na linguagem viva para introduzir uma diferença, um espaçamento, um *diferimento*, para usar as palavras de Derrida, uma "anarquia improvisadora".

Durante esses meses em Atenas, coloco-me diante da língua grega no mesmo lugar em que me situo diante do gênero, num umbral que gera um máximo de consciência histórica, embora minha capacidade de movimento ainda seja restrita. Olho tudo com estranhamento. Minha antiga língua e a nova. Pela primeira vez, ouço a história da linguagem, sinto os traços do alfabeto como alheios. Ouço as etimologias lutarem como carrinhos de bate-bate. Abre-se um espaço para o trânsito entre o gênero feminino que me foi designado e esse novo gênero que aparece sutilmente em mim e que, sem dúvida, não pode ser reduzido ao masculino. O corpo de antes e esse que se fabrica agora a cada dia. E, atravessando tudo isso, a novidade da voz.

Meu corpo está mudando. Analisando meu último exame de sangue, a médica explica que, como era de se esperar depois de vários meses de injeções de testosterona, meus hematócritos aumentaram. "Definitivamente", diz ela, "você tem meio litro de sangue a mais do que antes." Desde então, penso nesse meio litro de sangue que agora corre em minhas veias, e que sinto que me bombeia o peito com uma intensidade musical ameaçadora. Isso que a convenção social e a regulação médica chamam de "transição para a masculinidade" parece mais com um processo de virar animal, virar cavalo. Enquanto tomo um café na praça Exárchia, vejo passarem caminhões de mudança e pela primeira vez as inscrições em alfabeto grego adquirem sentido para mim: "Metáforas" (μεταφορές). Transportes. A metáfora é o transporte de um significado de um lugar a outro, assim como esse caminhão transporta os restos materiais de uma vida em trânsito para um novo destino. Nesta semana, luto com sentimentos opacos: o medo de não ser reconhecido, o pânico de ser abandonado de novo. Num processo de transição de gênero, desejar a mudança não implica estar preparado para assumir a transformação quando ela se produz. A mudança nunca é a mudança que esperávamos. A mudança, diz o diabo com uma risada sarcástica, é a M-U-D-A-N-Ç-A. Tudo é metáfora. O que vou fazer com esse meio litro de sangue a mais?

Atenas, 20 de fevereiro de 2016

Homenagem à babá desconhecida

Itziar vai a Madri encontrar-se com Esther, a mulher que cuidou dela quando era bebê e que ela não vê desde então. Está nervosa. Quer filmar tudo, registrar tudo. É como uma menina querendo recolher com uma pazinha todos os grãos de areia da praia. Vim de Atenas só para ficar na retaguarda, acompanhando. Virei uma espécie de balde onde ela pode colocar a areia que não couber em seus bolsos.

Ela há anos procura por Esther, sem sucesso: procurou pelo nome que tinha quando cuidava dela, com apenas vinte anos, procurou na aldeia da Galícia onde a babá vivia na época. Mas uma pessoa é como um rio que corre e muda e no qual ninguém pode se banhar duas vezes. Em quase cinquenta anos, aquela jovem transformou-se numa senhora idosa, mudou de nome, de casa, de cidade. Casou, divorciou e foi viver num conjunto habitacional pré-fabricado que a febre do cimento ergueu num deserto de Múrcia. Esther vai contar mais tarde que o conjunto parece morto, que não há nada ao redor num raio de vários quilômetros, mas que é feliz ali porque um pássaro visita sua janela toda manhã. Elas combinaram de se encontrar num hotel da avenida de América. As duas vestem branco, como se celebrassem um nascimento. Quando se encontram, parece que o chão do hotel se move com seu abraço, e tudo que não diz respeito a elas fica fora do círculo onde estão. "Minha menina, você era a minha menina, minha boneca, que eu lavava, vestia, alimentava, ninava. Tirando parir", diz Esther, fazendo um gesto com a mão que vai do ventre às pernas, "fiz todo o resto." Os filhos biológicos de Esther e eu observamos o encontro do outro lado do círculo imantado. Esse abraço tem a força de um manifesto: afirma que existem vínculos que não são nem social nem legalmente reconhecidos. Esse abraço é um monumento vivo à babá desconhecida.

Com a invenção da figura social da mãe biológica-doméstica a partir do século xix e a definição do vínculo materno como o único legitimamente constitutivo, fomos obrigados a apagar a importância de outras relações. A mãe é amarrada à casa pela naturalização e sacralização do vínculo materno-filial. Mas a mãe moderna é só uma máscara que oculta outras mães, às quais se nega o reconhecimento do vínculo. Permanentemente atormentada pela culpa de não dar atenção ao lar, a mãe biológica tem a obrigação de velar pelo cuidado dos filhos quando não está em casa, encontrando uma figura substituta, mas, ao mesmo tempo, de suprimir, afetiva e politicamente, a presença dessa substituta.

Em "El Edipo negro: colonialidad y forclusión de género y raza", a antropóloga argentina Rita Laura Segato estuda as relações políticas e psicológicas que se estabelecem não somente entre a babá e a mãe, como entre a babá e o bebê de que ela cuida e também entre a criança que cresceu com a babá e a mãe biológica. Nos Estados Unidos, na época colonial, mas também hoje em nossas sociedades neocoloniais, o vínculo com a babá é marcado por relações de opressão racial e de classe que separam as mães das babás. O bebê ocupa então um espaço ambivalente entre cuidado e luta de classes e de raças no qual afeto e violência se confundem. Embora representada como sendo passiva e amante, a mãe biológica exerce, para transformar-se em única mãe, uma violência racial e de classe que a leva a disciplinar e submeter a babá e, ao mesmo tempo, a cortar o vínculo que ela estabelece com seu bebê.

Uma família de intelectuais de esquerda da pequena burguesia catalã instala-se na Galícia poucos anos antes da morte de Franco e procura uma jovem que possa cuidar das crianças. A mãe biológica está escrevendo uma tese de doutorado em ciência política sobre o comportamento eleitoral nos núcleos rurais e será mais tarde a primeira mulher reitora de uma universidade pública do Estado espanhol. A babá não teve educação universitária e nunca saiu de sua aldeia. Quando a família volta para Barcelona, a babá, vista como simples mão de obra, máquina cuidadora com a qual não se deve estabelecer uma relação afetivo-política, deveria ter ficado para trás, esquecida para sempre. Mas, nesse caso, a mãe biológica assumiu a existência de Esther e estimulou a filha, Itziar, a procurar por ela. Encontrá-la levou mais de quarenta anos.

É mentira que só temos uma mãe. O corpo social nos acolhe sempre com muitos braços, do contrário não poderíamos sobreviver. Cada filho burguês tem uma outra mãe proletária invisível, cada criança da burguesia catalã tem outra mãe galega, andaluza, filipina ou senegalesa escondida, como cada criança branca dos Estados Unidos na época da segregação crescia com outra mãe negra na sombra. A ficção da estabilidade da identidade racial ou nacional só se constrói com a condição de que essa filiação bastarda e mestiça seja eliminada. Cabe a nós agora descolonizar nossas mães, honrando os múltiplos e heterogêneos vínculos que nos constituíram e que nos mantiveram vivos. Esther e Itziar já começaram essa tarefa de descolonização.

Madri, 5 de março de 2016

Uma cama na outra Babilônia

Nos últimos meses, cada despertar tem me transformado em Gregor Samsa. A volta à consciência suscita a dúvida sobre a estabilidade das relações entre o dentro e o fora. Onde? Com que corpo? São perguntas kafkianas, pois chegam acompanhadas da certeza de que o "onde" não é simplesmente um contexto exterior, assim como o corpo não pode ser reduzido ao espaço que a pele recobre. A cama, como aquela que o arquiteto e fotógrafo Carlo Mollino desenhou para seu estúdio secreto em Turim, em forma de barco que transporta as almas na travessia do Hades, transforma-se então numa plataforma metafísica, na qual a passagem da vigília ao sono ativa um processo de viagem, de onde o adormecido ressurge potencialmente transformado.

Calculo, revisando meus cadernos, que nos últimos seis meses não dormi mais de dez dias seguidos na mesma cama. Viajei, se acreditarmos na hipótese de Mollino, em pelo menos 33 plataformas mutacionais. Houve camas urbanas e rurais, camas de hospital com colchões cobertos de plástico e motores elétricos que levantam os pés ou a cabeceira, camas de hotel impecavelmente feitas e camas de Airbnb com travesseiros macios e fronhas floridas; houve estreitos assentos de avião e duros bancos de estação que se fizeram passar por camas, camas dobráveis e sofás-camas, camas com mosquiteiro e camas com edredom duplo, camas continentais e insulares, camas do norte e do sul, camas altas e colchões no chão, camas do leste e do oeste, camas neoliberais e pós-comunistas, camas da crise e camas da mais-valia. E depois, de tanto em tanto, a cama-chão.

Encontro ao lado de uma cama no bairro sudoeste de Dublin a biografia de Gandhi, especialista em transformar o chão em cama. Gandhi fala em utilizar sua modesta vida como um campo de experimentação para transformar o humano: faz experiências com a comida e a educação, a leitura e a escrita, o sono e a vigília, a marcha e a dança, a nudez e o vestido, o silêncio e a conversa, a escuridão e a luz, o medo e a coragem. Entendo meu próprio processo trans e a viagem como experimentos com a subjetividade. Contudo, nada do que acontece é excepcional, faz parte de uma metamorfose planetária. É preciso reinventar tudo. Somos, em escala global, a civilização Gregor Samsa. O deslocamento e a mutação, voluntários ou forçados, são hoje condições universais da espécie.

Dois dias depois, na praça Victoria, no centro de Atenas, observo mais de duas centenas de refugiados improvisando camas feitas de papelão e mantas sobre um jardim sem grama. Estamos produzindo uma nova forma de nomadismo necropolítico que combina gigantescas implantações urbanas e um fluxo cada vez maior de corpos e mercadorias. Mais de 60 milhões de pessoas provenientes do Azerbaijão, da Caxemira, da Costa do Marfim, da Síria, do Afeganistão ou da Palestina foram obrigadas a deixar suas camas fugindo da fome ou de conflitos armados. Eis aí um dos efeitos da guerra capitalista que afeta a totalidade do planeta.

Em seguida, passo da cama ateniense para uma anônima cama de hotel na qual sonho de novo com as imagens vistas na exposição do Museu Reina Sofia, em Madri, sobre o trabalho do arquiteto e artista holandês Constant. Inspirado no modo de vida das comunidades ciganas da Europa, Constant cria o projeto imaginário Nova Babilônia entre 1956 e 1974. Para Constant, a arquitetura da Nova Babilônia deve responder ao devir nômade da sociedade do pós-guerra, fazendo com que o movimento físico acentue as possibilidades de transformação subjetiva e política. É por isso, afirma Constant, que na Nova Babilônia não há "edifícios" no sentido tradicional do termo, mas um enorme e único teto comum que ampara uma multiplicidade de formas de vida, protegendo-as sob uma grande carapaça mutante, que permite ao mesmo tempo liberdade de movimento e interconexão. Constant inventa uma arquitetura Gregor Samsa feita para uma civilização pós-traumática que precisa inventar novas formas de vida com e depois da guerra.

Em 1958, Constant ainda acreditava na automatização do trabalho e na generalização do jogo como formas de transformação social. Em meados dos anos 1970, com o recuo dos movimentos feministas, das revoluções sexual e operária e com o eclipse da utopia comunista, Constant abandona a esperança de realizar seu projeto e o deixa a dormir num museu, "à espera de tempos mais propícios, nos quais o interesse dos urbanistas volte a despertar", diz ele. Seguiram-se o auge do neoliberalismo, a expansão das técnicas de extração e produção ecodestrutivas, a guerra generalizada...

É chegada a hora de tirar Constant do museu e de inventar Outra Babilônia. De volta à Grécia, sonho que os refugiados da praça Victoria criam uma sociedade sob um teto mutante, sinto o calor que se espalha, o som, os ecos de milhares de conversas. Desperto com uma pergunta: como serão as camas na Outra Babilônia?

Hidra, 19 de março de 2016

Ocupar as noites

Vocês passam a noite de pé na Place de la République, em Paris, e eu passo a noite com vocês, acordado nas ruas de Atenas. Aqui anoitece uma hora mais cedo e o céu vermelho forma uma curva atrás do Partenon com o brilho digital de um protetor de tela.

A revolução (a de vocês, a nossa) exige sempre um despertar no meio da noite: ativar a consciência justamente quando ela deveria apagar. A revolução (a nossa, a de vocês) é sempre um devir-trans: mobilizar um estado de coisas existente até um outro que só o desejo conhece.

Vocês passam a noite de pé na Place de la République, em Paris, enquanto um grupo de refugiados se reúne numa casa ocupada de Exárchia para criar a Silent University em Atenas. Há na sala quase tantas línguas quanto pessoas. Uma cadeia de tradução explica o funcionamento dessa universidade criada em Londres em 2012 pelo artista Ahmet Ögüt e que continua a operar desde então, entre outros lugares, em Estocolmo, Hamburgo e Amã. A frase "todo mundo tem o direito de ensinar" ressoa uma dezena de vezes em urdu, farsi, árabe, francês, curdo, inglês, espanhol, grego... Pensada como uma plataforma autônoma de intercâmbio de conhecimento entre os imigrantes, essa universidade permite que aqueles que sabem algo possam se encontrar com aqueles que querem aprendê-lo, independentemente da validação acadêmica e do reconhecimento institucional dos títulos, da língua falada e dos processos de aquisição de residência ou nacionalidade. Alguém diz: "Desde que pedi asilo e aguardo resposta, não tenho nada. A única coisa que tenho é tempo, e nesse tempo posso aprender e posso ensinar". Foi nesse tempo aparentemente morto da espera administrativa que o artista iraquiano exilado Hiwa K aprendeu a tocar guitarra clássica com Paco Peña, na Inglaterra. A resposta do governo inglês ao pedido de naturalização nunca chegou, mas Hiwa K toca flamenco como se também fosse de Córdoba. Eis aqui alguns dos cursos ministrados hoje na Silent University: História iraquiana, Literatura curda, Heródoto e a civilização meda, Fundamentos do asilo político segundo a convenção de 1951, Como começar seu próprio negócio, História da comida através das artes visuais, Caligrafia árabe... Se a experiência do exílio reduz o migrante à passividade e ao "silêncio", expropriando seu estatuto de cidadão político, a Silent University pretende fazer proliferarem os processos de enunciação que podem ativar uma nova cidadania mundial.

Vocês passam a noite de pé na Place de la République, em Paris, e o coletivo de cineastas anônimos sírios Abounaddara emite, toda sexta-feira, desde o início da revolução síria, um vídeo que narra, em forma documentária ou ficcional, a vida do povo sírio para além das representações midiáticas tanto do Ocidente cristão como do mundo muçulmano. Como é produzida e distribuída a imagem? Por que ninguém viu as vítimas do Onze de Setembro e, no entanto, os corpos destroçados de Alepo estão na primeira página de todos os jornais? Temos o direito de fotografar um migrante que chega às costas de Leros depois da travessia apertando o filho morto nos braços? Em resposta à captura midiática e administrativa da imagem, o Abounaddara propõe uma emenda à Declaração Universal dos Direitos Humanos reconhecendo o direito à imagem como um direito fundamental.

Vocês passam a noite na Place de la République, em Paris, enquanto outros corpos também despertam em Amã, em Damasco ou em Atenas. Virá o especialista com seu diagnóstico, virá o historiador com sua memória, virá o professor com seu título, virão os políticos e seus partidos. Eles dirão que vocês estão loucos ou que são ingênuos. Dirão que os que não sabem não podem ensinar. Dirão que todo jornalista tem o direito de fazer seu trabalho de informação. Dirão que isso já aconteceu e não serviu de nada. Dirão que o importante é traduzir a força das praças nas urnas. Mas a revolução não tem nenhuma finalidade fora do próprio processo de transformação que propicia. Trata-se, como aponta Franco Berardi, mais conhecido como Bifo, de erotizar a vida cotidiana, deslocando o desejo que foi capturado pelo capital, pela nação ou pela guerra, para voltar a distribuí-lo no tempo e no espaço, para tudo e para todos. Eles dirão que não é possível. Mas vocês, mas nós já estamos aqui.

Vamos despertar durante o dia como se o dia inteiro fosse noite. Vamos aprender com aqueles a quem não é permitido ensinar. Vamos ocupar a cidade inteira como se a cidade inteira fosse a Place de la République.

Atenas, 16 de abril de 2016

A nova catástrofe da Ásia Menor

MUITO SE FALOU sobre as semelhanças entre a atual gestão da crise bancária e o período imediatamente anterior à Segunda Guerra Mundial. É provável que, em 2008, os relógios do tempo global tenham se ajustado misteriosamente com os de 1929. O mais curioso é que depois disso não avançamos para os anos 1930, mas retrocedemos pouco a pouco para o início do século XX, como se a Europa quisesse, num último e melancólico delírio, reviver seu passado colonial voltando ao período anterior à Conferência de Bandung, aos processos de independência e ao fim dos protetorados. O erro que cometemos habitualmente ao analisar a crise político-econômica é fazê-lo do ponto de vista do espaço-tempo dos Estados-nações europeus, ou daquilo que hoje consideramos "Europa", em sua relação com os Estados Unidos. Deixamos fora de nossa perspectiva o espaço-tempo que excede o aqui e agora da ficção "Europa", para o sul e para o leste, em relação com sua história e seu presente "criptocolonial", para usar a terminologia de Michael Herzfeld.

Só é possível entender a atual gestão da crise dos refugiados na Grécia voltando à história da invenção dos Estados-nações europeus e a seu passado colonial. Como se sabe, no dia 18 de março passado, a União Europeia e a Turquia firmaram um acordo para a deportação maciça de refugiados. Esse acordo estabelece relações de intercâmbio político entre duas entidades assimétricas (a União Europeia e a Turquia) com três variáveis radicalmente heterogêneas: corpos humanos (vivos, no melhor dos casos), território e dinheiro. De um lado, o acordo estipula que a partir daquela data "todos os imigrantes e refugiados que cheguem de forma clandestina à Grécia devem ser expulsos imediatamente para a Turquia, que se compromete a aceitá--los em troca de dinheiro". De outro, "os europeus assumem a instalação em seu território de refugiados sírios atualmente na Turquia, até um máximo de 72 mil". Basta conversar dois minutos com alguns dos refugiados que estão hoje na Grécia para entender que eles só irão para a Turquia obrigados, à força.

O operador que funciona, inevitavelmente, como condição de possibilidade para a aplicação desse processo maciço de deportação e intercâmbio de populações é a violência. Uma violência institucional que, no marco das relações entre entidades estatais e supraestatais supostamente democráticas, adquire o nome de "força de segurança". O acordo custará 300 milhões de euros nos próximos seis meses e implicará a intervenção de 4 mil funcionários dos Estados-membros e das agências de segurança europeias Frontex e Easo, incluindo o envio de forças militares e de inteligência da Alemanha e da França para a Grécia, assim como a presença de oficiais gregos na Turquia e de oficiais turcos na Grécia. Essa violenta mobilização policial é apresentada como "uma assistência técnica à Grécia", uma ajuda necessária para os denominados "procedimentos de retorno". O único quadro político que permite entender como legal esse procedimento de marcação, reclusão, criminalização e expulsão de populações é a guerra. Mas então, contra quem a Europa e a Turquia estão em guerra?

Embora esse acordo pareça, tanto pelos elementos da troca (corpos humanos vivos) quanto pela escala (pelo menos 2 milhões de pessoas), mais próximo de *Game of Thrones* que de um pacto entre Estados democráticos, existe um precedente histórico que muitas famílias gregas (e algumas turcas) conheceram em primeira mão. Esse precedente foi a chamada "catástrofe da Ásia Menor", que teve lugar durante e depois da guerra greco-turca em 1922 e 1923.

Contudo, em 1830, depois de quatrocentos anos de dominação otomana e de uma guerra falida de independência, o território que hoje conhecemos como grego permanecia sob domínio turco. Somente uma pequena parte era reconhecida como Estado grego por França, Inglaterra e Rússia, num reconhecimento estratégico na oposição dos impérios europeus à Turquia. O desmoronamento do Império Otomano depois da Primeira Guerra Mundial despertou o sonho nacionalista grego (a chamada *Megali ideia*, a "grande ideia") de reunificação de todos os territórios "bizantinos". Com a vitória turca na guerra de 1919-1922, o projeto grego de expansão fracassou.

Para poder construir as novas ficções dos Estados-nações — tanto o grego quanto o turco — foi preciso não só separar os territórios, mas também e sobretudo recodificar como nacionais os corpos cujas vidas e memórias eram feitas de histórias e línguas híbridas. Em 1923, foi assinado em Lausanne "o tratado de troca de populações entre Grécia e Turquia", que afetou 2 milhões de pessoas: 1,5 milhão de "gregos" que viviam nos territórios de Anatólia e meio milhão de "turcos" que viviam até então em territórios gregos. A suposta "nacionalidade" reduziu-se, então, à religião: em geral, os cristãos ortodoxos foram enviados para a Grécia e os muçulmanos para a Turquia. Muitos desses "refugiados" foram exterminados e outros foram instalados à força em campos, onde permaneceram por décadas com um estatuto precário de cidadania.

Quase cem anos depois, esses mesmos Estados-nações, cujo agenciamento econômico é mais frágil que nunca devido à reorganização global do capitalismo financeiro, parecem orquestrar um novo processo de construção nacionalista, reativando (mais uma vez contra os civis) os protocolos de guerra, reconhecimento e exclusão de população que os constituíram no passado. A Europa e a Turquia estão declarando guerra às populações migrantes suscetíveis de cruzar suas fronteiras. Essa é a sensação que se tem ao caminhar pelas ruas de Atenas, entre os edifícios ocupados pelos refugiados e as centenas de pessoas que dormem em praças: uma guerra civil contra aqueles que, depois de escapar de outra guerra, tentam sobreviver.

Lesbos, 14 de maio de 2016

Cidadania em transição

UMA PESSOA APRESENTA-SE diante de um portão de embarque num aeroporto, numa fronteira, na recepção de um hotel ou ainda numa agência de aluguel de automóveis. Mostra seu passaporte e a comissária, o vendedor, o recepcionista, o administrador ou o agente de alfândega olha o documento, olha o corpo que tem diante de si e diz: "Não é você!". Produz-se então uma falência sistêmica de todas as convenções legais e administrativas que constroem ficções políticas vivas. Em câmera lenta, o aparato social de produção de identidade entra em colapso e suas técnicas (fotografias, documentos, enunciados...) caem uma a uma como numa tela de videogame, dando passagem a um deslumbrante *game over*. Por um segundo, reina um gélido silêncio wittgensteiniano. A sensação de estar fora do jogo da linguagem: o terror de ter ultrapassado os limites da inteligibilidade social; a fascinação de observar de fora, ou melhor, do limiar, mesmo que seja por um instante, o aparato que nos constrói como sujeitos.

Essa poderia ser a cena onírica de um pesadelo ou o momento álgido de uma ficção patafísica. É, no entanto, um acontecimento habitual na vida cotidiana de uma pessoa trans à espera da mudança legal de sua identidade. Diante da exclamação: "Não é você!", tenho vontade às vezes de responder: "Claro que não sou eu! Pegue o seu passaporte e diga-me se aquele é você ou não. Aposto que não!". Mas estamos paralisados, o agente e eu, revivendo a cena central de Hegel em

"Independência e dependência da consciência de si: dominação e escravidão". Mas não dou uma de esperto. Sei que nessa cena meu papel é de escravo e não de senhor. Volto para o cercadinho do reconhecimento: as fronteiras do jogo da linguagem estão cheias de instituições de reclusão e castigo. Nego o que a desconstrução queer me ensinou e reafirmo o aparato de produção social de gênero: digo, apoiado por uma carta de minha advogada, que o sexo feminino me foi designado por engano ao nascer e que minha solicitação de reconhecimento da identidade masculina é objeto de trâmite no judiciário do Estado espanhol. Estou em transição. Estou na sala de espera entre dois sistemas de representação excludentes.

Transição é o nome que se dá ao processo que leva supostamente da feminilidade à masculinidade (ou vice-versa), através de um protocolo médico e legal de redesignação de identidade de gênero. Em geral é enunciado assim: "Estou fazendo minha transição". Em inglês, o próprio verbo é conjugado no gerúndio: *"I'm transitioning"*. Ambas as expressões parecem indicar um trânsito de um estado a outro, ao mesmo tempo que acentuam o caráter temporal, e portanto passageiro, do processo. Contudo, o processo de transição não ocorre entre a feminilidade e a masculinidade (dado que nenhum dos dois gêneros tem entidade ontológica, mas apenas biopolítica), mas de um aparato de produção de verdade para outro.

A pessoa trans é representada como uma espécie de exilado que deixou para trás o gênero que lhe foi designado ao nascer (como quem abandona sua nação) e procura ser reconhecido como cidadão potencial de outro gênero. O estatuto da pessoa trans é, em termos político-legais, semelhante ao do migrante, do exilado e do refugiado. Todos eles se encontram num processo temporário de suspensão de sua condição política.

No caso tanto das pessoas trans quanto dos corpos migrantes, o que se demanda é um refúgio político: ser literalmente sujeito num sistema de *assemblage* semiótico que dá sentido à vida. A falta de reconhecimento legal e de suporte biocultural nega soberania aos corpos trans e migrantes, situando-os numa posição de alta vulnerabilidade social. Em outras palavras, a densidade ontológico-política de um corpo trans ou de um corpo migrante é menor que a de um cidadão cujo gênero e nacionalidade são reconhecidos pelas convenções administrativas dos Estados-nações onde habita. Usando os termos de Althusser, poderíamos dizer que trans e migrantes encontram-se na situação paradoxal de pedir para serem reconhecidos como sujeitos pelos mesmos aparatos ideológicos do Estado que os excluem. Pediríamos para ser reconhecidos (e, portanto, submetidos) para poder inventar, a partir daí, formas de sujeição social livre.

O que trans e migrantes estão solicitando ao pedir mudança de gênero ou asilo são as próteses administrativas (nomes, direitos de residência, documentos, passaportes...) e bioculturais (alimentos, medicamentos ou compostos bioquímicos, refúgio, linguagem, autorrepresentação...) necessárias para que possam se construir como ficções políticas vivas. A chamada "crise" dos refugiados ou o suposto "problema" das pessoas trans não serão resolvidos com a construção de campos de refugiados ou de clínicas de redesignação sexual. São os sistemas de produção de verdade, de cidadania política e as tecnologias de governo do Estado-nação, assim como a epistemologia do sexo-gênero binário que estão em crise. Portanto, é o espaço político como um todo que deve entrar em transição.

Kassel, 28 de maio de 2016

Meu corpo não existe

AO MESMO TEMPO QUE as mutações acarretadas pela administração continuada de testosterona se tornam cada vez mais evidentes, dou entrada no processo legal de redesignação sexual que permitirá, se o juiz aceitar a solicitação, que eu mude o meu nome no documento nacional de identidade. Contudo, os dois processos, biomorfológico e político-administrativo, não são convergentes. Embora o juiz avalie as mudanças físicas (amparadas por um indispensável diagnóstico psiquiátrico) como condição para a redesignação de nome e sexo à minha pessoa legal, essas mudanças não podem se reduzir de modo algum à representação dominante do corpo masculino segundo a epistemologia da diferença sexual. À medida que me aproximo da aquisição do novo documento, vou me dando conta com pavor de que meu corpo trans não existe nem existirá perante a lei. Realizando um ato de idealismo político-científico, médicos e juízes negam a realidade do meu corpo trans para continuar afirmando a verdade do regime sexual binário. Então, a nação existe. O júri existe. O arquivo existe. O mapa existe. O documento existe. A família existe. A lei existe. O livro existe. O centro de internamento existe. A psiquiatria existe. A fronteira existe. A ciência existe. Até deus existe. Mas meu corpo trans não existe.

Meu corpo trans não existe nos protocolos administrativos que garantem o estatuto da cidadania. Não existe enquanto encarnação da soberania masculina ejaculante na representação pornográfica, nem como objetivo de vendas das campanhas comerciais da indústria têxtil, nem como referência das segmentações arquitetônicas da cidade.

Meu corpo trans não existe como variante possível e vital do humano nos livros de anatomia, nem nas representações do aparato reprodutivo saudável dos manuais de biologia do ensino médio. Discursos e técnicas de representação afirmam unicamente a existência de meu corpo trans como espécime numa taxonomia do desvio que deve ser corrigido. Afirmam que existe unicamente como correlato de uma etnografia da perversão. Afirmam que meus órgãos sexuais não existem senão como déficit ou prótese. Fora do diagrama da patologia, não existe uma representação adequada do meu peito, nem da minha pele, nem da minha voz. Meu sexo não é nem um macroclitóris nem um micropênis. Mas se meu sexo não existe, meus órgãos ainda são humanos? O crescimento dos pelos não segue as diretrizes de uma retificação de minha subjetividade rumo ao masculino: no rosto, o pelo cresce em lugares sem significado aparente ou deixa de crescer lá onde sua presença indicaria a forma "correta" de uma barba. A mudança de distribuição da massa corporal e dos músculos não me torna imediatamente mais viril. Só mais trans, sem que essa denominação encontre uma tradução imediata em termos do binário homem-mulher. A temporalidade do meu corpo trans é o agora: não se define pelo que era antes, nem pelo que se supõe que terá de ser.

Meu corpo trans é uma instituição insurgente sem constituição. Um paradoxo epistemológico e administrativo. Devir sem teleologia nem referente, sua existência inexistente é a destituição ao mesmo tempo da diferença sexual e da oposição homossexual-heterossexual. Meu corpo trans volta-se contra a língua daqueles que o nomeiam para negá-lo. Meu corpo trans existe como realidade material, como trama de desejos e práticas, e sua inexistente existência coloca tudo em xeque: a nação, o júri, o arquivo, o mapa, o documento, a família, a lei, o livro, o centro de internação, a psiquiatria, a fronteira, a ciência, deus. Meu corpo trans existe.

Atenas, 25 de junho de 2016

Viagem a Lesbos

As CIDADES SÃO MÁQUINAS socioarquitetônicas capazes de produzir identidade. Sem dúvida, as mais poderosas são aquelas que se construíram historicamente como enclaves religiosos, mas também as que condensam o espírito de uma era ou as novas mecas da indústria cultural. No século XII, a peregrinação a Santiago de Compostela construía o católico, assim como a Amsterdam do século XVII transformava o viajante em burguês, a Paris do século XVIII esculpia o libertino ou o revolucionário, a Buenos Aires fazia o colono do século XIX ou a Nova York dos anos 1970 e a Berlim posterior à queda do Muro produziam a identidade do artista contemporâneo.

Durante os anos 1990, quando eu ainda construía minha subjetividade como lésbica, passar os verões em Lesbos fazia parte de um processo de iniciação político-sexual. A ilha tinha se transformado, nos anos 1980, num destino turístico das lésbicas. A mitologia e o capitalismo tinham designado Mikonos para os gays, enquanto as lésbicas ficaram com Lesbos: a ilha de Safo. Seguindo uma lei histórica de hierarquização sexual do valor, os gays bronzeavam-se em redes de algodão e colchões de água e bebiam mojitos numa ilha azul e branca das Cíclades. Enquanto isso, as lésbicas se encontravam na ilha mais próxima da costa turca, mais conhecida por sua base militar do que pelas praias. Mikonos e Lesbos representavam dois modos opostos de espacialização política da sexualidade. Mikonos era homossexual, privatizante, consumista, um banco do dólar cor-de-rosa, enquanto Lesbos era queer, radical, precária, vegetariana, coletivista.

Para uma lésbica radical, a viagem a Lesbos era uma peregrinação constitutiva. Saíamos de Nova York para Paris, de lá para Atenas e depois diretamente do aeroporto para o porto do Pireu. (Eu mal olhava Atenas, não era capaz de entendê-la, nem imaginava que um dia acabaria amando aquela cidade. Isso só viria muito mais tarde.) Passávamos a noite num barco que nos levava até o porto de Mitilene, em Lesbos. Lá pegávamos táxis dirigidos por homens que seguravam o volante com uma das mãos e com a outra desfiavam um *komboloi*. Em duas horas de curvas e barrancos de cascalho, atravessávamos a ilha de noroeste a sudeste para chegar a Skala Eresou. A primeira imagem da praia de Eresou permanece intacta em minha memória como um hino à utopia, como um apelo à revolução. Era o impossível feito realidade: um quilômetro de areia e mar habitado apenas por quinhentas lésbicas nuas.

Ficávamos no camping ou numa pensãozinha com uma biblioteca na qual a viajante podia ler Annemarie Schwarzenbach, Ursula K. Le Guin ou Monique Wittig. À tarde, no pôr do sol, formávamos dois times para jogar vôlei: as "machonas" e as "mulherzinhas". De um lado, as dinamarquesas, alemãs e inglesas, com o cabelo raspado, os ombros quadrados esculpidos pela natação e tatuados com lábris; do outro, as italianas, gregas e francesas, de cabelos compridos e braços dourados e ágeis. O norte contra o sul. E, muitas vezes, ganhavam as mulherzinhas.

Volto a Lesbos mais de vinte anos depois. A ilha mudou. Eu mudei. Lesbos é, junto com Leros e Quios, o primeiro lugar de recepção de migrantes na Grécia. Eu parei de construir minha identidade como lésbica e agora me fabrico, usando outras técnicas (hormonais, legais, linguísticas...), como trans. Esses são os anos da travessia. Da transição. Da fronteira. O barco militar *Border Front* ocupa agora a primeira linha do porto.

    Não vim pelas praias de Eresou, mas para o colóquio internacional Crossing Borders, "Cruzando Fronteiras". Ativistas e críticos falam da implantação da "Fortaleza Europa", definida pela criminalização da imigração e o internamento forçado dos migrantes em centros de detenção. Lesbos transformou-se na Tijuana da Europa. Mitilene tem a vibração e a violência de uma fronteira militarizada. Máxima vigilância de Estado, máxima precariedade do corpo migrante: o contexto perfeito para máfias e populismos. A imagem dos campos de refugiados de Lesbos, mas também os de Atenas, bate em meu peito com a mesma intensidade, mas com afeto oposto ao que a praia de Eresou provocava anos antes. A fronteira é um espaço de destruição e produção de identidade. Se a praia de Eresou era um lugar de empoderamento e ressignificação do estigma lésbico, hoje o campo é um espaço de alterização, exclusão e morte. Não sei como testemunhar, nem como alertar. É como se levassem alguém a Buchenwald em 1938 e depois perguntassem: "E então? O que achou do campo?".

    Nada mais. Boas férias.

Lesbos, 27 de julho de 2016

Requerimento nº 34/2016

ESPERO HÁ MESES QUE um magistrado do Estado espanhol (no momento uma democracia monárquica) decida se posso mudar o nome feminino que me foi designado ao nascer por um novo nome masculino em meus documentos oficiais de identidade. Essa espera condiciona minha capacidade de viajar livremente, de alugar um carro ou um apartamento, de utilizar um cartão de crédito ou hospedar-me num hotel. Tecnicamente, trata-se de um "requerimento de retificação da menção de sexo na certidão de nascimento". Realizo o procedimento em catalão (uma língua que entendo, mas não escrevo) na magistratura do registro civil de Barcelona porque, segundo dizem, os juízes são mais permissivos na Catalunha do que em Castela. É um processo administrativamente complexo, aparentemente rigoroso, mas na realidade cheio de contradições. Um processo mais próximo de uma intervenção de arte conceitual do que de um ato jurídico.

Para poder apresentar o requerimento é preciso obter e anexar um certificado médico atestando aquilo que o Estado chama de "disforia de gênero", termo cunhado em 1973 pelo psiquiatra infantil John Money: "Um mal-estar clinicamente significativo associado à condição de gênero". De acordo com a epistemologia da diferença sexual, a medicina ocidental define a disforia de gênero como a discordância entre o gênero designado no nascimento e o gênero com o qual a pessoa se identifica. A instituição estabelece como condição de possibilidade para o reconhecimento de meu nome masculino que eu me reconheça previamente como disfórico. Aqui ninguém dá nada sem pedir algo em troca. O Estado diz: se você quer um nome, tem de me dar antes o seu uso da razão, sua consciência, sua saúde mental. Você pode acreditar que está sendo chamado por seu nome, mas o Estado estará falando com você como disfórico. Nunca pensei que aceitaria isso. Mas aceito. Renunciei a noções como razão, consciência, saúde mental. Construo-me agora com outras tecnologias do espírito.

A cláusula 4 do requerimento afirma que também tenho de "juntar as provas de que recebo tratamento médico com o objetivo de adequar minhas características físicas às correspondentes ao sexo masculino". Anexo a elas a assinatura de minha médica, o carimbo do ambulatório, o nome do tratamento médico, Testex Prolongatum 250 mg, solução injetável. Minha imaginação associa esse nome, Testex Prolongatum (na realidade um composto de testosterona sintética), a um teste prolongado: vejo um tribunal de juízes-médicos escrevendo com seringas e uma série interminável de exames de masculinidade que preciso superar. Esse é apenas um deles.

Minha advogada acrescenta ao requerimento uma cláusula especial solicitando que meu nome feminino não seja simplesmente substituído por um masculino, mas que se mantenha como segundo nome, junto ao masculino: peço que o Estado espanhol reconheça que meu nome é Paul Beatriz. Para apoiar essa demanda, minha advogada anexa uma série de exemplos atestando que é o primeiro nome, e não o segundo, que indica o sexo da pessoa. Não há nada de estranho em chamar-se José Maria.

O secretário administrativo que recebe o requerimento pergunta: "Por que Paul Beatriz? Você não queria mudar de sexo?". E chama outro secretário para certificar-se de que pode receber o requerimento com esse nome. E acrescenta em seguida: "Vão lhe dar o Paul, já o Beatriz... não sei, não. Pode ser que não o aceitem, para evitar ambiguidade sexual". Estou diante do paradoxo absurdo de que o Estado espanhol resolva não me "dar" o nome que me deu quando nasci! Penso (em silêncio) que tenho direito às minhas ideias, mesmo que sejam estúpidas. Tenho direito ao meu nome, mesmo que o Estado espanhol o considere ambíguo. Tenho direito a um nome heterogêneo, a um nome utópico.

O agente administrativo adverte também que, segundo o procedimento, o registro civil de Barcelona dará ao registro civil de Burgos ordem de destruir minha certidão de nascimento com data de 11 de setembro de 1970. Só depois de sua destruição efetiva será dada a ordem de habilitar uma nova certidão de nascimento com um novo nome, com a data atual, mas fazendo constar a data citada de 1970. Alguns dias, talvez semanas, vão se passar entre esses dois momentos, durante os quais ficarei sem certidão de nascimento. A ideia de que meu nascimento pode não ter existido ou não existir por um certo tempo me faz tremer. Quem sou eu diante da tecnologia de ficção da lei? Quem sou quando minha certidão de nascimento for destruída?

Pego um ônibus que me leva de Atenas a Delfos para consultar o oráculo no dia do meu aniversário. Talvez nesse momento, no outro extremo do Mediterrâneo, um magistrado--Apolo esteja destruindo minha certidão de nascimento ou, quem sabe, redigindo uma nova.

Delfos, 10 de setembro de 2016

Casa vazia

Vivo em Atenas numa casa que posso, pela primeira vez em dois anos, chamar de minha. Não a possuo. Não é necessário. Simplesmente a uso, a experimento, a celebro. Depois de ter passado por três casas em ruas e bairros diferentes (Filopapo, Neapoli, Exárchia) e por uma dezena de hotéis (lembro-me sobretudo dos pássaros cantando de manhã no Hotel Orion, na colina de Steffi), resolvo, não sem dificuldade, assinar um contrato de aluguel.

Durante mais de um mês, no início, vivo numa casa vazia. Desprovida de móveis, uma casa é apenas uma porta, um teto e um chão. Graças a um atraso no envio da cama (algo comum na Grécia), sou obrigado a dormir durante cerca de duas semanas no apartamento totalmente vazio. Meus quadris esmagam-se contra o chão de madeira a noite inteira e acordo dormente. Contudo, é uma experiência inaugural, estética: um corpo, um espaço. Às vezes, desperto às três da manhã e, estendido no chão, questiono se sou um humano ou um animal, deste século ou de qualquer outro, se existo ou só tenho materialidade na ficção. A casa vazia é o museu terráqueo do século XXI, e meu corpo — nu, sem nome, mutante e despossuído — é a obra.

Numa casa vazia fica evidente que um espaço doméstico é uma cena expositiva na qual a subjetividade é apresentada como obra. Paradoxalmente, cada um é exibido dentro de uma cena privada. "Detesto o público", dizia o pianista Glenn

Gould. Em 1964, aos 32 anos, no ápice da carreira, ele abandonou as salas de concerto e retirou-se para sempre num estúdio de gravação a fim de fazer música. Uma casa vazia é algo assim: um estúdio onde se grava a vida. Com a única diferença de que a nossa subjetividade é ao mesmo tempo a música, o instrumento que a produz e a máquina de gravação.

No início, penso que o apartamento continua vazio devido a uma confluência de circunstâncias: o excesso de trabalho, a falta de tempo, assim como a falta de propriedades que possam se acumular nesse espaço. Só tenho minhas roupas (jeans A.P.C., camisas brancas ou azuis, jaquetas de feltro, sapatos pretos), a indispensável maleta, alguns livros e três dezenas de cadernos que constituem por si sós uma escultura independente no espaço, indicando uma espécie de culto, quiçá uma patologia.

Demoro a perceber que a razão pela qual insisto em manter esse espaço vazio não é fortuita: estabeleci uma relação de equivalência entre meu processo de transição de gênero e meus modos de habitar o espaço. Durante o primeiro ano da transição, enquanto as mudanças hormonais esculpiam meu corpo com um cinzel microscópico que trabalha de dentro para fora, só consegui viver no nomadismo. Cruzar fronteiras com um passaporte que mal me representava era então uma forma de intensificar o trânsito, de certificar a mudança. Agora, pela primeira vez, posso parar. Desde que a casa fique vazia; desde que suspenda as convenções tecnoburguesas de mesa, sofá, cama, computador, cadeira. O corpo e o espaço se encontram, sem mediações. Assim, frente a frente, o espaço e o corpo não são objetos, mas relações sociais.

Meu novo corpo trans é uma casa vazia. Desfruto do potencial político dessa analogia. Meu corpo trans é um apartamento de aluguel sem nenhum móvel, um lugar que não me pertence, um espaço sem nome. (Ainda espero o direito de ser chamado pelo Estado, espero e temo a violência de ser nomeado.) Habitar uma casa completamente vazia devolve a cada gesto seu caráter inaugural, detém o tempo da repetição, suspende a força interpelativa da norma. Descubro-me correndo em círculos pela casa ou caminhando na ponta dos pés enquanto como; deitado no chão com os pés apoiados na parede para ler ou inclinado sobre o peitoril da janela para escrever. A desabituação estende-se a qualquer outro corpo que entra nesse espaço: quando Itziar vem me ver, quase não podemos fazer nada além de nos olhar, ficar de pé de mãos dadas, deitar ou fazer amor.

A beleza dessa experiência singular que poderíamos chamar de "desmobiliamento" faz com que eu me pergunte por que nos apressamos a mobiliar as casas, por que é necessário saber de que gênero somos, que sexo nos atrai. A Ikea é para a arte de habitar o que a heterossexualidade normativa é para o corpo desejante. Uma mesa e uma cadeira são um casal complementar que não admite perguntas. Um armário é um primeiro certificado de propriedade privada. Um abajur junto à cama é um casamento de conveniência. Um sofá na frente da televisão é uma penetração vaginal. Uma cortina numa janela é a censura antipornográfica que se ergue ao cair da noite.

Outro dia, quando fazíamos amor na casa vazia, Itziar me chamou por meu novo nome e acrescentou: "Nosso problema é a mente. Nossas mentes lutam, mas nossos espíritos e corpos estão em perfeita harmonia". Minutos depois, enquanto meu peito se abria para respirar alguns átomos a mais de oxigênio e meu córtex cerebral adquiria a consistência do algodão, senti que meu corpo se dissolvia no espaço vazio e que minha mente, autoritária e normativa, quase morta, se rendia diante de meu espírito.

Atenas, 8 de outubro de 2016

O método Marx

Numa época em que a psicologia do sucesso pessoal se apresenta como o último graal do neoliberalismo, diante do sombrio festival de violências políticas, econômicas e ecológicas em que estamos implicados, a biografia do bisavô Karl Marx, escrita pelo polêmico jornalista britânico Francis Wheen, pode ser lida como um antídoto contra planos de *coaching* para o sucesso individual e os programas de desenvolvimento pessoal. Seguindo os alegres infortúnios de Marx, é possível destilar uma espécie de antipsicologia do eu para usuários de um mundo em decomposição.

Seguindo a tumultuada e difícil vida de Marx, poderíamos concluir que, ao contrário do que a psicologia do eu e da superação pessoal anuncia, a felicidade não depende do sucesso profissional, nem da acumulação de propriedades ou riquezas econômicas. A felicidade entendida como sucesso profissional nada mais é que a extensão da lógica do capital à produção da subjetividade. A felicidade não é alcançada através do management emocional nem reside no equilíbrio psicológico, entendido como gestão de recursos pessoais e controle de afetos. Ainda mais difícil de crer, e portanto provavelmente certo, a felicidade não depende da saúde ou da beleza. E tampouco coincide com a bondade.

Marx viveu a maior parte de sua vida entre a perseguição política, a doença, a fome e a miséria. Sua carreira de escritor começa com a censura e acaba com um fracasso editorial.

Seu primeiro artigo jornalístico, escrito aos 26 anos, era uma crítica às leis de censura promulgadas pelo rei Frederico Guilherme IV. Como o próprio autor poderia ter intuído (mas sei por experiência própria que o crítico muitas vezes esquece que também está sujeito às leis que critica), o artigo foi imediatamente censurado, e o jornal *Deutsche Jahrbücher* foi fechado pelo Parlamento federal alemão. O mesmo vai acontecer com o seu primeiro artigo para o *Rheinische Zeitung*, considerado uma "irreverente e desrespeitosa crítica às instituições governamentais". A censura será a grande editora das obras de Marx, perseguindo-o de língua em língua, de país em país.

A maior e mais extensa de suas obras foi recebida com indiferença pela crítica e pelos leitores. A publicação do primeiro volume de *O capital*, ao qual ele havia dedicado mais de cinco anos de estudos solitários no salão de leitura do Museu Britânico de Londres, passou quase completamente despercebida e vendeu, durante toda a vida do autor, algumas poucas centenas de exemplares. Muito lento na escrita e doente, Marx não chegará a ver a publicação dos outros volumes do *Capital*.

Se Marx não teve sorte na literatura, também não podemos dizer que suas condições de vida eram favoráveis. A partir de 1845 e durante mais de vinte anos, Marx viveu como refugiado político em três diferentes países, França, Bélgica e sobretudo Reino Unido, com a mulher Jenny e os filhos. Em seu périplo como exilado, Marx, que dizia não ter condições físicas ou psicológicas adequadas ao exercício de qualquer outra atividade que não o trabalho intelectual, foi obrigado a empenhar a totalidade de seus escassos pertences, inclusive os móveis e sobretudos. Dois de seus filhos morreram de doenças relacionadas à fome, à umidade e ao frio. Ele mesmo sofria de cólicas hepáticas, reumatismo, dores de dente e enxaquecas. Escreveu boa parte de seus livros de pé, porque a dor de furúnculos infeccionados nas nádegas não permitia que se sentasse. Marx era um homem feio e não poderíamos classificá-lo como totalmente bom. Ele compartilhava a maioria dos preconceitos raciais e sexuais de sua época e, embora de origem judaica, não hesitava em lançar mão de insultos antissemitas contra seus adversários.

Wheen desenha um Marx autoritário e fanfarrão, incapaz de aceitar qualquer tipo de crítica, constantemente envolvido em disputas com amigos, inimigos e adversários aos quais não hesita em enviar cartas cheias de insultos e em dedicar artigos satíricos na imprensa. Em 1852, por exemplo, dedica o ano inteiro à redação do volumoso tratado *Os grandes homens do exílio*, sátira destinada aos "mais notáveis jumentos" da diáspora socialista. O livro não foi apenas um fracasso, mas motivo de processos judiciais e mesmo de ridículos desafios para duelos contra inúmeros rivais.

Marx não obteve sucesso econômico nem popular, e se tivesse vivido na era do Facebook teria mais detratores que amigos. Contudo, podemos dizer que, contra todas as expectativas, Marx foi um homem intensamente feliz.

Os *coaches* do sucesso pessoal poderiam argumentar que a chave de sua felicidade residia em seu imoderado otimismo. Certo. Mas essa paixão nada tem a ver com o estúpido convite ao *feel good* neoliberal. O otimismo de Marx era dialético, revolucionário, quase apocalítico. Um pessimismo otimista. Marx não quer que tudo melhore, mas que as coisas piorem para que possam ser percebidas pela consciência coletiva e passem assim por mudanças. É assim que, em suas conversas com Engels, sonhava com o aumento dos preços e o colapso econômico total que, segundo suas equivocadas previsões, levariam diretamente a uma revolução proletária.

Marx tem apenas 27 anos quando retiram seu passaporte prussiano sob a acusação de deslealdade política, e acolhe o estatuto de apátrida com uma declaração que se opõe a qualquer tipo de vitimismo: "O governo devolveu-me a liberdade". Ele não pretende ser reconhecido como cidadão, mas utilizar exponencialmente a liberdade que o exílio lhe oferece. Nas reuniões de refugiados de todos os países, irá amadurecer a ideia da Internacional como uma força transversal proletária capaz de desafiar a organização Estado-nação e os impérios.

A felicidade de Marx reside em seu incorruptível senso de humor ("acho que ninguém escreveu tanto sobre dinheiro sendo tão desprovido dele", costumava dizer), na paixão que transmitia ao ler Shakespeare para os filhos (como não ser feliz, se cada um de nós sentisse a história da literatura como uma praça pública), nas conversas com Engels (nem sempre cordiais, mas sempre apaixonadas) e em seu incansável desejo de entender a complexidade do mundo que o rodeia.

É isso o que a vida adversa e luminosa de Marx nos ensina. A felicidade é uma forma de emancipação política: a potência de rechaçar as convenções morais de uma época e, com elas, o sucesso, a propriedade, a beleza, a fama ou o decoro como únicos princípios organizadores da existência. A felicidade reside na capacidade de sentir a totalidade das coisas como parte de nós mesmos, propriedade de todos e de ninguém. A felicidade reside na convicção de que estar vivo significa ser testemunha de uma época e, portanto, sentir-se responsável, vital e apaixonadamente responsável, pelo destino coletivo do planeta.

Barcelona, 22 de outubro de 2016

O lugar que o acolhe

É o Mediterrâneo. É o lugar aonde você chega. É a Grécia. É o lugar que o acolhe. É o solo que poderia estar sob os seus pés. É o mar em que você mergulha. É a Europa. É o céu que parece igual para todos, mas não é. É o mundo. É o *cash flow*. É a terra que você pisa. É a rua que você deixa para trás. É a cidade aonde chega. É o Parlamento vazio. É a praça cheia. É Calais. É o mundo. É Paris. É a casa onde você foi feliz e à qual não voltará nunca mais. É o Mediterrâneo. É a costa. É Londres. É o fundo do mar. É o *stop loss*. É o barulho que você ouve no escuro e que confunde com uma voz. É a língua que você fala. É Mitilene. É o Ibex 35. É o lugar aonde você chega. É a língua que você não fala. É o ouzo mudando de cor ao misturar-se com a água. É Esmirna. É o movimento. É o laquê que a sra. Merkel usa para fazer o cabelo parecer uma peruca em cima da cabeça. É o cheiro de óleo diesel que lembra que você está vivo. É a quietude. É o debate sobre a identidade nacional. São as ondas. É o seu cérebro. É a informação em tempo real. É o som. É a eletricidade. "Quem não sente medo na hora de comprar está comprando mal" (conselho de corretor). *12563 friends like this*. É o Mediterrâneo. É o capital que se move e arrasta tudo em sua passagem. São os números 95 a 118 na tabela periódica dos elementos. É todo o bem e todo o mal misturados em proporções absolutamente idênticas. É Casablanca. É o Dow Jones industrial. É o ar que parece igual para todos, mas não é. É a pele. É a taxa variável da dívida. É a mão que se toca a si mesma. É o amor. É o vento que sopra de Tchernóbil. É o acesso Premium para a vida. É o pássaro com as asas cobertas de lama. É um ás de ouros na manga. É Damasco. É o desamor. É a mão que se toca a si mesma. É o cabelo de Merkel ardendo como se fosse uma vela. É o Cairo. É o que você pensa enquanto fala de outra coisa. É a simultaneidade. Esse espaço exato da sua mente onde algo cresce sem que se possa detê-lo. (Que existência tem isso que você pensa? É mais ou menos importante que a vida que você vive?) É Kassel. *Milate ellinika signomi?* É a impossibilidade de apagar da memória o que um dia você disse. São os três e-mails por minuto que você deveria escrever para aumentar a produtividade. É a cor verde do louva-a-deus que pousa no livro enquanto você lê. É a testosterona. É a política de prevenção da radicalização muçulmana. É a Europa. É o mundo. É a menopausa. É a integração cultural. É a escuridão que cobre a cidade como um capuz de adolescente. É o Mediterrâneo. É o feminicídio como plano divino. É o lixo apodrecendo no rio de Beirute. É o lugar aonde você chega. É o sapato que voa e acerta a cabeça de Bush. É a tortura. É a sensação de que sob a sua camisa não há corpo. É o tempo que parece igual para todos, mas não é. É a costa. É o fundo do mar. É o lugar que o acolhe. É o desflorestamento do seu imaginário. São os três miligramas de lorazepam. Ensinar a teoria de gênero na escola é uma guerra global contra o casamento, diz o papa Francisco. *666fxck likes this.* É o estremecimento da lagosta ao entrar na água fervendo. É a censura. É a taxa fixa da consciência. É Luanda. É o suicídio de Foster Wallace. É o corpo que você imagina, mas não tem. É a alma de um cão. É a taxa de sobrevivência dos soropositivos anunciada com orgulho pelo Ministério da Saúde. É Kiev. É o aumento do câncer, a queda da qualidade respiratória, a destruição da barreira imunológica. É Johanesburgo. É ontem. É amanhã. É 4% do território dos Estados Unidos dedicado às reservas indígenas. É o estado de agregação da matéria. É a seleção dos cem melhores livros: de novo, todos escritos por homens, menos dois. É a democracia representativa como cobertura para a corrupção. É a resistência dos mapas à mudança. É o Nasdaq Composite. É o Mediterrâneo. É a Europa. É o lugar aonde você chega.

Beirute, 5 de novembro de 2016

A destruição foi minha Beatriz

No dia 16 de novembro de 2016, meu novo nome, Paul Beatriz Preciado, foi publicado no Boletim Nacional de Nascimentos e no jornal local da cidade de Burgos. Estávamos à espera de uma resposta legal há meses, mas nem o juiz nem a administração se dignaram a comunicar que a decisão seria anunciada através da publicação simultânea no Boletim Oficial do Estado e na imprensa local. A primeira a saber, antes de minha advogada, é minha mãe. Como toda manhã, ela lê o jornal, e encontra o nome na lista de nascimentos. Enlouquece. Envia pelo celular uma foto da página impressa como quem envia um hieróglifo a um instituto especializado em decodificação. "O que é isso?" Minha mãe assiste de novo ao meu nascimento, de certo modo volta a me parir, dessa vez como leitora. Dá à luz um filho que nasce fora de seu corpo como texto escrito.

Meu nome, esse nome que não era meu e agora é, está entre os nomes dos recém-nascidos. "Nascimentos: Paul Beatriz Preciado Ruiz, Lara Vázquez Mena, Esperanza Rojo Soares, India García Casado, Ariadna Rey Monjardín, Marco Méndez Tobar, Bruno Boneke Esteban, Dylan Boneke Esteban, Juan Moreno Miguel, Ariadna Antolín Díaz, Johan Sánchez Alves, Paula Casado Macho, Izan García Caballero, Íker Ojeda dos Santos, Nerea Fuente Porras, Abigail Barriuso López." E junto a eles, os falecimentos: Iluminada Sanz Sanz, 87; Miguel Collado Serrano, 81, e Tomás Arija Prieto, 84. Meu antigo nome não está entre os mortos, mas poderia estar, já que para certificar a mudança legal de sexo foi necessário destruir a certidão de nascimento feita por meu pai, escrita e assinada em 11 de setembro de 1970. Foi necessário destruir a ficção legal "Beatriz Preciado" para inventar a ficção legal "Paul Beatriz Preciado". Nasço agora pela segunda vez, fora da configuração pai-mãe, na configuração administração-imprensa. Meus próprios pais deixam de ser progenitores e convertem-se em genitoleitores. A secretária Blanca Esther del Hoyo Moreno decide "cancelar a inscrição do Tomo 42-2, página 411 da Seção 1 do Registro Civil às 3 horas e 30 minutos de 11 de setembro de 1970", na qual aparecia, junto à menção "Sexo", a palavra "mulher". E concede "às 2 horas e 57 minutos de 15 de novembro de 2016" a nova "autorização prevista no artigo 26 do Regulamento do Registro Civil, no Tomo 00199, página 263 da Seção 1 do Registro Civil", com a menção "homem" na referência "Sexo", junto ao nome masculino Paul Beatriz, e, para que conste, assina em 16 de novembro de 2016 junto com a encarregada María Luisa Miranda de Miguel. O sistema médico-legal me obriga a cometer um suicídio legal para autorizar meu renascimento como "homem". Assim, presencio minha morte e meu renascimento legal. Sou ao mesmo tempo um cadáver e um recém-nascido legal.

Dizem que a viagem astral é uma experiência extracorporal que, em situações de meditação controlada e sonho lúcido, produz a sensação de ser projetado, flutuando fora do próprio corpo. Trata-se de um exercício de desdobramento; para alguns é apenas o resultado de uma alucinação induzida química ou eletricamente no cérebro ou o efeito de uma poderosa autossugestão, na qual a consciência se "separa" do corpo físico, se externaliza, observando-o de fora. Dizem que essa forma de dissociação é também uma das consequências cerebrais da morte clínica, uma experiência de quase-morte, descrita por aqueles que conseguiram sobreviver, na qual o paciente observa o próprio corpo morto e pode inclusive ouvir a declaração de seu próprio falecimento.

Sinto como se tivesse embarcado agora numa espécie de viagem astral epistêmica ou numa forma de quase-morte semiótico-legal. Saio da ficção biopolítica e histórica que encarnava — a feminilidade que o regime sexo-gênero binário do final do século xx construiu numa sociedade franquista com a ajuda de um aparato médico-legal no qual a noção de transexualidade não existia — e observo de fora a sua destruição física e a construção administrativa e legal de uma nova ficção biopolítica, na qual meu corpo é negado e ao mesmo tempo reconhecido como "homem". Há aqui coerção e agência; sujeição e distorção da norma. Assino eu mesmo a autorização para a destruição de minha própria certidão de nascimento e a demanda de emissão de uma nova. Como um monstro que aprendeu a falar, sinto-me no centro da máquina administrativa barroca que produz a verdade do sexo e aperto todas as teclas até que o sistema entre em blecaute. Sinto vertigem.

Mal posso entender o que acontece comigo. Estou dividido entre um presente que não me pertence e um futuro que é absolutamente meu. Minha vida é uma mensagem numa garrafa enviada ao futuro para que alguém, em algum lugar, algum dia possa ler. Alguém, algum dia, em algum lugar, penso comigo, vai se aproximar outra vez da máquina do sexo, vai escrever uma biografia do meu corpo e entender a minha vida.

Kassel, 26 de novembro de 2016

Atenas, *teen spirit*

A GRÉCIA PAROU DE NOVO. Uma greve geral convocada pelos sindicatos de funcionários e de empresas privadas paralisou a cidade de Atenas na quinta-feira passada. A praça Sintagma voltou a ser palco da opressão e da resistência, da falência das instituições democráticas, incapazes de manter aberto o processo de emancipação coletiva. O Parlamento grego transformou-se num bunker que em vez de amplificar a voz dos cidadãos tenta silenciá-la.

Dois dias antes, ardiam as ruas do bairro anarquista de Exárchia. Os carros e o lixo das ruas Zaimi, Mpoumpoulinas ou Stournari transformam-se em gigantescas piras, em torno das quais mais de duas centenas de policiais armados cercam os manifestantes. Há oito anos, num dia 6 de dezembro, o jovem Alexandros Grigoropoulos, de apenas quinze anos, morreu alvejado por um tiro da polícia. Milhares de estudantes saem outra vez às ruas e protestam contra a violência policial, a corrupção da administração pública, a criminalização dos migrantes e sua reclusão em centros de retenção, a exploração das organizações privadas, a espoliação turística e extrativista.

A Grécia é o inconsciente turístico da Europa. Ao mesmo tempo lixeira e fronteira, tosão de ouro e inesgotável recurso mítico da Comunidade Europeia, a Grécia foi construída, por sobrecodificação, através da tríplice discriminação racial, sexual e econômica. De um lado, o país é exaltado no imaginário histórico como berço do Ocidente: o Renascimento burguês e colonial inventa um *corpus* grego (monumento, arquivo, texto e corpo) branco e cristão que, ao mesmo tempo que glorifica uma Grécia que nunca existiu (os gregos nunca foram nem exatamente brancos nem estritamente cristãos), degrada a realidade oriental e híbrida da Grécia real. De outro, a Comunidade Europeia situa a Grécia no lugar da trabalhadora sexual: ao mesmo tempo que faz dela objeto de turismo erótico, a injuria; ao mesmo tempo que a endivida, a deseja; ao mesmo tempo que a proíbe de trabalhar, pede que abra urgentemente as pernas para a especulação financeira e a exploração corporativa. Por último, a Europa transforma o território grego numa gigantesca rede de contenção da imigração, transformando suas ilhas em centros penitenciários totais a céu aberto.

Contudo, a manifestação e os incêndios, as greves e as paralisações são, na Grécia, o signo da impossibilidade de destruir completamente os processos de resistência. A Grécia não é a "vida nua" de Agamben, mas o corpo insurreto e furioso de uma multidão adolescente. Despentes com Nirvana: *teen spirit*. Atenas transformou o protesto urbano num festival público da raiva. Um grupo de jovens fuma tranquilamente na praça de Exárchia: dois minutos depois, enfiam capacetes de motocicleta e capuzes, tiram pequenos coquetéis molotov caseiros de mochilas infantis Eastpak enfeitadas com adesivos pretos, brancos e vermelhos e avançam quase totalmente desarmados contra o pelotão policial cujos equipamentos confirmam que os ministérios do Interior e da Defesa são os únicos que não sofreram cortes orçamentários. O protesto é uma performance coletiva de rua que deixa evidente que o único atributo político que resta ao Estado grego é, nas palavras de Weber, o uso (suposta e infelizmente) legítimo da violência.

Há entre os manifestantes gente de todas as idades, mas a energia do protesto é adolescente. Queima nesse fogo algo de juvenil e vital. Se imaginarmos um relato que sobrepõe macropolítica estatal e macropolítica de gênero, poderíamos dizer que historicamente o Estado policial ocupou a função paterna, enquanto o Estado de bem-estar social tentava cumprir as funções que o patriarcado designou à mãe. O Estado policial disciplina e castiga; o Estado de bem-estar social cuida e previne. Segundo essa equação, seria possível descrever a Grécia como uma família na qual o Estado policial pai é alcoólatra, corrupto, abusivo e violento e o Estado de bem-estar social mãe abandonou o lar e só aparece para pedir dinheiro.

Exárchia é a filha dessa família violenta e disfuncional. A única relação do Estado com a cidadania é o abuso e a violência. Não há aqui qualquer proteção. Nessa situação, não resta à filha adolescente outra opção senão gritar e queimar os móveis: é o que acontece em Exárchia a cada três ou quatro semanas. Ou então, ir embora da casa familiar para cuidar da própria vida: é o que alguns grupos libertários tentam, organizando esquadrões que acolhem migrantes, os quais constroem, em Notara 36 ou no Hotel City Plaza, comunidades alternativas para sobreviver.

É preciso inventar uma forma política que curto-circuite os modelos patriarcais de poder e governo. É preciso abandonar a casa do pai, deixar de esperar a mãe. É preciso que Exárchia viva.

Atenas, 10 de dezembro de 2016

A revolução dos bichos

NÃO PRODUZA. Mude de sexo. Transforme-se no mestre de seu professor. Converta-se no aluno de seu estudante. Seja o senhor de seu chefe. Seja a mascote de seu cão. Qualquer coisa que ande sobre duas pernas é inimiga. Seja a cuidadora de sua enfermeira. Vá a uma prisão e recrie a cena central de *A revolução dos bichos*. Torne-se assistente de sua secretária. Limpe a casa de sua faxineira. Sirva um coquetel a seu camareiro. Feche a clínica. Chore. Ria. Renegue a religião que recebeu. Dance sobre os túmulos de seu cemitério secreto. Mude de nome. Esqueça seus ancestrais. Não tente agradar. Não compre nada que tenha visto antes numa tela ou qualquer outro suporte visual transformado em ícone. Enterre a escultura de Apolo. Não tente comprazer. Mude-se sem saber para onde. Abandone seus filhos. Pare de trabalhar. Vá a um campo de refugiados e recrie a cena central de *A revolução dos bichos*. Prostitua seu pai. Atravesse uma fronteira. Desenterre o corpo de Diógenes. Desative seu Facebook. Não sorria para a câmera. Feche sua conta Google. Vá a um museu e recrie a cena central de *A revolução dos bichos*. Deixe seu marido por uma mulher dez anos mais jovem que você. Qualquer coisa que ande sobre quatro patas ou tenha asas é amiga. Feche sua conta bancária. Raspe o cabelo. Não busque o sucesso. Deixe seu marido por um cão. Deixe uma mensagem automática em seu e-mail: "No ano de 2017, contacte-me através da caixa postal 0700465". Dê suas roupas de presente e inscreva-se num curso de corte e costura. Apague o Dropbox de seu computador. Prepare uma mala sem nada dentro e vá embora. Atravesse uma fronteira. Não comece uma obra nova. Deixe sua mulher por um cavalo. Abra sua mala numa rua qualquer e aceite o que os outros lhe derem. Aprenda grego. Vá a um matadouro e recrie a cena central de *A revolução dos bichos*. Ponha uma flor na barba. Dê os seus melhores sapatos. Mude de sexo. Nenhum animal usará roupas que não tenham sido feitas por ele mesmo. Deite-se no chão do escritório e mova os pés como se dançasse com o teto. Em seguida, saia e não volte. Deixe sua mulher por uma árvore. Não analise a conjuntura. Só converse em línguas e com gente que não conheça. Atravesse uma fronteira. Não pague sua dívida. Queime seu título eleitoral. Nenhum animal matará outro animal. Destrua seu cartão de crédito. Dê valor ao que os outros consideram inútil. Admire o que os outros consideram feio. Tente ser imperceptível, não ser representado. Nenhum animal dormirá em cama construída industrialmente. Modifique o objeto de sua libido. Descentre o prazer genital. Goze de tudo aquilo que ultrapasse os limites de seu corpo. Deixe-se penetrar por Gaia. Renegue o fármaco. Troque o ansiolítico pelo passeio. Deixe de votar. Teça. Não construa casas. Não consuma. Não acumule propriedades. Não coma outros animais. Não estimule o desenvolvimento humano. Não segmente. Não incremente os lucros econômicos. Não se aperfeiçoe. Não invista. Vá a uma instituição para doentes mentais e recrie a cena central de *A revolução dos bichos*. Não organize a ação. Procure no lixo. Não faça seguro. Não faça história. Não planeje a jornada de trabalho. Reduza consciente e intencionalmente o seu nível de rendimento. Nenhum animal beberá vodca Absolut. Não envie vídeo para o YouTube. Se já não o fez, não se reproduza. Não se modernize. Não consuma cerveja Damm. Não use a comunicação de forma estratégica. Não preveja o futuro. Tente fazer o menos possível no máximo de tempo. Não tente melhorar a rentabilidade. Vá a uma residência de terceira idade e recrie a cena de *A revolução dos bichos*. Não preste contas. Admire o saber que outros não consideram conhecimento. Não digitalize. Não deixe vestígios. Envie a seus competidores uma simples mensagem: "Parei. Feliz Ano Novo". Não amplie a infraestrutura logística. Escolha a simples vida diante da extensão médica da vida. Todos os animais são iguais.

Barcelona, 24 de dezembro de 2016

Tecnoconsciências

Trabalho numa mesa cujos extremos estão um em Atenas, outro em Barcelona. Numa ponta, Itziar desenha mapas literários da cidade, transcreve o bairro de El Besòs usando como modelo a rua em que vivia o depressivo e masturbador escritor catalão Miquel Bauçà, em seguida traça os contornos do bairro de Gràcia a partir das perambulações descritas pelo poeta Enric Casasses. Entretanto, na outra ponta da mesa, imagino as formas que um coletivo pode assumir quando se reúne para pensar, agir ou gozar. Formas determinadas pelo pacto ou pelo contrato, pela autonomia ou pela independência, pelo poder ou pela potência, pela lei ou pela regra, pela amostragem ou pela experimentação, pela improvisação ou pela partitura. A mesa, separada por milhares de quilômetros físicos, une-se graças aos suportes protéticos da internet. A música que soa em Atenas se ouve em Barcelona. A voz, a mais protética e fantasmática de todas as habilidades do corpo (lembremos que nascemos sem voz e que esta só é "implantada" em nosso corpo depois de termos sido socializados, como se fosse um software), é a única coisa que consegue cruzar o umbral. O mesmo tempo e dois espaços. Mas se prestarmos atenção no segundo necessário para que a voz e a música cheguem de Atenas a Barcelona, em cada nota, poderíamos dizer que há dois tempos e um único espaço. Contudo, são as categorias newtonianas de espaço e tempo (topologia e cronologia) que parecem ter entrado em colapso. Flutuamos. Olhamo-nos e eu me pergunto onde está este olhar, como é possível olhar-se quando o que os olhos veem não são outros olhos, mas a imagem dos olhos numa tela. Às vezes, a observo enquanto olha um mapa em sua tela. Impossível averiguar o momento em que seus olhos deixaram de ver-me e substituíram minha imagem por outra. Nossas telas se olham. Nossas telas se amam. Quando isso acontece, não estamos estritamente nem aqui nem lá. A música, os mapas, a escrita, nós como entidades relacionais, nosso amor existem então, constituem-se no espaço que Deleuze denominava *dobra*, cujas externalidades internas consistem em milhares de cabos de internet, dobrados e distribuídos em centenas de milhares de telas.

As telas são a nova pele do mundo, penso comigo enquanto movo sua imagem com o dedo para fazê-la coincidir com a minha. São a pele de uma nova entidade coletiva radicalmente descentrada e em processo de subjetivação. Enquanto isso, os implantes eletrônicos acabarão transformando nossa pele em telas. Atravessamos uma transformação semelhante à que os habitantes do planeta viveram quando Gutenberg inventou a imprensa. Depois da reprodução mecânica da Bíblia, vieram a secularização do saber e a automatização da produção. Hoje, a velocidade da transformação tecnológica supera inclusive as previsões mais excêntricas da ficção científica. A cada ano, assistimos à obsolescência de aparatos e aplicações que nos pareciam eternos e ao nascimento de novos aparatos que incorporamos em apenas algumas horas. Chegaremos à desmaterialização absoluta e à automatização total. Esforçamo-nos para naturalizar tudo, queremos continuar narrando nossas paixões como faziam Homero ou Shakespeare, teimamos em nos preocupar com a produção, a ideologia, a religião ou a nação, mas tudo está se movendo. Queremos seguir afirmando que deus existe, que a nação existe, que o sexo existe, que o trabalho e a greve existem. Mas talvez já não seja assim. Não participo dos sonhos utópicos do pós-humanismo, mas tampouco partilho a ideia daqueles que veem na tecnologia um instrumento neutro que opera como mediador em nossa relação com o mundo. O que o Ocidente chama de tecnologia não é mais que uma modalidade científico-técnica do xamanismo e, portanto, uma das formas que nossa consciência assume quando se desdobra de maneira coletiva: uma exteriorização partilhada da consciência coletiva. Deixemos para trás as visões patriarcais e coloniais da tecnologia (que oscilam entre delírios de superpotência e paranoias de total desempoderamento) e enfrentemos as formas heterogêneas que nossa consciência está assumindo. Estamos mudando, e somente alguns de nós (os que têm o monstro dentro de si, aqueles nos quais a própria subjetividade e o próprio corpo foram publicamente assinalados como campos de experimentação e testemunhas materiais da mutação) percebemos isso.

Turim, 14 de janeiro de 2017

Imprimir a carne

NÃO VOU FALAR DE Donald Trump. Vou falar da possibilidade de imprimir um órgão sexual com uma bioimpressora 3D. O que talvez seja uma outra maneira de responder a Trump.

Até agora a transformação anatômica de um corpo transexual supunha um duplo processo: destruição do aparato genital e esterilização. Esse era e ainda é o caso em muitas das operações de vaginoplastia e de faloplastia. As cirurgias propostas nos processos de transição são a secularização tecnocientífica de um sacrifício ritual no qual o corpo trans é supliciado, mutilado e incapacitado para qualquer processo de reprodução sexual. O objetivo aqui não é a intensificação da potência vital do corpo (quer a chamem de saúde, prazer ou bem-estar), mas a reafirmação da norma falocrática e da estética heterossexual penetrante-penetrado.

Logo teremos, sem dúvida, a possibilidade de imprimir nossos órgãos sexuais com uma bioimpressora 3D. A biotinta será fabricada a partir de um composto de agregados de células-mãe provenientes do corpo ao qual o órgão está destinado: o órgão seria primeiro desenhado por computador antes de ser implantado no corpo que o reconhecerá como próprio. O processo já está sendo experimentado para imprimir órgãos como coração, rins ou fígado. Curiosamente, os laboratórios experimentais não falam da impressão de órgãos sexuais. Dizem que é preciso estabelecer limites "éticos". Mas de que ética se trata? Por que é possível imprimir um coração e não é possível imprimir um pênis, uma vagina ou um clitopênis? Por acaso não seria possível imaginar uma quantidade n+1 de órgãos sexuais implantáveis? A ética da diferença sexual deve ser considerada como limite ético para a transformação do corpo humano? É interessante lembrar que, quando Gutenberg afirmou, em 1451, que seria capaz de imprimir 180 cópias da Bíblia (supostamente a palavra de deus) com 42 linhas de texto por página em apenas algumas semanas (algo que à mão poderia levar dois anos), não só foi considerado imoral, como também herético. Mais uma vez, sabemos criar uma bioimpressora 3D, mas não sabemos usá-la livremente. Nossas máquinas são mais livres que nós.

Logo deixaremos de imprimir o livro para imprimir a carne, e entraremos assim numa nova era da bioescrita digital. Se a era Gutenberg caracterizou-se pela dessacralização da Bíblia, pela secularização do saber, pela proliferação de línguas vernáculas em face do latim e pela multiplicação das linguagens politicamente dissidentes, a era bio-Gutenberg 3D implicará a dessacralização da anatomia moderna como linguagem viva dominante.

O regime da hegemonia masculina e da diferença sexual (que ainda prevalece, embora esteja em crise desde 1968) é equivalente, no campo da sexualidade, ao que o monoteísmo religioso foi no campo teológico. Assim como, para o Ocidente medieval, parecia impossível (ou sacrílego) questionar a palavra divina, ainda hoje parece aberrante colocar em dúvida o binarismo sexual. Trata-se, porém, de categorias históricas, mapas mentais, limitações políticas à proliferação indefinida da subjetividade. A lógica do binarismo sexual e a diferença entre homossexualidade e heterossexualidade são efeito da submissão da potência do corpo a um processo de industrialização da reprodução sexual. Nossos corpos são reconhecidos apenas como potenciais produtores de óvulos ou espermatozoides, conduzidos a uma cadeia familiar-fordista, na qual estão destinados a reproduzir-se.

Masculinidade e feminilidade, heterossexualidade e homossexualidade não são leis naturais, mas práticas culturais contingentes. Linguagens do corpo. Estéticas do desejo. A possibilidade de desenhar e imprimir nossos órgãos sexuais vai nos colocar diante de novas perguntas. Não mais com que sexo anatômico nascemos, mas que sexo queremos ter. Assim como nós, corpos trans, escolhemos intencionalmente introduzir variações hormonais ou morfológicas que não podem ser reconhecidas apenas como masculinas ou femininas de acordo com os códigos binários de gênero, em princípio seria possível implantar uma multiplicidade de órgãos sexuais num corpo: seria possível ter pênis e clitóris ou nenhuma das duas coisas, ou ter um terceiro braço no lugar de um pênis, um clitóris no meio do plexo solar ou uma orelha erotizada destinada ao prazer auditivo. Chegará o tempo da estética contrassexual definida não por leis de reprodução sexual ou de regulação política, mas por princípios de complexidade, singularidade, intensidade e afeto.

Berlim, 4 de fevereiro de 2017

O traseiro da história

Em 2 de fevereiro de 2017, Théo Luhaka foi interpelado, insultado e estuprado com um cassetete telescópico por três policiais no bairro da Rose-des-Vents em Seine-Saint-Denis, próximo de Paris.

"A história", dizia Andrei Jeliabov, "evolui muito lentamente, e às vezes é preciso empurrá-la por trás." Os viris heróis políticos (de direita e de esquerda) feminizam a história para depois imaginarem-se a si mesmos aguilhoando-a. Como se a história fosse Théo e a política um cassetete. Mas nem Theo nem a história precisam de ninguém que os empurre. Eles estão enganados: o traseiro da história salta como uma lebre ou, melhor dizendo, como uma partícula. Einstein entendeu isso melhor que o amigo de Lênin. O problema deriva daquilo que o físico chamou de relatividade do movimento, que depende do sistema de referência de quem o percebe. A história se move, enquanto nós teimamos em acreditar, olhando pela janelinha de nossos celulares, que tudo continua igual: ainda estamos na Guerra Fria, nos anos 1930, no império colonial, na era do apartheid, na Inquisição, nas cruzadas... Nossa percepção é tão conservadora que é mais fácil para nós sentir o vento do paleolítico do que respirar a nuvem bioquímica do agora.

No entanto, a França já é Théo. A história não para, quem não tira o pé do freio é a nossa percepção. Obcecados pelas ideias contraditórias, mas mutuamente complementares de natureza e progresso linear, não sabemos apreciar o movimento hip-hopeante da história, o que nos impede de saltar do trem no momento exato. Assim, há quem acredite que o trem que passa é Trump, o Brexit, Marine Le Pen... Mas eles são apenas o reflexo de um velho trem chamado Pátria, Estado nacional, gramática nacional, saúde nacional, paraíso nacional, masculinidade nacional, pureza da raça nacional, estupro nacional, campo de concentração nacional... O traseiro da história, porém, corre e nos ultrapassa.

Vivemos um momento de crise epistemológica. Vivemos uma mudança de paradigma nas tecnologias de inscrição, uma mutação nas formas coletivas de produzir e armazenar conhecimento e verdade. Qualquer uma das máquinas que manejamos diariamente conta com uma capacidade 10 mil vezes superior à da mente humana individual para compilar, administrar e analisar dados. Sequenciamos nosso próprio DNA. Podemos intervir na estrutura genética do ser vivo. Modificamos intencionalmente os ciclos hormonais e podemos intervir nos processos de reprodução. Utilizamos tecnologias nucleares cujos resíduos radioativos vão durar sobre a Terra um tempo superior ao de nossa própria espécie e cujo manejo acidental poderia nos levar ao apocalipse. Mantemos as máquinas a todo vapor, e enquanto isso pretendemos que as tecnologias de produção de subjetividade e de governo coletivo sejam inamovíveis.

Em termos evolutivos, a gravidade (a potencialidade e o risco) do momento histórico que vivemos poderia assemelhar-se à do período em que, sendo *somente* animais, inventamos a linguagem como tecnologia social. Essa transformação foi marcada por uma hipertrofia da função simbólica, pela consagração do tempo "inútil" (em termos de produção) ao ritual e à narração e por uma atenção literalmente delirante ao inexistente, ao invisível. O etnobotânico e teórico da cultura rave Terence McKenna, prematuramente desaparecido, afirmava que somos macacos cujo córtex neuronal disparou depois do consumo acidental do cogumelo alucinógeno *Psilocybe cubensis*. Se isso é verdade, sem dúvida chegou a hora de tomar uma nova dose.

Cada contexto, cada encruzilhada nos obrigam a recolocar mais uma vez o como e o porquê da organização e da ação revolucionária. As tecnologias da subjetividade e de governo que a modernidade inventou para legitimar a supremacia sexo-colonial do Ocidente sobre o resto do planeta hoje estão em crise: a masculinidade branca como encarnação dotada de soberania política total e com monopólio das técnicas da violência, o sujeito entendido como indivíduo livre-consumidor, a democracia representativa e o sistema de partidos.

Desde 1999, em Seattle, desde as revoltas nas periferias francesas em 2005, desde as manifestações pacíficas das praças Tahrir, no Cairo, Puerta del Sol, em Madri, e Sintagma, em Atenas, os movimentos ganharam substância. Théo cresceu. Os trens da história que se aproximam são as lutas dos diferentes sujeitos políticos subalternos que desorganizam a hegemonia branca masculina, que atacam a figura do livre-consumidor. A potência transformadora dessas lutas em cooperação não pode ser apreendida pela lógica dos partidos nem reduzida a alguns assentos. Eles não nos representam. Transfeminismos, políticas de descolonização, antiprodutivismos: a transformação política só pode vir de um duplo processo de insurreição e imaginação. De desobediência civil e de abalo da percepção. De destituição e de criação instituinte. De revolução e de tecnoxamanismo.

Em 1849, enquanto as sufragistas lutavam pelo direito ao voto para as mulheres, a operária socialista e feminista Jeanne Deroin subverteu a gramática da democracia "machista" apresentando-se ela mesma como candidata às eleições legislativas. Deroin aponta ainda hoje um caminho possível de ação revolucionária. Eles não nos representam. Será que Théo poderia ser candidato a presidente na França? Será que precisamos comer outro cogumelo alucinógeno para conseguir ver a história?

Atenas, 25 de fevereiro de 2017

Notícias do clitóris da América

DIRIGIMOS AO LONGO da baía de San Francisco desde Santa Cruz, costeando o oceano Pacífico. Annie Sprinkle ao volante e eu de copiloto com seu cão, Butch. As árvores milenares recordam que esta foi uma terra habitada por povos ameríndios, antes de ser usurpada por colonos espanhóis no século XVIII. No momento em que a Europa vivia as revoluções de 1848, San Francisco se transformava num estado americano. Paramos na praia, nos restaurantes da costa. Enquanto comemos sopa de amêijoas e peixe frito, Annie fala de sua vida como atriz pornô e ativista dos direitos dos trabalhadores sexuais, de sua transformação em artista, de sua obra em colaboração com Beth Stephens. Chegamos a San Francisco: as ruas ondulam como dorsos de focas viradas para o Pacífico, as casas senhoriais modernistas e vitorianas misturam-se com outras que recordam a arquitetura de garagens, celeiros e ranchos. Passamos por Castro, vemos a casa de Harvey Milk. Esta é a cidade do Verão do Amor, da revolta da cafeteria Compton, a cidade na qual a dissidência de gênero converteu-se em movimento político, o lugar, segundo dizem, com mais trabalhadores sexuais e ativistas de gênero por metro quadrado em todo o planeta. Annie Sprinkle diz que San Francisco é "o clitóris da América", o menor e mais potente órgão do país: 121 quilômetros quadrados ultraeletrificados dos quais saem as redes de silício que conectam o mundo. Um dia foi a febre do ouro, hoje é a febre cibernética. Sexo e tecnologia.

Sol e dólares. Ativismo e neoliberalismo. Inovação e controle. Google, Adobe, Cisco, eBay, Facebook, Tesla, Twitter... 121 quilômetros quadrados que concentram um terço do capital de risco dos Estados Unidos.

É 8 de março, mas entre derivas e conversas não chegamos a San Francisco a tempo de participar da manifestação. Temos nossos lenços rosa, mas cá entre nós confessamos que nunca gostamos especialmente do Dia da Mulher. Nunca fomos bons candidatos para o papel. Ela, trabalhadora sexual. Eu, primeiro lésbica radical, agora trans. Além do mais, que sentido pode ter festejar um Dia da Mulher num regime binário de opressão de gênero? Seria algo como festejar um Dia do Escravo no regime de escravidão: passeata com grilhões e correntes. Mas este ano algo parece ter mudado: a convocação para uma greve geral e internacional de mulheres dá início a um processo de insurreição de gênero e sexual. Celebração, não; desobediência, sim. Comemoração, não; revolta, sim.

Como bons punks do feminismo, Annie e eu resolvemos celebrar o Dia da Mulher comprando dildos. Na cidade-clitóris concentram-se também os melhores fabricantes de tecnologias sexuais e masturbatórias. Vamos a uma das lojas históricas do distrito de Mission: fundada pela terapeuta e educadora sexual Joani Blank, foi a primeira companhia dedicada exclusivamente ao prazer feminino e lésbico. A empresa foi vendida primeiramente às próprias trabalhadoras, mas depois comprada pela filha de um magnata californiano do pornô. Ainda assim, muitas das ativistas e educadoras sexuais históricas da cidade, como Carol Queen, continuam trabalhando lá.

Na frente da loja, um pequeno piquete de manifestantes denuncia o assassinato pela polícia de San Francisco de Amílcar Pérez, imigrante guatemalteco de vinte anos. Lá dentro, somos recebidos por Jukie Sunshine, que vi numa foto de Del LaGrace Volcano alçando-se no alto das falésias Seven Sisters, na Inglaterra. Entrar na Good Vibrations com Annie Sprinkle é como entrar com Messi no Museu da Bola. Todos os *sex toys* parecem vibrar ao vê-la.

Examinamos novos modelos de dildos protéticos realistas de silicone hipoalergênicos e sem ftalatos. Consulto Annie: ela prefere o de cor "caramelo" ao "baunilha", e diz: "será como se você tivesse tomado banho de sol nu na Califórnia". Quando experimentamos novos vibradores, sua única pergunta é: "Esse aqui também serve para massagear o pescoço?". Diante de nosso olhar perplexo, Annie explica: "A sexualidade pós-menopáusica também é pós-genital". No final, ela escolhe um acessório ecossexual: um par de orelhas de gata que se fixam no cabelo como pregadores. Ao passarmos pelo caixa, Jukie relembra que todos os dildos têm seguro vitalício contra qualquer risco, mas que não inclui, insiste ela, "danos causados por ex-namoradas e cães". Annie me dá de presente, como lembrança de Vale do Silício, um "sugador de clitóris".

Saímos da loja e vamos dar um passeio em Clarion Alley, um calçadão com dezenas de murais, um museu do protesto a céu aberto. *"Blacks are Murdered with Impunity"*, *"Evict Google"*, *"Put Your Guns Down"*. Num dos murais, alguém substituiu as estrelas da bandeira estadunidense por caveiras e as listras vermelhas e azuis por nomes de pessoas assassinadas pela polícia, escritos em branco e preto. Ocorreram 67 assassinatos "legais" de migrantes latinos desde o começo do ano. O último nome é, de novo, Amílcar Pérez, mas também estão lá SamuelDuBose-

MiriamCareyBrendonGlennAntonioZambranoJessicaHernandez, escritos em maiúsculas e sem pontos ou vírgulas, como se a morte tivesse transformado todos os nomes num único nome. *"Rise in Power Brothers and Sisters."* À direita da bandeira, junto de um R.I.P. em 3D, um urso azul caga um arco-íris.

San Francisco, 25 de março de 2017

A exposição apátrida

A PRIMAVERA NÃO É uma boa estação para a austeridade, cantava a artista grega Lena Platonos nos anos 1980. Apesar das decisões da troika e do desmoronamento das instituições democráticas, do ressurgimento da estética fascista e da transformação progressiva dos campos de refugiados em campos de concentração, a primavera volta a Atenas em 2017 e continua não sendo uma boa estação para a austeridade. O sol não se submete ao corte de gastos públicos. Os pássaros nada sabem sobre o aumento da taxa de lucro, o fechamento das bibliotecas e museus públicos, as centenas de obras guardadas em sótãos e que não serão mostradas a público algum, a incapacidade da saúde pública de proporcionar cuidados mínimos aos doentes crônicos e soropositivos, o abandono de pessoas com fragilidades psicológicas ou motoras, a falta de assistência médica e escolar aos imigrantes... Disso tudo, nem o sol de abril nem os pássaros do monte Licabeto querem saber. Nessas condições, o que pode significar a organização em Atenas de uma exposição como a documenta que sempre, até agora, tinha acontecido em Kassel? Teimar e continuar acreditando que a primavera não é uma estação para a austeridade e que o sol brilha para todos. Ou talvez render-se às novas condições da mudança climática e aceitar, como dizia Jean-François Lyotard, que até o sol está envelhecendo.

A primeira documenta, organizada em Kassel em 1955 por Arnold Bode, tinha como objetivo devolver o acesso à obra dos artistas de vanguarda, banidos pelo regime nazista desde a exposição Arte Degenerada, em Munique, em 1937. Bode pretendia reconfigurar a cultura pública europeia num contexto devastado pela guerra. Esta 14ª edição da documenta surgiu de um mesmo sentimento de urgência. Não estamos numa situação de pós-guerra, mas de guerra econômica e política. Uma guerra de classes dirigentes contra a população mundial, uma guerra do capitalismo global contra a vida, uma guerra das nações e das ideologias contra os corpos e as imensas minorias. A crise das hipotecas podres, que teve início em 2007, serviu para justificar a maior reestruturação política e moral do capitalismo global desde os anos 1930. A Grécia, junto com os países que ficaram conhecidos mais tarde como PIGS ("porcos", em inglês: Portugal, Itália, Grécia, Espanha), transforma-se num significante politicamente denso, que sintetiza todas as formas de exclusão produzidas pela nova hegemonia financeira: restrição dos direitos democráticos, criminalização da pobreza, rejeição da imigração e patologização de qualquer forma de dissidência.

É por isso que a pesquisa que deu lugar à exposição ocorreu sobretudo em Atenas: aqui vivemos, parte da equipe de curadoria e o diretor; por aqui passaram, durante meses, as centenas de artistas, escritores e pensadores que fazem a documenta 14. "Você não pode possuir o nosso espírito sem partilhar a nossa realidade política", afirma em sua obra o artista aborígine australiano Gordon Hookey. Também por isso, a exposição é inaugurada hoje em Atenas e apenas oito semanas depois, no dia 10 de junho, em Kassel. No processo de pesquisa em Atenas, viver o fracasso democrático do referendo do *oxi* (não) em 5 de julho de 2015 foi crucial. Quando o governo grego recusou-se a aceitar a decisão cidadã, o Parlamento mostrou que era uma instituição em ruínas, vazia, incapaz de representar o povo. Ao mesmo tempo, a praça Sintagma e as ruas da capital encheram-se, por dias a fio, de vozes e de corpos. O parlamento era a rua. Daí surgiu o programa público da documenta 14: "Parlamento dos Corpos". A partir de setembro de 2016, abrimos um espaço de debate no parque Elefthérios onde artistas, ativistas, críticos e escritores, entre outros, reuniam-se para repensar a reconstrução da esfera pública, num contexto em que a democracia (e não a economia de mercado) havia entrado em crise. Uma das dificuldades (e belezas) de tornar essa exposição em Atenas possível foi a decisão de seu diretor artístico, Adam Szymczyk, de só colaborar com instituições públicas. Em condições de guerra, o interlocutor institucional da exposição não podia ser nem o establishment, nem as galerias, nem o mercado de arte. Ao contrário, a exposição é entendida aqui como um serviço público, como um antídoto contra a austeridade econômica, política e moral.

Quando se trata de uma exposição internacional como a documenta, todo mundo pede a lista de artistas e suas nacionalidades, o número proporcional de gregos e de alemães, de homens e de mulheres. Mas quem hoje tem direito a um nome? Quem pode afirmar que é cidadão de uma nação? É o estatuto do "documento" e seus processos de legitimação que está em questão. Enquanto o sol envelhece e o mapa geopolítico racha, entramos num tempo em que o nome e a cidadania deixaram de ser condições banais e transformaram-se em privilégios, em que sexo e gênero deixaram de ser designações óbvias e transformaram-se em estigmas ou manifestos. Alguns dos artistas e curadores dessa exposição um dia perderam um nome ou adquiriram outro para modificar suas condições de sobrevivência. Outros mudaram várias vezes seu estatuto de cidadania ou continuam à espera da aceitação de um pedido de asilo. Como nomeá-los, então? Contam como sírios, afegãos, ugandenses, canadenses, alemães ou como simples números numa lista de espera? Contam como gregos ou como alemães as centenas de artistas helenos que imigraram buscando melhores condições de vida em Berlim? Contam os lapões como finlandeses ou noruegueses, os ciganos como franceses, romenos ou espanhóis, os catalães ou bascos como espanhóis? Contam os exilados da guerra de Biafra como canadenses ou como nigerianos? E os artistas exilados nascidos em terras que deveriam se chamar Palestina e cuja obra retorna incessantemente ao lugar perdido? O mesmo acontece quando se trata das estatísticas de igualdade de sexos. Contam como homens ou como mulheres os artistas trans ou intersexuais? In-documentados.

A documenta 14 acontece num solo epistemológico e político que se estilhaça. O sacrifício econômico e político a que a Grécia foi submetida desde 2008 é simplesmente o princípio de um processo mais amplo de destituição da democracia que se estende pela Europa. Desde que começamos a preparar a exposição em 2014, assistimos a essa destruição progressiva, que impregna agora todas as instituições culturais: a rejeição aos refugiados, o conflito militar na Ucrânia, o retrocesso identitário dos países europeus, a reviravolta ultraconservadora da Hungria, da Polônia, da Turquia, das Filipinas, do Brasil... a chegada de Trump ao poder, o Brexit... O planeta está começando um processo de "contrarreforma" que visa restabelecer a supremacia branca-masculina e desfazer as conquistas democráticas que os movimentos operários, anticoloniais, indigenistas, feministas e de libertação sexual lutaram para alcançar nos últimos dois séculos. Uma nova modalidade de neoliberal-nacionalismo traça novas fronteiras e constrói novos muros. Nessas condições, a exposição, com suas formas diversas de construir um espaço público de visibilidade e enunciação, precisa transformar-se numa plataforma de ativismo cultural. Um processo nômade de cooperação coletiva, sem identidade e sem nacionalidade. Kassel travestida em Atenas. Atenas mutante em Kassel. As condições da vida sem-teto, do desterro, dos deslocamentos sucessivos, das migrações, da tradução e da poliglossia nos obrigam a ir além do relato etnocêntrico da história ocidental moderna, abrindo novas formas de ação democrática. A documenta está em transição. Inspirada nas metodologias da pedagogia experimental, descoloniais, feministas e queer que questionam as condições em que diferentes sujeitos políticos se fazem visíveis, essa exposição se afirma como apátrida em duplo sentido: questionando o vínculo não apenas com a "pátria", mas também com a genealogia colonial e patriarcal que construiu o museu do Ocidente e que agora pretende destruir a Europa.

Atenas, 7 de abril de 2017

Eu gostaria de viver

As LEMBRANÇAS DE MINHA última viagem à Califórnia voltam com a intensidade de uma ficção, como se tivessem sido extraídas de um romance de Ursula K. Le Guin. As cores são mais radiantes que a realidade de Kassel. O cheiro do mar, o brilho da pele das focas e os gritos dos manifestantes nas ruas explodem em minha mente com a consistência que só a narrativa literária tem. Nesse romance, um tal de Donald Trump venceu as eleições democráticas de um país chamado Estados Unidos da América. Prometeu construir um muro ao longo de toda a fronteira com o México. Aumentou o orçamento militar do país em 54 bilhões de dólares. Proclamou que a tortura é necessária para extrair a verdade dos malditos terroristas. Disse em público que o mais importante que uma mulher pode ter é uma bela bunda.

Nesse romance, para sentirem-se unidos diante do que está acontecendo, Annie Sprinkle e Beth Stephens organizaram um jantar com os amigos em sua casa em San Francisco. O jantar era um ritual em que cada um dos participantes era convidado a dar alguma coisa e pegar algo para si. O artista mexicano-estadunidense Guillermo Gómez-Peña fez um poema que começava assim: "Eu gostaria de viver como se Donaldo Trompazo não existisse. Gostaria de acordar como se Donaldo Trompazo não tivesse ganhado as eleições. Como se Donaldo Trompazo não fosse agora presidente". Ninguém conseguiu rir, nem fazer um único comentário. No meio da noite, o silêncio na sala permitia que ouvíssemos o canto dos pássaros como se fosse uma gravação em alta definição reproduzida agora por uma prótese implantada diretamente nas circunvoluções transversais de Heschl, nas áreas 41 e 42 do mapa de Brodmann, no córtex primário de nossos cérebros. Os pássaros cantando e a voz de Guillermo transformavam-se em cinzéis talhando uma escultura feita de ar e vibrações auditivas. "Eu gostaria de caminhar até Tijuana como se Donaldo Trompazo não existisse. Não quero dizer seu nome, porque gostaria de viver como se Donaldo Trompazo não existisse."

Não sei se sonho ou recordo. Sou assaltado pela imagem do corpo de Guillermo como uma aparição virginal. A virgem índia da fronteira. Os cantos dos pássaros confundem-se com os gritos das crianças num parque de cimento que se vê de uma das janelas do Fridericianum. O ritmo de trabalho exigido pela montagem e organização da documenta 14, o fato de ficar 24 horas dentro do museu montando obras de artistas tornam cada vez mais difícil distinguir a realidade da ficção. Minha própria vida passada se desfaz como se fosse uma história lida há tempos, que não sou mais capaz de recordar com precisão. Uma história na qual eu mesmo tinha outro rosto, outra voz, outro nome. Nossa história comum se desfaz. E aparece uma outra que alguém pode ter escrito em 1933 ou 1854 ou 1804 ou 1497. Há meses não volto a Paris. Todas as minhas coisas estão na última casa em que vivi. A mulher que continua vivendo nessa casa me escreve dizendo que hoje guardou no porão os últimos objetos que a faziam pensar em mim. Escreve: "O porão está gelado. Revi as coisas entre as quais vivemos. Fomos tão felizes". Respondo, mentindo: "Lembro-me de cada minuto que vivemos juntos". Mas já não lembro. Apenas imagino.

A política é um texto de ficção no qual o livro é nosso próprio corpo. A política é um texto de ficção, salvo que é escrito com muito sangue em lugar de tinta, coletivamente. Nesse texto de ficção, tudo é possível: um muro separando os Estados Unidos do México, o fechamento total das fronteiras para os portadores de documentos de identidade de países árabes, a privatização da saúde pública, a criminalização da homossexualidade e do aborto, a condenação à morte dos portadores de HIV, a internação das pessoas física ou psicologicamente diferentes... A história nos ensina que tudo, do mais absurdo ao mais brutal, sempre foi politicamente possível: foi possível para a antiga Grécia criar um sistema democrático (que admiramos até hoje) que excluía mulheres, crianças, escravos e estrangeiros; foi possível exterminar a população indígena das ilhas atlânticas e do continente americano; foi possível construir um sistema econômico agrícola no qual 15% da população, os brancos, escravizava 85% da população, os negros capturados na África; foi possível estabelecer-se na Argélia e chamar de idiota a população que tinha nascido lá; foi possível expulsar os palestinos de suas próprias casas; foi possível dizer às mulheres que elas só existiam porque pariam; foi possível construir um muro no meio de Berlim para separar Ocidente e Oriente, o bem e o mal; foi possível convencer as pessoas de que o sexo era obra do demônio. Recordo ou imagino outra vez a voz de Guillermo: "Eu gostaria de viver como se Marine Lepênis e Manuel Macarron não existissem".

Nova York, 28 de abril de 2017

Nossos bisontes

No decorrer do século xix, mais de 40 milhões de bisontes foram mortos na América do Norte. Esses imponentes e formosos herbívoros não foram sacrificados por sua carne, nem mesmo por sua pele. Sua carne apodrecia ao sol e só os ossos triturados serviam como fertilizante para as novas terras colonizadas. O massacre desses animais foi arquitetado pelo governo federal e perpetrado pelo exército e por milhares de colonos anônimos — qualquer um que possuísse um rifle — como uma maneira de deslocar e matar de fome os povos indígenas, cuja alimentação e forma de vida dependiam inteiramente da caça ritual do bisonte. O coronel Sheridan aplicou uma velha regra da arte da guerra, segundo a qual "destruir os recursos do inimigo é a maneira mais eficaz e definitiva de acabar com ele". Em 1890, só restavam 750 exemplares de bisonte, que se refugiaram no Parque Nacional de Yellowstone, o que garantiu sua preservação até hoje. Em 1890, os povos indígenas foram quase exterminados ou recolhidos em reservas sob controle federal. Sem dúvida para compensar simbolicamente uma culpa genocida e uma dívida impagável, há pouco tempo o presidente Obama transformou o bisonte no animal emblema dos Estados Unidos.

Hoje, a técnica de guerra indireta aplicada por Sheridan parece iluminar o funcionamento das políticas de gestão da transexualidade em boa parte dos Estados europeus. Enquanto alguns deles, como por exemplo o espanhol, estabeleceram leis que flexibilizam o acesso à mudança de identidade sexual, fazendo das pessoas trans o novo "animal emblema" das políticas sociais progressistas, as práticas concretas de produção da subjetividade trans implementadas institucionalmente continuam a ameaçar nossas vidas.

Há meses, os usuários de Testex Prolongatum 250 mg, um composto à base de cipionato de testosterona elaborado e comercializado pelos laboratórios Desma, fomos submetidos a uma restrição quase total da administração desse fármaco. Corre o rumor de que o laboratório Desma quer mudar o nome ou a fórmula do preparado, o que lhe permitiria mudar também o preço. A dose injetável intramuscular de Testex Prolongatum 250 mg (suficiente para cobrir o suplemento de testosterona durante catorze dias) custa 4,42 euros, dos quais o usuário paga 0,5 euro, enquanto a alternativa, o Testogel 50 mg (trinta doses em gel, que devem ser aplicadas diariamente), custa 52,98 euros, dos quais a Seguridade Social paga quase 50.

Estamos presos no cruzamento de duas lógicas aparentemente opostas, mas na realidade complementares, de controle da subjetividade sexual dissidente. O Estado nos reconhece como "transexuais" em troca de construir-nos como doentes psicopatológicos que precisam de tratamento. A indústria farmacêutica, por sua vez, não precisa do diagnóstico psicopatológico como justificativa para transformar-nos em consumidores rentáveis. Nenhum dos dois tem interesse em garantir nosso livre acesso à testosterona. O Estado prefere nos ter sob controle: patologizados, dependentes, submissos. Para a indústria farmacêutica, não somos suficientemente rentáveis como consumidores de Testex Prolongatum 250 mg. Ela preferiria transformar o Testogel, bem mais caro, no único acesso possível à testosterona. O Estado nos marca e nos cerca, obrigando-nos a viver no espaço restrito da "doença". A indústria farmacêutica faz comércio com nossos bisontes.

Qualquer homem trans sabe que a interrupção da administração periódica do fármaco provoca mudanças hormonais que produzem uma cascata de efeitos secundários insuportáveis: mudanças de humor, sudorese, tremor das mãos, dor de cabeça e, por último, a volta do sangramento menstrual. Pergunto em cada farmácia, como um desempregado procurando trabalho, como um refugiado buscando asilo, mas recebo sempre a mesma resposta: os laboratórios não estão distribuindo e a Seguridade Social não se responsabiliza. Deixo, então, de ser um cidadão, deixo de ser um professor para ser simplesmente um *junkie* à cata de 250 mg de testosterona, um comprador de ouro barato, um caçador de esmeraldas de liquidação, um contrabandista de órgãos. No final, viajo a Londres para pegar pessoalmente um par de gramas que um amigo conseguiu para mim. Fabricar um corpo, ter um nome, obter uma identidade legal e social é um processo material, que supõe o acesso a um conjunto de próteses sociopolíticas: certidões de nascimento, protocolos médicos, hormônios, operações, contratos matrimoniais, documentos de identidade... Impedir ou restringir o acesso a essas próteses é, de fato, impossibilitar a existência de uma forma social e política de vida.

Dizem que na época da colonização da América, quando boa parte dos índios tinha sido confinada em reservas, Sheridan propôs um último *deal*: o Estado federal daria a cada índio uma garrafa de uísque em troca de uma língua de bisonte. Assim caíram os últimos.

Diante das urnas, diante das instituições e diante do mercado, os cidadãos somos hoje uma simples reserva de população cativa e consumidora. Filas para votar, filas para receber um salário e pagar faturas, filas para nascer e morrer num hospital, filas para obter asilo, filas para ter acesso à dose... Não é mais possível seguir com essa simulação de amizade com as instituições ditas democráticas (que matam nossos bisontes) ou com o mercado (que comercia com suas línguas).

É preciso inventar formas de viver soberanas diante da dupla hélice Estado patriarcal/mercado neoliberal. É preciso criar cooperativas de usuários politizados, cooperativas que nos permitam ganhar soberania tanto diante das instituições patologizantes quanto diante da indústria farmacêutica e de suas ambições de lucro genocida. As cooperativas de usuários politizados deverão ser espaços nos quais se produzem e distribuem não apenas as substâncias, mas também os saberes: lugares de autodiagnóstico, de produção autônoma, ecológica e sustentável e de distribuição justa.

Abandonaremos as listas de espera mortificantes e submissas. Não deixaremos cair mais nenhum bisonte. Saltaremos sobre o último cavalo que nos resta e partiremos em fuga.

Londres, 17 de maio de 2017

O preço da sua normalidade é a nossa morte

A BATALHA LEGAL DE Gaëtan Schmitt para ser declarado de "sexo neutro" e a importante circulação do documentário *France: n'être ni fille ni garçon* [França: não ser nem menina nem menino], que segue a trajetória de Vincent Guillot, entre outros, aproximaram as demandas dos movimentos intersexuais do debate público. Se os anos 1960 foram o momento da emergência dos movimentos feministas e homossexuais, poderíamos dizer que o novo milênio se caracteriza pela visibilidade crescente das lutas trans e intersexuais. Abre-se assim a possibilidade de configurar uma segunda revolução sexual transfeminista, não estruturada em forma de políticas de identidade, mas construída através das alianças de múltiplas minorias políticas em face da norma.

Nossa história da sexualidade é tão incrível quanto um relato de ficção científica. Depois da Segunda Guerra Mundial, a medicina do Ocidente, dotada de novas tecnologias que davam acesso a diferenças do ser vivo que não eram visíveis até então (diferenças morfológicas, hormonais e cromossômicas), confronta-se com uma realidade desconfortável: existem, desde o nascimento, corpos que não podem ser caracterizados simplesmente como masculinos ou femininos: pênis pequenos, testículos não formados, falta de útero, variações cromossômicas que vão além do XX/XY... Bebês que põem em xeque a lógica do binarismo. Ocorre então algo que poderíamos chamar, na terminologia de Thomas Kuhn, de crise do paradigma epistêmico da diferença sexual. Teria sido possível modificar o marco cognitivo de designação sexual, abrindo a categoria do humano a qualquer forma de existência genital. Contudo, o que aconteceu foi justamente o contrário. O corpo genitalmente diferente foi declarado "monstruoso", "inviável" e "deficiente" e submetido a um conjunto de operações cirúrgicas e hormonais que tentam reproduzir a morfologia genital masculina ou feminina dominante.

Os macabros protagonistas dessa história (John Money, John Hampton e Andrea Prader) não são nem físicos nucleares nem militares. São pediatras. A partir dos anos 1950, generaliza-se o uso da "escala Prader" (um método visual que permite medir o que eles chamam de "virilização anormal dos genitais" nos bebês, estudando-se o tamanho e a forma dos órgãos) e o "protocolo Money" (que indica os passos a seguir para reconduzir um bebê intersexual a um dos polos do binário, masculino ou feminino). A mutilação genital dos bebês considerados intersexuais impõe-se como rotina hospitalar. Se diversas convicções religiosas praticam rituais de marcação e mutilação genital (clitoridectomia, circuncisão...) que o Ocidente supostamente civilizado considera bárbaros, esse mesmo discurso racional aceita como necessária a prática de violentos rituais científicos de mutilação genital. Aquela ficção científica de pornoterror dos anos 1950 é, hoje, a nossa arqueologia anatômica comum.

A diferença genital masculino-feminino é na realidade uma estética (um conjunto de normas consideradas conforme uma escala de valores) arbitrária e historicamente superestimada, segundo a qual só existem duas possibilidades do humano: pênis penetrante, vagina penetrada. Somos vítimas de um kitsch pornocientífico: a padronização da forma do corpo humano de acordo com critérios de estética genital heterocêntrica. Fora dessa estética binária, qualquer corpo é considerado patológico e, portanto, submetido a um processo de normalização terapêutica.

O regime sexo-gênero binário é para o corpo humano o que o mapa é para o território: uma grade política que define órgãos, funções e usos. Um marco cognitivo que estabelece as fronteiras entre o normal e o patológico. Assim como os países africanos foram inventados pelos acordos coloniais dos impérios do século XIX, a forma e a função de nossos órgãos ditos sexuais foram resultado dos acordos da comunidade científica estadunidense do período da Guerra Fria e de seus planos de manter os privilégios patriarcais e a organização social da reprodução heterossexual.

O movimento intersexual contemporâneo denuncia o modo como Prader confunde, por exemplo, formas genitais pouco habituais ("pouco", realmente? Um bebê em cada 2 mil, segundo Prader, um em cada mil ou mesmo em cada oitocentos, segundo estudos mais recentes) com formas patológicas, forçando um processo de normalização cirúrgica ou hormonal que viola o direito de um corpo a sua integridade morfológica. A mutilação genital deve ser considerada crime, mesmo que realizada sob a legitimação de um discurso religioso ou científico. Um corpo com macroclitóris e útero tem direito a ser reconhecido como um corpo humano viável, que não necessita ser reconduzido de maneira violenta a uma estética genital binária. Um corpo sem pênis e com um orifício não penetrável pode ter existência genital e sexual fora da imposição forçosa da heterossexualidade normativa. Outras estéticas genitais são possíveis e merecem ser politicamente viáveis. Alguns trans escolhemos intencionalmente a estética intersexual (homem sem pênis, mulher com pênis etc.) como forma preferencial de redesenhar nossos corpos.

É o regime binário de sexo-gênero que precisa ser modificado, não os corpos chamados intersexuais. O preço da sua normalidade é o nosso intersexualicídio. O único tratamento de que necessitamos é uma mudança de paradigma. Mas, como a história ensina, dado que o paradigma da diferença sexual e de gênero é a garantia da manutenção de um conjunto de privilégios patriarcais e heterossexuais, essa mudança não será possível sem uma revolução política.

O transfeminismo poderia definir-se como um movimento revolucionário, embora pacífico, procedente da aliança das lutas históricas antipatriarcais do feminismo e das lutas recentes pela desmedicalização e despatologização dos movimentos trans, intersexual e das pessoas com deficiência (movimentos handi-queer), e que vê a abolição do sistema binário sexo-gênero e de suas inscrições institucionais e administrativas (a partir da designação de sexo in utero ou ao nascer) como condição de possibilidade de uma profunda transformação política, que leve ao reconhecimento da irredutível multiplicidade do ser vivo e do respeito a sua integridade física.

Atenas, 2 de junho de 2017

O Sul não existe

DURANTE TREZE EDIÇÕES CONSECUTIVAS, Kassel foi a sede indiscutível da exposição documenta. Mas a documenta 14 abalou essa evidência ao ser inaugurada pela primeira vez na cidade de Atenas. Esse deslocamento, porém, deve ser interpretado como um movimento em direção ao Sul, ao Sul da Europa ou, mais ainda, ao Sul global?

Vamos esclarecer desde já: como ensinam os críticos anticoloniais Aníbal Quijano, Silvia Rivera Cusicanqui ou Walter Mignolo, o Sul não existe. O Sul é uma ficção política construída pela razão colonial. O Sul é uma invenção da cartografia colonial moderna: efeito ao mesmo tempo do *traite négrière transatlantique* [tráfico negreiro transatlântico] e do desenvolvimento do capitalismo industrial em busca de novos espaços para a extração de recursos. O outro lado da invenção do Sul foi a construção de uma ficção ocidental moderna do Norte. O Norte, portanto, também não existe. A Grécia ocupa uma posição singular nesse jogo de ficções políticas.

A partir do Renascimento, a Grécia foi "cortada", enquanto significante, de seu contexto geográfico e histórico para ser transformada em fundação mítica do Norte ocidental. Essa operação exigiu que fossem apagadas as suas conexões com o Império Otomano, mas também as relações históricas da cultura helênica com o Mediterrâneo e a África. O "branqueamento" da história grega para que pudesse transformar-se em origem da civilização cristã ariana desempenhou um papel crucial na formação da identidade moderna alemã, nos projetos de Johann Joachim Winckelmann, Friedrich Schiller, Friedrich August Wolf, Wilhelm von Humboldt ou Friedrich Schleiermacher.

A partir do século XVIII, as economias imperiais e as narrativas cristãs de supremacia branca deslocaram os centros de produção de conhecimento e valor da Ásia, do Oriente Médio e do mar Mediterrâneo para o Norte da Europa (Países Baixos, França, Alemanha e Inglaterra), inventando não só o Sul, como também o Leste. Durante a Guerra Fria, o Oeste ganhará novos significados políticos: o mapa será novamente fragmentado. Paradoxalmente, depois da segunda onda de descolonização (Índia, Argélia, Nigéria...), da queda do Muro de Berlim e da extensão global do capitalismo financeiro, as distinções entre Norte e Sul multiplicaram-se em vez de desaparecerem. A crise financeira de 2007 intensificou tais distinções e construiu um novo Sul europeu para os chamados PIGS (Portugal, Itália, Grécia, Espanha).

O Sul não é um lugar, mas antes o efeito de relações entre poder, conhecimento e espaço. A modernidade colonial inventa uma geografia e uma cronologia: o Sul é primitivo e passado. O Norte é progresso e futuro. O Sul é resultado de um sistema racial e sexual de classificação social, de uma epistemologia binária que opõe alto e baixo, mente e corpo, cabeça e pés, racionalidade e emoção, teoria e prática. O Sul é um mito sexualizado e racializado. Na epistemologia ocidental, o Sul é animal, feminino, infantil, bicha, negro. O Sul é potencialmente doente, débil, estúpido, deficiente, preguiçoso, pobre. O Sul é sempre representado como carente de soberania, carente de conhecimento, de riqueza e, portanto, intrinsecamente endividado em relação ao Norte. Ao mesmo tempo, o Sul é o lugar onde acontece a extração capitalista: o lugar onde o Norte captura energia, significado, *jouissance* e valor agregado. O Sul é a pele e o útero. O óleo e o café. A carne e o ouro.

No outro extremo dessa epistemologia binária, o Norte aparece como humano, masculino, adulto, heterossexual, branco. O Norte é representado como cada vez mais saudável, mais forte, mais inteligente, mais limpo, mais produtivo, mais rico. O Norte é a alma e o falo. O esperma e a moeda. A máquina e o software. É o lugar da coleção e do lucro. O Norte é museu, arquivo, banco.

A divisão Norte-Sul cobre qualquer outra forma de espacialização. Cada sociedade designa um Sul, um lugar onde realiza a extração capitalista e onde deposita o lixo. O Sul é a mina e a cloaca. O coração e o ânus. Ao mesmo tempo, o Sul é o lugar temido pelo Norte como reserva de potência revolucionária, e por isso é lá que o controle e a vigilância se intensificam. O Sul é o campo de guerra e a prisão, o lugar da bomba e dos resíduos nucleares.

Atenas não é o Sul. Kassel não é o Norte. Tudo tem um Sul. A linguagem tem um Sul. A música tem um Sul. O corpo tem um Sul. Você mesmo tem um Sul. Vire a cabeça. Coma o mapa. Hackeie a linha vertical. Devolva a soberania a seus pés e dance. Deixe que o seu Sul decida.

Atenas, 23 de junho de 2017

Piu-Piu tem um encontro marcado com a História

PARECE CLARO QUE nesses dias, num desses dias (ninguém sabe exatamente quando), a Catalunha tem um encontro marcado com a História. O que não parece tão claro é se a História, com agá maiúsculo, por favor, vai ou não comparecer ao encontro e o que fará caso apareça. Ao contrário do que poderíamos imaginar, a História não é resultado de uma racionalidade política articulada com precisão, mas antes o efeito abrupto do encadeamento de rocambolescos erros políticos. Em seu livro *China em dez palavras*, o escritor Yu Hua descreve a revolução chinesa como um filme B de terror cômico: um processo violento e caótico, cheio de ardentes fervores e decisões estúpidas, de autênticos heróis fracassados e heróis de araque entronizados como líderes espirituais do século, de slogans ridículos repetidos até à saciedade e de sandices convertidas em instituição. Assim, por exemplo, mesmo quando a fome fazia centenas de milhões de vítimas, o governo não deixou de proclamar a glória da nação, apresentando informes falsos nos quais a China aparecia como o maior produtor mundial de arroz, sementes e até de batata-doce. A revolução, diz Yu Hua, "foi uma comédia absurda impregnada de ideais românticos. A falsidade, o exagero e a fanfarrice estavam na ordem do dia".

As façanhas do encontro da Catalunha com a História puderam ser acompanhadas nas narrativas (com relatos diferentes) de *El País*, *El Mundo*, da televisão espanhola ou da TV3, da Catalunha. A lei do referendo de autodeterminação foi aprovada em 7 de setembro de 2017 sem o consenso necessário, usando uma estratégia de "leitura única", por via rápida e sem anúncio prévio, que os partidos independentistas devem ter aprendido com os métodos abusivos de poder do Partido Popular: o Junts pel Sí e a Candidatura d'Unitat Popular inventaram, contentes e aclamados, a figura do "ilegal legal". Por seu lado, Mariano Rajoy erige-se em salvador da unidade nacional, criminaliza todos os processos da política autonomista catalã e inventa, esfregando as mãos só de pensar nos futuros ganhos eleitorais, a figura do "legal ilegal": catorze pessoas são presas acusadas de envolvimento no referendo, desde quadros políticos da Generalitat até técnicos de informática; são proibidos os atos públicos a favor do referendo em todo o Estado espanhol; a polícia nacional realiza uma busca na sede da CUP e apreende documentos considerados propaganda ilegal; a Guarda Civil confisca livros, cartazes e documentos que promovem o referendo. Somente durante o franquismo e no País Basco depois da morte de Franco assistimos a uma escalada semelhante de restrição das liberdades civis e políticas na península. Para acentuar a tom burlesco desse encontro com a História, o governo aluga o barco *Moby Dada*, enfeitado com desenhos de Frajola & Piu-Piu, ancorado no porto de Barcelona, para alojar os milhares de policiais destacados para atuar contra o referendo no dia 1º de outubro. A Warner, dona das imagens que cobrem o barco, preocupada com a associação entre a repressão policial e seu desenho animado, exige que cubram as imagens de Piu-Piu e Frajola... Tarde demais. Nessa altura, a história já tinha viralizado: "libertem Piu-Piu" era *trending topic* no Twitter, e Piolin.cat* era o nome do site onde os votantes "ilegais legais" podiam consultar o endereço de sua seção eleitoral. Por seu lado, Carles Puigdemont, grande defensor do direito de decidir, não parava de presentear-nos com contraditórios pensamentos tragicômicos que fariam Yu Hua recordar sua própria História: numa entrevista para a TV, quando perguntam por que votou contra o referendo de autodeterminação curdo ou subsaariano, Puigdemont, além de afirmar que tinha esquecido que votara contra, não hesita em argumentar que fora contra o referendo curdo porque não tinha sido "convocado por um governo". Também nunca tinham nascido tantas batatas-doces na China quanto em 1960...

Para o catedrático constitucionalista sevilhano Javier Pérez Royo, o centralismo do Tribunal Constitucional levou a Catalunha a um beco sem saída. A Constituição espanhola elaborada em 1978, após o fim do franquismo, baseava-se num pacto territorial segundo o qual a Catalunha se integrava ao Estado espanhol. Em troca, o Estado reconhecia o autogoverno da Catalunha, de modo que as decisões votadas pelo Parlamento catalão e referendadas pelos catalães não podiam ser recusadas. A brecha que levou à atual situação foi aberta em 2006, quando o Tribunal Constitucional espanhol recusou o *Estatut* catalão, rompendo o pacto de 1978 e deixando a Catalunha fora do quadro institucional. Começa assim um processo de deriva que abre as portas para a entrada dos fanfarrões da História. Contudo, esse duplo processo de restrição de direitos e de insurreição abre também a possibilidade de questionamento da Constituição pós-franquista,

---

* Piolín: nome do personagem Piu-Piu em espanhol. (N. T.)

gerando pela primeira vez um contexto propício ao estabelecimento de um novo pacto pós-monárquico e republicano, federalista ou confederalista.

E assim, enquanto a História com H maiúsculo marca encontro com os políticos da Catalunha e do resto da Espanha, os cidadãos reúnem-se com a micro-história dando início a um processo de refundação democrática que poderia se estender a todo o Estado espanhol.

O que surpreende nesse momento na Catalunha é a cooperação cidadã para a organização de um processo de insurreição pacífica. Diante de palácios de justiça e comissariados, milhares de pessoas encontram-se para cantar ou discutir. Uma onda de sons metálicos percorre as ruas todas as noites, às dez. Todas as cidades organizam panelaços para protestar contra a prisão dos catorze acusados. Debruçado na janela de um edifício do Bairro Gótico, assisto a uma aula de cultura democrática ministrada por um vizinho a um turista. Quando os turistas que ocupam o terraço do primeiro andar reclamam dizendo que não conseguem dormir por causa do barulho das manifestações, o vizinho do terceiro responde: "Se você não se importa com os direitos das pessoas que vivem nesta cidade, o que veio fazer aqui? Trate de pegar uma panela e junte-se a nós!".

É nos diálogos à margem da História, nesse encontro marcado com a micro-história, que reside a esperança: o referendo catalão podia se transformar num referendo de todo o território espanhol para discutir a redação de uma nova Constituição e a fundação de uma nova República realmente pós-franquista.

Barcelona, 30 de setembro de 2017

Malnascidos

DEPOIS DE PASSAR a última semana em Barcelona, viajo de novo para Hidra, uma pequena ilha grega preservada do tráfego e da exploração imobiliária, a somente duas horas de barco de Atenas. Uma espécie de paraíso retrô para as classes cultas e endinheiradas: uma extensão insular do bairro ateniense de Kolonaki. As modernas malas de rodinhas dos viajantes urbanos transformam-se em estúpidas caixas que não rodam nas ruas de pedra da ilha. As mulas carregadas com as malas coloridas, que sobem até a aldeia por estreitos caminhos quase verticais e escadas de pedra, são uma metáfora da condição do ser vivo no terceiro milênio. Nossos corpos são como essas mulas: silenciosos músculos pré-históricos carregando um sofisticado futuro técnico nas costas. Mas sem as mulas não há progresso, a economia não avança. Durmo numa casa situada a dois passos daquela onde viveu Leonard Cohen. Sua casa é anônima, mas a rua tem seu nome. *Odos* Leonard Cohen. Achei que vir a Hidra seria como introduzir um disco de limpeza no cérebro. Não pensei em férias. Pensei em esvaziar o arquivo, descarregar a memória. Em apagar. E reiniciar. Mas nada se apaga nem se reinicia. Nem mesmo as máquinas podem ser reiniciadas. Quem diz apagar mente. Como explicou Derrida ao comentar Freud, a memória é como uma lousa mágica na qual se escreve uma e outra vez em cima do que já estava escrito. Ao deslizar a barra para apagar o escrito, a lousa parece pronta para receber uma nova camada de escrita, mas sob a superfície existe um espaço denso e ilegível carregado de marcas permanentes. Para onde vai o amor quando parece esquecido? Quando desço para o porto de Kamini, na velha taberna de paredes gastas vermelhas e amarelas onde os pescadores se encontram, ouço a canção "Documenta". Nada se apaga, apenas se reescreve sobre o que estava escrito: o sol imponente, a voz de Sotiria Bellou, o número exato de vezes que é preciso dobrar à direita e à esquerda para encontrar a casa, as buganvílias roxas, os gatos famintos ou dormindo. Consigo articular duas frases curtas e os habitantes locais falam comigo em grego. Na terceira frase, percebem que não tenho condições de continuar a conversa. E perguntam: "De onde você vem, amigo?". "De Barcelona", respondo, tentando não pensar demais. Pela primeira vez, a pergunta seguinte não é "Barça ou Real Madrid?" (os gregos adoram futebol), mas "Catalão ou espanhol?". "Nem um, nem outro", respondo. *"Po-po-po"*, responde ele. O que em grego significa algo como "que confusão".

Nesses dias, seguindo o desenrolar das batalhas entre independentistas catalães e unionistas espanhóis do outro lado do Mediterrâneo, percebo claramente minha incapacidade de distinguir o que uns e outros chamam de "nação". Não vejo a nação. Não consigo senti-la. Percebê-la. Sou insensível às modalidades de afeição que a pátria suscita. Pátria, pai, patriarcado. Abri mão de tudo isso. Não entendo a que se referem uns e outros quando falam de "sua história", "sua língua", "suas terras". Espanha, Catalunha. Nada vibra em mim. Nada ressoa. Ao contrário, sempre ouvi a palavra "Espanha" com desconfiança e medo.

A nação é reconhecida como Estado lá onde existem norma, violência, mapa, fronteira. Assim expressou-se a existente-nação-Estado-Espanha diante da não-existente-nação-Estado-Catalunha em 1º de outubro passado: como força policial, como limite e negação. O Estado-nação é, nesse sentido, o limite que impede a realização da democracia. Uma constituição que legitima e protege o exercício da violência não só não é garantia democrática como também expressa o próprio limite de uma possível democracia ainda por vir.

Não entendo meu corpo nem minha existência política como parte da nação espanhola. Nem identidade nem independência. Só entendo minha existência política em referência a outros corpos vivos numa relação ao mesmo tempo de estranhamento e dependência. Meu povo são as mulas. As malnascidas. As sem-nação. Apátridas. Interessam-me os não povos em processo de invenção, as não comunidades políticas cuja soberania, expressa como potência, excede os limites do poder. Os corpos silenciosos do mundo, que não são sequer qualificados como povo. Os que carregam o futuro nas costas e a quem ninguém concede a legitimidade de sujeito político. O único status que entendo é o da estrangeiridade. Morar numa terra onde não se nasceu. Falar uma língua que não é a sua e, portanto, fazê-la vibrar com outro sotaque, fazer com que suas palavras sejam ao mesmo tempo gramaticalmente corretas e foneticamente desviantes.

É o processo de expropriação e de desidentificação, e não a nação, que caracteriza de maneira retroativa aquelas paisagens que são minhas e que outros poderiam considerar como nacionais. Sinto-me perfeitamente estrangeiro quando retorno ao lugar onde nasci, pois sei que não são minhas terras, e quando falo aquela que vejo que não é a minha língua. Como falar de nação quando alguns de nós tiveram seu direito de nascer recusado? Como falar de terra quando nos expulsaram daquilo que se supunha ser a nossa casa? Como falar de uma língua materna quando ninguém ouviu o que tínhamos a dizer? Se a classe médica qualificou-me um dia como disfórico de gênero por eu não me identificar com o gênero que me designaram ao nascer, declaro-me agora disfórico de nação.

Só entendo as políticas de identidade como instrumento hiperbólico através do qual um sujeito cuja existência política foi negada se afirma e se torna visível no domínio público. Só entendo as políticas de identidade como antessala de um processo de desidentificação que questione o Estado-nação como único sujeito político.

Não digo isso para esquivar-me de tomar posição num conflito. Minhas simpatias sempre estão do lado da ruptura, da transformação, da explicitação de forma real daquilo que ainda não pode se expressar de maneira política ou legal. Do lado da ontologia do impossível. Em qualquer caso, a favor de um processo de republicanização da península. Por esse desejo de ruptura (esse meu empenho em apagar e escrever de novo, em questionar a marca herdada), Paul Beatriz, um sujeito político (de ficção política) recém-nascido, votou pela primeira vez em 1º de outubro, num referendo (de ficção política). Certamente os que pensam que Paul não existe são os mesmos que pensam que não votamos. Mas ele existe — e nós votamos.

Hidra, 13 de outubro de 2017

Democratas contra a democracia

Viajo de Barcelona a Oslo e de lá a Trondheim, na Noruega, para participar de uma conferência sobre o futuro das instituições culturais europeias. O encontro tem lugar num barco que percorre a costa norueguesa, desde o limiar do círculo polar ártico até os fiordes de Bergen. Entre um debate e outro, saio discretamente para fumar ou simplesmente ler e tomar sol. Deitado numa rede, debaixo de um cobertor, contemplo a superfície interminável, lisa e escura do mar. As imponentes montanhas de rocha e vegetação erguem-se com uma forma incomensurável diante da pequenez de minha existência. A experiência kantiana do sublime tomaria conta de mim se a vibração contínua do celular não viesse sabotá-la — será que o sublime não é mais possível na era da comunicação digital?

Notícias sobre a situação da Catalunha não param de chegar de Barcelona, numa sucessão de mensagens contraditórias. Às 12h50 informam que Carles Puigdemont teria aceitado, com a mediação de Íñigo Urkullu, presidente da comunidade autônoma do País Basco, a imposição do governo central espanhol de dissolver o Parlamento catalão e convocar eleições autônomas. Teria feito isso para tirar da prisão os líderes das associações civis do independentismo e evitar a aplicação do artigo 155, que implicaria a destituição e prisão dos representantes políticos do governo catalão. Contudo, duas horas depois, ao saber que o Partido Popular aplicaria o artigo 155 de qualquer forma, Puigdemont muda de ideia. É por isso que vocês estão lendo agora a quarta versão do artigo que tento escrever há algumas horas.

O governo Rajoy, com a cumplicidade do Partido Socialista Operário Espanhol, resolve aplicar o artigo 155 da Constituição espanhola "em defesa", segundo o governo, "do respeito à legalidade e aos direitos democráticos de todos os espanhóis e especialmente de todos os catalães". Estamos diante de uma reviravolta histórica. Assistimos à emergência na Europa de uma nova forma de "democracia" autoritária e repressiva, que usa a lei, a interpretação mais violenta possível da lei, para implementar reformas conservadoras. Essas reformas "democráticas" incluem o emprego da polícia nacional contra a cidadania, a privação de liberdades, a prisão de membros da sociedade civil unicamente em razão de suas ideias, o confisco de documentos escritos e digitais, a dissolução do Parlamento, a intervenção nos meios de comunicação... Alguém falou em democracia?

Conforme afirmou Gabriel Jaraba, a crise catalã é "um experimento de alcance europeu cuja missão estratégica consiste em testar até que ponto a cidadania e as instituições estão dispostas a tolerar uma democracia autoritária". Se eu não tivesse vivido durante os últimos dois anos em Atenas, talvez não tivesse percebido que os primeiros experimentos cruciais de "repressão democrática" em larga escala ocorreram na Grécia, em 2015. O primeiro deles foi a supressão total da soberania democrática do povo grego depois do referendo do *oxi* (não). O segundo foi a militarização das costas gregas para frear qualquer forma de migração e a transformação de algumas ilhas estratégicas em prisões a céu aberto. Junto com a extensão das reformas neoliberais do mercado de trabalho, com o corte das pensões, a privatização dos serviços públicos e a gestão militar da imigração, o efeito colateral mais importante desses sucessivos golpes de Estado "democráticos" na Grécia foi a destruição da esquerda. Depois de 2015, o Syriza é um partido morto. As decisões da União Europeia serviram para arrasar a legitimidade política da esquerda, dando passagem aos populismos de extrema direita. A implementação do artigo 155 e a suspensão do Parlamento da Catalunha anunciam o aprofundamento desse processo de destruição da democracia que começou na Grécia.

A complexidade da situação catalã reside no fato de que o projeto independentista reúne dois modos de entender a futura República não apenas distantes, mas irreconciliáveis. O PDECAT, partido de direita soberanista que carrega em sua história o estigma da corrupção exercida durante anos pela família Pujol, representa os proprietários de terras, a classe endinheirada das profissões liberais e a pequena e média burguesia industrial catalanista. O processo independentista defendido pelos soberanistas do PDECAT levaria a um Estado dominado pela burguesia nacional catalã, que implementaria políticas de molde neoliberal. A posição política do PDECAT poderia ser definida como liberalismo soberanista corrupto, e nesse sentido ele seria, paradoxalmente, o partido mais próximo, em seus valores e procedimentos, do partido espanholista do governo central, o PP.

Em face do PDECAT, a CUP, partido de esquerda anticapitalista, constitui o motor utópico e revolucionário do independentismo. Se a Suíça representa, em sonhos, o modelo nacional para o PDECAT, o modelo para a CUP é Rojava, região do Curdistão sírio. A CUP apostaria num modelo de "confederalismo descentralizado", baseado nas ideias da tradição anarquista catalã, que guiaram a revolução social na Espanha em 1936, relidas à luz dos trabalhos mais recentes do estadunidense Murray Bookchin e do líder curdo Abdullah Öcalan. As técnicas de governo privilegiadas por esse modelo de democracia direta são a organização de assembleias populares para a tomada de decisões, a fixação de cotas de participação feminina em diversos órgãos e a extensão a toda a Catalunha da ecologia social e da economia cooperativa, que já existem em muitas regiões rurais. Já os órgãos hegemônicos de mídia e de difusão de ideias do processo independentista (Òmnium, ANC e TV3) são genealogicamente ligados ao conservadorismo burguês e nada têm de revolucionários. Por isso não é possível entender o atual processo independentista da Catalunha sem o imaginário político utópico e as formas de desobediência civil e de resistência não violenta trazidas pela CUP e pelas organizações pacifistas catalãs inspiradas em Lluís Maria Xirinacs, às quais se unem (sem, no entanto, ganhar cores independentistas) as bases do Catalunya en Comú, aliado catalão do Podemos. A violenta atuação do Estado espanhol galvanizou essas forças díspares, empurrando-as, paradoxalmente, a uma declaração unânime pela república independente.

A única pergunta que resta agora é até quando a França e a Alemanha apoiarão o golpe de Estado democrático que o governo central espanhol pretende levar a cabo na Catalunha.

Trondheim, 27 de outubro de 2017

Alguns corpos

ALGUMAS PESSOAS USAM seu corpo como se fosse uma bolsa de plástico descartável. Outras o levam como se fosse um jarro chinês da dinastia Ming. Algumas pessoas não são consideradas cidadãs porque suas pernas não podem caminhar. Algumas pessoas vivem para transformar seu corpo no de Pamela Anderson. Outras vivem para obter o corpo de Jean-Claude Van Damme. E outras têm dois chihuahuas chamados Pamela e Jean-Claude. Algumas pessoas envergam seu corpo como se fosse um espesso casaco de pele. Outras o utilizam como se fosse uma combinação transparente. Algumas pessoas vestem-se para estar nuas e outras despem-se para permanecer vestidas. Algumas pessoas mexem as cadeiras para viver. Outras nem sabem que têm cadeiras. Algumas pessoas usam seu corpo como uma praça pública. Outras relacionam-se com ele como se fosse o santo graal. Algumas pessoas entendem seu corpo como uma caderneta de poupança. Outras, como um rio que corre. Algumas pessoas estão trancadas dentro de seu corpo como se fosse Alcatraz. Outras só entendem a liberdade como algo que o corpo pode realizar. Algumas pessoas sacodem a cabeleira ao ritmo de uma guitarra elétrica. Outras são sacudidas por descargas que vêm diretamente do seu sistema nervoso central. Algumas pessoas nunca se atrevem a sair do repertório gestual que aprenderam. Outras são pagas para experimentar com esse repertório, mas exclusivamente no âmbito da arte. Alguns corpos são socialmente utilizados como fonte de prazer, valor ou conhecimento. Outros absorvem prazer, valor e conhecimento. Algumas pessoas não são consideradas cidadãs por causa da cor de sua pele. Algumas pessoas caminham sobre uma esteira mecânica para manter a forma. Outras caminham seiscentos quilômetros a pé para fugir da guerra. Algumas pessoas não possuem seu próprio corpo. Outras pensam que o corpo dos animais lhes pertence. Que o corpo das crianças lhes pertence. Que o corpo das mulheres lhes pertence. Que o corpo do proletariado lhes pertence. Que os corpos não brancos lhes pertencem. Algumas pessoas pensam que possuem seu corpo como se possui um apartamento. E, entre elas, algumas passam os dias decorando-o e fazendo obras. Outras cuidam de seu apartamento como se fosse uma reserva natural. Algumas pessoas acham que possuem seu corpo como os vaqueiros possuem um cavalo: montam, cavalgam, acariciam ou espancam, dão de beber e de comer, deixam que durma para descansar e voltam a montar no dia seguinte. Não falam com seu corpo, assim como também não falariam com seu cavalo. E ficam surpresas quando percebem que, se o cavalo morrer, elas também não vão poder viver. Alguns serviços corporais podem ser comprados com dinheiro. Outros são considerados inalienáveis. Algumas pessoas sentem seu corpo totalmente vazio. Outras o sentem como um armário repleto de órgãos. Algumas pessoas usam seu corpo como alta tecnologia. Outras, como se fosse uma ferramenta pré-histórica. Para algumas pessoas, os órgãos sexuais são orgânicos e inseparáveis de seu próprio corpo. Para outras, são múltiplos, inorgânicos e podem mudar de forma e de tamanho. Algumas pessoas fazem seu corpo funcionar unicamente à base de glicose, seja em forma de álcool, seja em forma de açúcar. Algumas pessoas aspiram tabaco misturado com veneno diretamente para os pulmões. Outras fazem seus corpos funcionarem sem açúcar, sem sal, sem álcool, sem tabaco, sem glúten, sem lactose, sem organismos geneticamente modificados, sem colesterol... Algumas pessoas se relacionam com seu corpo como se fosse um escravo. Outras, como se ele fosse o senhor. Algumas pessoas não são consideradas cidadãs porque preferem viver de acordo com as convenções sociais da feminilidade, embora sua anatomia corporal tenha sido identificada como masculina. Algumas pessoas fazem tudo depressa, mas nunca têm tempo para nada. Outras fazem tudo lentamente, inclusive não fazer nada de nada. Algumas pessoas não são consideradas cidadãs porque seus olhos não podem ver. Algumas pessoas tomam os pênis de outras nas mãos até fazê-los ejacular. Algumas pessoas enfiam os dedos na boca de outras e põem pastas brancas nos buracos de seus dentes. As primeiras são consideradas trabalhadoras ilegais. As segundas, profissionais qualificadas. Algumas pessoas não são consideradas cidadãs porque preferem obter prazer sexual com corpos cujos órgãos sexuais têm formas semelhantes às dos seus. Algumas pessoas controlam seu sistema nervoso tomando ansiolíticos. Outras meditam. Algumas pessoas arrastam seu corpo vivo como se fosse um cadáver. Alguns corpos são héteros, mas só se masturbam com pornô gay. Alguns corpos não são considerados cidadãos porque têm um cromossomo a mais ou a menos. Algumas pessoas amam seus corpos acima de todas as coisas. Outras envergonham-se deles. Algumas pessoas vivenciam seu corpo como uma bomba de efeito retardado que não conseguem desarmar. Outras desfrutam dele como se fosse um sorvete que vai derretendo aos poucos. Algumas pessoas carregam mecanismos incorporados graças aos quais seus corações podem bater sozinhos. Outras levam no peito um coração que pertenceu a outra pessoa. Outras carregam dentro de si, por um tempo, um outro corpo em processo de crescimento. Como é possível, então, seguir falando de um único corpo humano?

Zurique, 10 de novembro de 2017

Comemorações

SE TODOS OS EVENTOS FESTIVOS que exigem um aumento da sociabilidade provocam em mim uma certa ansiedade, meu próprio aniversário ocupa uma posição crítica numa escala calamitosa de fobias. Sempre detestei que conhecidos mais ou menos próximos e até pessoas de quem não ouvia falar há tempos viessem me dar parabéns mais ou menos efusivamente nesse dia. Fenômeno que se agravou desde que a data de meu aniversário coincidiu com um dramático (e hoje globalmente comemorado) dia do ano de 2001; creio que não será necessário acrescentar maiores detalhes e que a memória associativa do leitor fará o resto. Foi por isso que tentei, nos últimos anos, esconder a data de colegas e conhecidos ou fiz de conta, com as estratégias menos convincentes, de que estava desconectado das cada vez mais ineludíveis redes de comunicação circunstantes.

Talvez as comemorações nos incomodem (àqueles a quem elas incomodam) porque o tempo da celebração esconde o tempo em devir do acontecimento. Os devires, afirmam Deleuze e Guattari, não têm a mesma temporalidade que a história. A história se celebra. O devir se vive. Por isso as comemorações não costumam coincidir com os momentos da vida nos quais realmente se cruza um limiar. As comemorações servem para recordar algo que do contrário seria esquecido e para esquecer aquilo que deveria ser lembrado. A cronologia política hegemônica impõe uma ordem da memória que celebra os ritos sociais que a coletividade aprova e reconhece. Durante séculos, por exemplo, a Igreja considerou os rituais de comemoração do nascimento como festas pagãs: as almas das crianças nasciam manchadas e a primeira data a ser comemorada seria o batismo. Somente quando a celebração do nascimento de Cristo foi institucionalizada, os cristãos puderam começar a comemorar seus próprios nascimentos.

Desde o século xix, é regra no Ocidente comemorar o nascimento, o casamento, o falecimento. Essa ordem das comemorações define uma taxonomia de eventos que separa cuidadosamente o que deve ser recordado do que não merece memória. O memorável do insignificante. O ritmo da comemoração converte o tempo singular de uma vida em tempo normal: nascemos, crescemos, vamos à escola, casamos... e morremos — nesse caso com a solitária vantagem de, como diz a máxima certamente inventada por alguém que também tinha fobia de comemoração: "Quem morre pelo menos não é obrigado a celebrar o próprio enterro!".

Parece ingênuo afirmar que não se começa a viver no dia do nascimento. Os átomos que formam nossos corpos não foram criados quando fomos concebidos, mas logo depois do nascimento do universo, há mais ou menos 15 bilhões de anos. As instituições que nos permitem existir, reconhecendo-nos ou não como humanos, não foram inventadas no dia em que nascemos: são produto de um longo processo de negociação histórica que remonta a pelo menos vários milhares de anos. É possível celebrar o Big Bang? Quem se atreveria a comemorar a hominização? Numa escala infinitamente mais modesta de tempo, não se começa a amar no dia do casamento, muito pelo contrário! Às vezes, um filho que não chegou a nascer é nosso único herdeiro. Às vezes, os amores mais importantes não são nem podem ser comemorados. Às vezes, morremos muito antes (dias, meses, anos) da certificação da morte e da celebração do enterro. Às vezes, a morte não pode ser certificada ou o corpo nunca é encontrado e não pode ser propriamente enterrado. Nesses casos, não há literalmente nada a celebrar. Nem aniversário. Nem comemoração. Apagados dos ritos sociais que merecem reconhecimento, esse nascimento, esse amor, essa morte... desaparecem da história.

Festejei esta semana, sem nenhum tipo de ritual externo e sem a necessidade de esconder a data — já que ninguém ou quase ninguém a conhecia —, algo que pode ser entendido como um segundo nascimento. O primeiro aniversário do dia em que se admitiu de maneira legal e administrativa que eu vivesse encarnado na ficção política "Paul". O dia em que esse nome foi inscrito no registro de nascimentos. O dia em que ele foi publicado no jornal local da cidade onde nasci, como obriga a legislação vigente. Foi a segunda vez que uma determinada coletividade social abriu seus rituais de registros do humano para permitir que eu fosse inscrito como cidadão, mudando o nome e o sexo a mim designados no dia — que mais tarde eu seria obrigado a comemorar — de meu primeiro nascimento. A data anônima dessa segunda inscrição que escapa da categoria das comemorações existe agora em algum lugar secreto sob a data certificada, visível e festejável do aniversário oficial. Essa data, ou melhor, o longo e sinuoso processo que a contém e representa, é propriamente *incomemorável* e, nesse sentido, absolutamente inesquecível.

As mais belas comemorações são aquelas que celebram as revoluções invisíveis, as transformações sem data de início ou de caducidade. Quem celebra a grama quando cresce? E o céu mudando de cor? Quem comemora a leitura de um livro? E a aprendizagem de um gesto? Quem comemora a última tarde de felicidade antes de uma morte súbita? É preciso esquecer os aniversários. É preciso abater os rituais e deixar cair as relíquias. Para comemorar outros nascimentos possíveis.

Atenas, 24 de novembro de 2017

Não quero um presidente[1]

NÃO QUERO VOTAR num político que aceite ser candidato em eleições que se pretendem democráticas, enquanto outros políticos dormem na prisão por suas ideias. Não quero votar numa democracia em que o teatro se chama eleições e os atores, cidadãos livres. Não quero votar num político que não dedique cada comício a libertar os prisioneiros políticos. Não quero votar em alguém que não fale em sua campanha da necessidade de fechar as prisões. Todas as prisões. Não quero votar em alguém que não fale em sua campanha de fechar todos os Centros de Internamento de Estrangeiros. Todos os CIES. Não quero votar em alguém que pensa que as prisões de Cuba são necessárias, que as prisões na Venezuela são necessárias. Não quero votar em alguém que disse que a república não pagará aos traidores. Não quero votar em alguém que aproveitou que os companheiros de partido estavam na prisão para ficar com o primeiro lugar na lista eleitoral. Não quero votar em alguém que faz campanha para que outros políticos continuem presos por suas ideias. Não quero votar em alguém que excluiu uma pessoa da lista porque se negou a aceitar o inaceitável. Não quero votar em alguém que criticou o nacionalismo catalão promovendo o nacionalismo espanhol. Não quero votar em alguém que cri-

---

[1]. Em 21 de dezembro de 2017, os catalães foram convocados às urnas pelo governo central espanhol.

ticou o nacionalismo espanhol promovendo o nacionalismo catalão. Não quero votar numa democracia em que alguns votos valem mais que outros. Não quero votar em alguém cujas campanhas nunca mencionaram os direitos dos doentes crônicos. Não quero votar em alguém que nunca falou dos direitos das pessoas que vivem com aids, com câncer, com hepatite, com fadiga crônica, com esclerose múltipla, com fibrose cística, com insuficiência renal. Não quero votar em alguém que nunca assumiu que esteve doente. Não quero votar em alguém que jamais reconheceria que sofre de depressão, ansiedade, compulsão ou fobia. Não quero votar em alguém que nunca reconheceria que sofre de ejaculação precoce ou de impotência. Não quero votar em alguém que condena o consumo e o tráfico de drogas, mas cheira uma carreirinha de vez em quando. Não quero votar em alguém que faz campanha contra os homossexuais, mas é homossexual. Não quero votar em alguém que faz campanha contra a prostituição, mas procura as putas. Não quero votar em alguém para quem a igualdade de salários entre mulheres e homens não é prioridade. Não quero votar em alguém para quem o cidadão só existe como portador de um voto. Não quero votar em alguém que pretende restringir as condições de acesso das adolescentes ao aborto. Não quero votar em alguém que minimiza os danos causados pela colonização da América e que nunca falará da escravidão e do genocídio dos indígenas. Não quero votar em alguém que defende a autodeterminação dos povos, mas não a dos palestinos ou dos curdos. Não quero votar num político que não é capaz de exercitar a autocrítica. Não quero votar num político que pensa que um travesti é um doente mental. Não quero votar num político que acha que os esquizofrênicos estão melhores trancados em hospitais psiquiátricos. Não quero votar num político que nunca incluirá em seu programa uma lei de acessibilidade às instituições públicas para pessoas com diversidade funcional. A todas as instituições públicas. Não quero votar em alguém para quem a terceira idade só existe como variável do custo das pensões. Não quero votar em alguém que usa o New Deal de Roosevelt como exemplo de sua política, como se precisássemos de mais produção e mais consumo. Não quero votar num candidato que tenta criminalizar os falantes de uma língua. Não quero votar em alguém que nunca falará dos direitos dos animais, porque são comidos e não votam. Não quero votar em alguém que nunca falará de ecologia. Não quero votar em alguém para quem a cidade é um território de monocultivo de turismo. Não quero votar num candidato para quem qualquer mulher que bebe e beija um homem não pode se queixar depois se for estuprada. Não quero votar num candidato que não fala de transporte público porque não anda de metrô. Não quero votar num candidato que nunca fala em multiplicar o número de creches públicas porque tem uma empregada em casa. Não quero votar num candidato que nunca falará da legalização dos imigrantes, embora tenha uma faxineira sul-americana. Não quero votar num candidato que nunca falará em coletivizar a água ou a energia. Não quero votar num candidato que deixou de falar no direito à moradia digna. Não quero votar em alguém para quem o orçamento militar deve ser maior que o da cultura ou da educação. Não quero votar em alguém que fale de democracia e não reivindique o direito de voto para os milhares de estrangeiros que vivem e trabalham na Catalunha. Não quero votar em alguém que fale da esquerda e não reivindique o direito de voto para os milhares de estrangeiros que vivem e trabalham na Catalunha. Não quero votar numa eleição na qual um estrangeiro (nem catalão, nem espanhol) sem papéis não pode se candidatar a presidente. Não quero votar numa eleição na qual uma transexual sem papéis não pode se candidatar e ser eleita presidente. Não quero votar numa eleição na qual uma faxineira não possa se candidatar e ser eleita presidente. Não quero votar numa eleição em que um sem-teto não possa se candidatar e ser eleito presidente.

Barcelona, 15 de dezembro de 2017

Melhor que filho

VOLTO À CIDADE onde nasci para acompanhar a recuperação de minha mãe no hospital, depois de uma cirurgia. Essa cidade de Castela, onde corpos humanos passeiam afundados em casacos de peles de animais que nunca viveram nessa região e onde as casas têm as janelas cobertas por bandeiras espanholas, me apavora. Penso comigo que a pele dos estrangeiros ainda vai acabar transformada em casaco. E que a pele dos que nasceram lá ainda se transformará, mais dia, menos dia, em bandeira nacional. Passamos os dias e as noites no quarto 314. O hospital acaba de ser reformado, mas minha mãe insiste que a peça onde estamos lembra o quarto em que ela deu à luz, quando nasci. Para mim, esse quarto de hospital, justamente porque não lembra nada, parece mais acolhedor que a casa familiar, mais seguro que as ruas comerciais, mais festivo que as praças eclesiásticas. De manhã, depois da visita do médico, saio para tomar um café com a desculpa de que o hospital, situado numa zona quase descampada, não tem cafeteria. Sigo à margem do rio Arlanzón até a cafeteria mais próxima, sob um frio radiante que os castelhanos chamam de "sol de unhas". Respiro o ar gelado, mas perfeitamente limpo, que arrasta a ansiedade que se esconde em meu peito.

 Ser o filho trans de uma família católica e espanhola de direita não é tarefa fácil. O céu castelhano é quase tão nítido quanto o de Atenas, mas na Grécia é azul-cobalto e aqui é azul-aço. Toda manhã, saio e tenho vontade de não voltar. De desertar da família como se deserta de uma guerra. Mas não fujo; volto e ocupo a cadeira do acompanhante familiar que me foi designada. De que vale a razão avançar se o coração fica para trás?, dizia Baltasar Gracián. No hospital, as visitas se sucedem de meio-dia às oito. O quarto se transforma em um teatro público no qual minha mãe e eu lutamos, nem sempre com êxito, para restabelecer os papéis. Para apresentar-me, minha mãe diz: "Esse é Paul, meu filho". A resposta é sempre a mesma: "Pensei que você só tinha uma filha". E minha mãe acrescenta, movendo os olhos para cima e para a direita, tentando imaginar uma saída para aquele impasse retórico. "Sim, tinha só uma filha e agora tenho um filho." Um dos visitantes responde: "Ah, é o marido da sua filha. Não sabia que ela tinha se casado, meus parabéns!". É aí que minha mãe entende que errou de estratégia e dá marcha a ré, como quem recolhe às pressas a linha de uma pipa que já voou longe demais. E acrescenta: "Não, não, ela não está casada. É a minha filha". Fica calada um instante, durante o qual deixo de olhar para ela, e depois continua: "É a minha filha, que agora é... o meu filho". Sua voz desenha um domo de Brunelleschi que sobe ao dizer "filha" e despenca ao dizer "filho". Não é fácil ser mãe de um filho trans numa cidade onde ter um filho bicha é pior do que ter um filho morto. Em seguida, são os olhos do visitante que giram em todas as direções, antes de responder com um curto suspiro. Às vezes sorrio: sinto-me como um Louis de Funès num filme de ficção científica, que é a minha vida. Em outras ocasiões, o estupor toma conta de mim. Ninguém fala mais da doença de minha mãe. Agora a doença sou eu.

Não é fácil ser o filho trans de uma família católica que aprendeu que é deus quem escolhe e jamais se equivoca. E que decidir algo diferente é contradizê-lo. Minha mãe renegou a doutrina da

Igreja. Ela diz que uma mãe é mais importante que deus. Continua indo à missa aos domingos, é claro: vai acertar as contas com o além, diz ela, e a Igreja não tem que se meter nisso. Diz isso em voz baixa, sabe que blasfema. Não é fácil ser mãe de um filho trans quando se vive numa comunidade de vizinhos do Opus Dei. Sinto-me em dívida com ela, porque não sou nem posso ser um bom filho. Sou melhor cuidador que filho, penso, enquanto levanto os pés dessa mulher que é minha mãe como se não fosse, para melhorar sua circulação. Sou melhor informático que filho, penso, enquanto atualizo os aplicativos de seu celular, reorganizo a tela e instalo alguns novos sons. Sou melhor cabeleireiro que filho, suspeito, enquanto prendo o cabelo dessa mulher que é minha mãe como se não fosse, puxando-o para trás num coque e afofando na frente para dar volume. Sou melhor fotógrafo que filho, penso, enquanto organizo um chat em grupo e envio algumas fotos nossas para suas amigas que já passaram dos oitenta e não podem vir vê-la. Sou melhor menino de recados que filho. Sou melhor buscador do vídeo da última atuação pública de Rocío Jurado que filho. Sou melhor leitor de jornais locais que filho. Sou melhor dublador e guardador de roupa de senhoras que filho. Sou melhor limpador de banheiro que filho. Sou melhor enfermeiro de noite que filho. Sou melhor arejador de quartos abafados que filho. Sou melhor buscador de chaves perdidas numa bolsa que filho. Sou melhor contador de comprimidos que filho. Sou melhor subidor e baixador de camas que filho. Sou melhor fotocopiador de atestados médicos que filho. E tudo isso, cuidar, pentear, organizar computadores e celulares, baixar vídeos, procurar chaves, fazer fotocópias... me acalma, me ordena, me descansa.

Burgos, 12 de janeiro de 2018

Carta de um homem trans ao antigo regime sexual

Senhoras, senhores e outros:
Em meio ao fogo cruzado em torno das políticas do assédio e abuso sexual, eu gostaria de tomar a palavra como contrabandista entre dois mundos, o mundo "das mulheres" e o mundo "dos homens" (esse dois mundos que poderiam não existir, mas que alguns se esforçam para manter separados por uma espécie de Muro de Berlim do gênero), para informar a respeito de alguns "objetos perdidos" (*objets trouvés*), ou melhor, "sujeitos perdidos" (*sujets trouvés*) na travessia.

Não falo aqui como homem, pertencente à classe dominante daqueles a quem foi designado o gênero masculino ao nascer, que foram educados como membros da classe governante, aos quais foi concedido ou antes exigido (esta seria uma possível chave de análise) que exercessem a soberania masculina. Tampouco falo como mulher, uma vez que abandonei voluntária e intencionalmente essa forma de encarnação política e social. Falo aqui como homem trans. Não pretendo, contudo, representar em nenhuma medida nenhum coletivo. Não falo nem posso falar como heterossexual, nem como homossexual, embora conheça e habite as duas posições, dado que, quando se é trans, essas categorias tornam-se obsoletas. Falo como trânsfuga do gênero, como fugitivo da sexualidade, como dissidente (muitas vezes inepto, visto que carente de código preestabelecido) do regime da diferença sexual. Como autocobaia político-sexual que fez a experiência, ainda não tematizada, de viver em ambos os lados do muro e que, à força de atravessá-lo dia após dia, acabou farto, senhoras e senhores, da rigidez recalcitrante dos códigos e dos desejos que o regime heteropatriarcal impõe.

Deixem-me dizer, aqui do outro lado do muro, que a coisa está pior do que minha experiência como mulher lésbica me permitiu imaginar. Desde que moro como-se-fosse-um-homem no mundo dos homens (consciente de encarar uma ficção política), pude comprovar que a classe dominante (masculina e heterossexual) não vai abandonar seus privilégios porque nós enviamos alguns tuítes e demos alguns gritos. Depois dos abalos da revolução sexual e anticolonial do século passado, os heteropatriarcas embarcaram num projeto de contrarreforma ao qual se unem agora as vozes "femininas" que desejam continuar sendo "importunadas/molestadas". Esta será a guerra dos mil anos; a mais longa das guerras, pois afeta as políticas da reprodução e os processos através dos quais um corpo humano se constitui como sujeito soberano. A mais importante das guerras, portanto, porque o que está em jogo não é o território ou a cidade, mas o corpo, o gozo, a vida.

O que caracteriza a posição dos homens em nossas sociedades tecnopatriarcais e heterocêntricas é que a soberania masculina está definida pelo uso legítimo das técnicas da violência (contra as mulheres, contra as crianças, contra outros homens não brancos, contra os animais, contra o planeta em seu conjunto). Poderíamos dizer, lendo Max Weber com Judith Butler, que a masculinidade é para a sociedade aquilo que o Estado é para a nação: detentor e usuário legítimo da violência. Essa violência pode se expressar socialmente como domínio, economicamente como privilégio, sexualmente como agressão e estupro. A soberania feminina, ao contrário, só é reconhecida na capacidade das mulheres para gerar. Em termos sexuais e sociais, as mulheres são súditas. Só as mães são soberanas. Nesse regime, a masculinidade se define necropoliticamente (pelo direito dos homens de dar a morte), enquanto a feminilidade se define biopoliticamente (pela obrigação das mulheres de dar a vida). Poderíamos dizer que a heterossexualidade necropolítica seria algo como a utopia da erotização do encontro sexual entre Robocop e Alien... esperando que, com um pouco de sorte, um dos dois consiga se dar bem.

A heterossexualidade não é somente, como ensina Monique Wittig, um regime de governo: é também uma política do desejo. A especificidade desse regime é que ele se encarna como processo de sedução e de dependência romântica entre dois agentes sexuais "livres". As posições de Robocop e Alien não são individualmente escolhidas ou conscientes. A heterossexualidade necropolítica é uma prática de governo que não é imposta pelos que governam (os homens) às governadas (as mulheres), mas é sobretudo uma epistemologia que fixa as definições e as posições respectivas dos homens e das mulheres através de uma regulação interna. Essa prática de governo não assume a forma de uma lei, mas de uma norma não escrita, de uma transação de gestos e códigos cujo efeito é estabelecer na prática da sexualidade uma partição entre o que se pode e o que não se pode fazer. Essa forma de servidão sexual repousa numa estética da sedução, numa estilização do desejo e numa coreografia do prazer. Esse regime não é natural: trata-se de uma estética da dominação historicamente construída e codificada, que erotiza e perpetua a diferença de poder. É essa política do desejo que mantém vivo o antigo regime sexo-gênero, em que pesem todos os processos legais de democratização e empoderamento das mulheres. Esse regime heterossexual necropolítico é hoje tão degradante e destrutivo quanto eram a vassalagem e a escravidão em pleno Iluminismo.

O processo de denúncia e visibilização da violência que estamos vivendo faz parte de uma revolução sexual, que é certamente lenta e tortuosa, mas também imparável. O feminismo queer situou a transformação epistemológica como condição de possibilidade de uma mudança social. Tratava-se de questionar a epistemologia binária e naturalizada afirmando diante dela uma multiplicidade irredutível de sexos, gêneros e sexualidades. Entendemos que, hoje, a transformação libidinal é tão importante quanto a transformação epistemológica: é preciso modificar o desejo. É preciso aprender a desejar a liberdade sexual.

Durante anos, a cultura queer foi um laboratório de invenção de novas estéticas das sexualidades dissidentes diante das técnicas de subjetivação e dos desejos da heterossexualidade necropolítica hegemônica. Somos muitos os que abandonamos há tempos a estética da sexualidade Robocop-Alien. Aprendemos com as culturas machona/mulherzinha e BDSM, com Joan Nestle, Pat Califia e Gayle Rubin, com Annie Sprinkle e Beth Stephens, com Guillaume Dustan e Virginie Despentes, que a sexualidade é um teatro político no qual o desejo, e não a anatomia, escreve o roteiro. É possível, dentro da ficção teatral da sexualidade, desejar limpar sapatos com a língua, ser penetrado por todos os orifícios ou caçar o amado num bosque como se fosse uma presa sexual. Contudo, dois elementos diferenciais marcam a distância entre a estética queer da sexualidade e a estética heterodominante do antigo regime: o consenso e a não naturalização das posições sexuais. A equivalência dos corpos e a redistribuição do poder.

Como homem trans, desidentifico-me da masculinidade dominante e de sua definição necropolítica. Nossa maior urgência não é defender o que somos (homens ou mulheres), mas rejeitá-lo, é desidentificar-nos da coação política que nos força a desejar a norma e a repeti-la. Nossa práxis produtiva é desobedecer às normas sexuais e de gênero. Depois de ter sido lésbica a maior parte da vida e trans nos últimos cinco anos, estou tão distante dessa estética da heterossexualidade quanto um monge budista que levita em Lhasa está longe do supermercado Carrefour. Não gozo com essa estética do antigo regime sexual. Não me excita "molestar" quem quer que seja. Não me interessa sair de minha miséria sexual passando a mão nos outros no metrô. Não sinto nenhum tipo de desejo pelo kitsch erótico-sexual que vocês propõem: caras que usam sua posição de poder para bater uma punheta e bolinar os outros. Tenho nojo dessa estética grotesca e assassina da heterossexualidade necropolítica. Uma estética que renaturaliza a diferença sexual e situa os homens na posição de agressores e as mulheres na de vítimas (dolorosamente agredidas ou alegremente importunadas).

Se é possível afirmar que trepamos mais e melhor na cultura queer e trans, é porque afastamos a sexualidade não apenas do âmbito da reprodução, mas sobretudo do campo da dominação de gênero. Não estou dizendo que a cultura queer e transfeminista escapa de toda e qualquer forma de violência. Não há sexualidade sem sombras, só não é necessário que a sombra (a desigualdade e a violência) presida e determine a sexualidade.

Representantes do antigo regime sexual, levem com vocês a parte que lhes cabe das sombras *and have fun with it*. E deixem-nos enterrar as nossas, que estão mortas. Gozem de sua estética da dominação, mas não queiram transformá-la em lei. E depois, deixem-nos trepar segundo nossa própria política do desejo, sem homens nem mulheres, sem pênis nem vaginas, sem machados nem fuzis.

Arles, 15 de janeiro de 2018

1ª EDIÇÃO [2020] 5 reimpressões

ESTA OBRA FOI COMPOSTA POR MARI TABOADA EM DANTE PRO E IMPRESSA EM OFSETE PELA GRÁFICA BARTIRA SOBRE PAPEL PÓLEN DA SUZANO S.A. PARA A EDITORA SCHWARCZ EM AGOSTO DE 2024

A marca FSC® é a garantia de que a madeira utilizada na fabricação do papel deste livro provém de florestas que foram gerenciadas de maneira ambientalmente correta, socialmente justa e economicamente viável, além de outras fontes de origem controlada.